国家金融安全

风险预警与边界构建

王洪章 ◎ 主编

NATIONAL
FINANCIAL SECURITY

RISK WARNING AND
BOUNDARY CONSTRUCTION

图书在版编目（CIP）数据

国家金融安全：风险预警与边界构建/王洪章主编.—北京： 北京大学出版社，2023.6
ISBN 978-7-301-33590-1

Ⅰ.①国… Ⅱ.①王… Ⅲ.①金融风险—风险管理—研究—中国 Ⅳ.①F832.1

中国国家版本馆CIP数据核字(2023)第067996号

书　　名	国家金融安全：风险预警与边界构建
	GUOJIA JINRONG ANQUAN:FENGXIAN YUJING YU BIANJIE GOUJIAN
著作责任者	王洪章　主编
责任编辑	裴　蕾
策划编辑	张　燕
标准书号	ISBN 978-7-301-33590-1
出版发行	北京大学出版社
地　　址	北京市海淀区成府路205号　100871
网　　址	http://www.pup.cn
微信公众号	北京大学经管书苑（pupembook）
电子邮箱	总编室 zpup@pup.cn
电　　话	邮购部 010-62752015　发行部 010-62750672
	编辑部 010-62752926
印　刷　者	涿州市星河印刷有限公司
经　销　者	新华书店
	787毫米×1092毫米　16开本　19.25印张　302千字
	2023年6月第1版　2023年11月第4次印刷
定　　价	72.00元

未经许可，不得以任何方式复制或抄袭本书之部分或全部内容。
版权所有，侵权必究
举报电话：010-62752024　电子信箱：fd@pup.pku.edu.cn
图书如有印装质量问题，请与出版部联系，电话：010-62756370

序　言

《国家金融安全：风险预警与边界构建》是北京大学习近平新时代中国特色社会主义思想研究院金融安全与风险管理研究中心（以下简称"研究中心"）研究团队的又一力作。

当前，中华民族伟大复兴的战略全局与世界百年未有之大变局交互作用，正在推动世界发生深刻改变，中华民族面临前所未有的历史性机遇，同时也必须面对前所未有的历史性挑战。特别是党的十八大以来，国际形势波谲云诡，周边环境复杂敏感，改革发展稳定的历史任务艰巨繁重。以习近平同志为核心的党中央增强忧患意识，坚持底线思维，提高防控能力，把握国内外大势，着力防范化解重大风险，保证了国民经济持续健康发展和社会大局稳定。

改革开放以来，我国金融发展环境、金融体制机制、金融机构运行、金融基础设施等均发生了深刻的改变，特别是随着金融科技在金融领域的深入应用，金融业正在发生历史性变革，金融安全边界要素得到极大的丰富。我们面临的国家安全挑战已不再局限于传统的领土、领空、领海等领域，经济、金融、科技、信息等方面已成为国家安全的重要组成部分。2014年4月15日，习近平总书记在主持召开中央国家安全委员会第一次会议时指出，增强忧患意识，做到居安思危，是我们治党治国必须始终坚持的一个重大原则；他同时强调，既重视传统安全，又重视非传统安全，构建集政治安全、国土安全、军事安全、经济安全、文化安全、社会安全、科技安全、信息安全、生态安全、资源安全、核安全等于一体的国家安全体系。

党的十八大以来，习近平总书记发表了一系列关于国家金融安全与金融治理的重要论述，创新性地提出推动金融改革与发展的一系列新理念、新观点、新论断，形成了习近平新时代中国特色社会主义金融治理思想的基本观点和重要思想。2017年4月25日，中共中央政治局就维护国家金融安全进行第四十次集体学习，习近平总书记在主持学习时强调，"金融安全是国家安全的重要组成部分，是经济平稳健康发展的重要基础。维护金融安全，是关系我国经济社会发展全局的一件带有战略性、根本性的大事。金融活，经济活；金融稳，经济稳"。同年7月，习近平总书记在第五次全国金融工作会议上指出，"金融是国家重要的核心竞争力，金融安全是国家安全的重要组成部分，金融制度是经济社会发展中重要的基础性制度"。随后，习近平总书记在不同场合、不同会议上就国家金融安全与防范化解金融风险做出重要指示、阐述、强调等。

从人类社会发展历史来看，经济危机往往伴随金融危机或由金融危机所引发，而金融危机的发生多数源于银行挤兑所引发的金融机构系统性风险。历史上影响范围较大的金融危机发生过十余次，1997年亚洲金融危机和2007年美国次贷危机引发的全球金融危机造成的危害十分严重，目前仍然没有完全恢复。历史告诉我们，对于金融风险与危机的防范必须一叶知秋、见微知著，必须未雨绸缪。对金融危机未雨绸缪的最好办法就是建立完善的金融风险预警系统，抓住银行、资本跨境流动等金融系统运行的关键机构或因素，对其可能引发的系统性风险的产生机理、形态等进行动态跟踪、描述、识别与预警，从而采取相应的措施巩固金融安全边界，防范金融危机。新时代，金融业的发展出现许多新的特征：一方面，人工智能、大数据、云计算、生物识别等新科技已与金融业深度融合发展，金融业信息科技风险使传统金融风险更具传染性和破坏性，金融风险的预警面临更大的挑战，金融安全边界更容易受到隐蔽性攻击；另一方面，金融业混业发展趋势明显，同时我国金融业资金跨行业、跨市场、跨境流动更为迅速，金融网络使金融风险危害面进一步扩大。金融业对一国乃至全球经济的影响力度进一步提升，对经济安全影响的传导路径进一步复杂化。我们对于维护国家金融安全与防范金融风险必须保持时刻警惕与高度重视。

中华人民共和国成立以来，特别是改革开放40多年来，我国金融业已取得举世瞩目的成就，已形成银行、保险、证券、信托等传统金融机构形态与金融租赁公司、支付结算清算公司、金融控股公司、互联网贷款公司等新型金融机构形态繁荣共生的格局，也已形成"一委一行两会"[①]的监管体制，我国金融风险预警系统的关键要素已初步明确，金融安全边界已初具轮廓。2021年年末，我国银行、保险、证券等金融机构总资产达381.95万亿元，若加上信托、金融租赁、公募基金等金融机构资产及私募基金、互联网贷款等准金融机构资产，我国金融业机构总资产近400万亿元。如此体量庞大的金融资产，是我国服务实体经济的重要"血液"来源，但高杠杆、过度趋利、交叉持股、脱实向虚等金融乱象及金融监管的空白与短板等造成金融安全边界不断缺损的挑战，时刻警示着我们，金融只有服务实体经济，才能维护国家金融稳定和金融安全。

进一步说，金融是实体经济的血脉，防范和化解风险，强化金融为实体经济服务，最根本的举措就是贯彻新发展理念，树立质量优先、效率至上的理念，把发展直接融资放在重要位置，形成融资功能完备、基础制度扎实、市场监管有效、投资者合法权益得到有效保护的多层次资本市场体系；改善间接融资结构，推动大型国有银行战略转型和升级，发展中小银行和民营金融机构，促进保险业发挥长期稳健风险管理和保障的功能；建设普惠金融体系，加强对小微企业、"三农"和偏远地区的金融服务，推进金融精准扶贫，鼓励发展绿色金融；促进金融机构降低经营成本，清理并规范中间业务环节，避免变相抬高实体经济融资成本；扩大金融对外开放，深化人民币汇率形成机制改革，稳步推进人民币国际化，稳步实现资本项目可兑换；积极稳妥地建立并完善有利于保护金融消费者权益、有利于增强金融有序竞争、有利于

[①] 指国务院金融稳定发展委员会、中国人民银行、中国银行保险监督管理委员会和中国证券监督管理委员会。

防范金融风险的机制；推进"一带一路"倡议，进行金融创新，搞好相关制度设计和业务拓展。

具体来讲，要以"抓关键点、以点带面"为原则，以"筑牢内部边界、防御外部冲击"为导向，厘清银行挤兑的心理因素及防范措施、资本跨境流动管制的界限及政策空间、系统性风险的产生机理及应对措施等关键点，筑牢我国银行、证券、保险等金融机构及金融结算系统、金融监管体系等内部金融体系的安全边界，以管控外汇为抓手，防御外部金融风险的冲击，守住不发生系统性金融风险的底线。

防止发生系统性金融风险是金融工作的永恒主题，要"下好先手棋""打好主动仗"，把主动防范化解系统性金融风险放在更加重要的位置，科学防范、早识别、早预警、早发现、早处置，着力防范化解重点领域风险，着力完善金融安全防线和风险应急处置机制。要坚决整治严重干扰金融市场秩序的行为，严格规范金融市场交易行为，规范金融综合经营和产融结合，加强互联网金融监管，强化金融机构防范风险主体责任。要加强社会信用体系建设，健全符合我国国情的金融法治体系，完善和巩固我国金融安全边界。

研究中心于2019年年初开始，以习近平新时代中国特色社会主义思想为指导，开展金融安全与风险管理相关课题的研究。该研究围绕银行挤兑的心理因素及防范、外汇管制的界限、系统性风险的产生机理及预警体系、国家金融安全边界构建四个急需解决的现实问题，成立四个课题组进行深入研究。课题组借鉴国外相关经验教训，通过案头调研、现场调研等方法对我国金融体制机制相关政策制度及法规、金融监管机构及相关金融机构等进行研究和总结，最终形成研究报告。在新冠肺炎疫情肆虐的情况下，课题组克服重重困难，高质量完成了研究任务。2021年是化解和防范金融领域重大风险攻坚战的收官之年，上述研究成果既是化解和防范金融风险方面的重大理论贡献和政策建议，又是前期我国化解和防范金融风险的经验总结。将这些研究成果结集成书出版，起到了承前启后的作用，为我国金融业未来五年的发展提出了具有建设性的建议及具有可操作性的方案。

2018年年初，中央批准在北京大学成立实体性研究机构——北京大学习近平新时代中国特色社会主义思想研究院，由我担任首任院长。研究院一成立，就充分发挥平台整合功能，汇聚全球顶级学者和学术资源，深入研究阐释习近平新时代中国特色社会主义思想，并以此为指导聚焦中华民族伟大复兴面临的重大理论和现实问题，高起点、跨学科、多角度开展研究，推动新时代马克思主义中国化，为丰富、发展、完善、创新习近平新时代中国特色社会主义思想提供学术学理支撑。根据研究院建设需要，学校聘请校内外理论学养深厚、实践经验丰富的专家学者担任研究院下设的若干个研究中心主任，先后受聘的有温铁军、王洪章、李玲、黄承伟、潘维、王浦劬、周晋峰等。研究院的鲜明导向是不以发表为目的，低调研究大问题，取得了一批重要甚至重大的研究成果。《国家金融安全：风险预警与边界构建》就是王洪章教授团队的重要研究成果之一，可喜可贺！作为标志性研究成果，本书的面世是新时代我国金融安全与风险管理研究的一个全新开始，期待将来有更多的研究成果不断涌现。

于鸿君

2022 年 4 月

前　言

党的十八大以来，习近平总书记先后做出系统、深刻的关于金融风险治理的重要论述，提出了一系列有关金融安全和金融风险的新思想、新论断、新要求，具有重大的理论意义和实践价值，为做好新时代金融安全工作指明了方向，提供了遵循。

2017年4月，习近平总书记在中共中央政治局第四十次集体学习会议上强调，"金融安全是国家安全的重要组成部分，是经济平稳健康发展的重要基础。维护金融安全，是关系我国经济社会发展全局的一件带有战略性、根本性的大事。金融活，经济活；金融稳，经济稳"。金融是我国对外开放的关键领域之一，金融开放是提升我国金融机构、完善资本市场及做强做大金融业等的重要途径；然而，金融开放是把"双刃剑"，它同时会使我国金融机构、金融业等面临更大的外部冲击，若金融安全边界不牢，极有可能引发系统性金融风险。为应对经济安全、信息安全等非传统安全的挑战，党的十八大后我国成立了国家安全委员会，负责完善国家安全体制和国家安全战略。2015年1月颁布的《国家安全战略纲要》指出，经济安全是国家安全的基础，强调应重视经济安全、文化安全、科技安全、信息安全、资源安全等非传统安全领域。2015年7月，《中华人民共和国国家安全法》通过实施，其中第二十条提出"国家健全金融宏观审慎管理和金融风险防范、处置机制，加强金融基础设施和基础能力建设，防范和化解系统性、区域性金融风险，防范和抵御外部金融风险的冲击"。

习近平总书记在党的十九大报告中明确指出，"中国特色社会主义进入新时代，我国社会主要矛盾已经转化为人民日益增长的美好生活需要和不平衡不充分的发展之间的矛盾"。"防范化解金融风险，守住不发生系统性金融风险的底线"是满足人民日益增长的美好生活需要的重要途径。党的十九大以来，我国金融进一步提升了开放层次。目前，从行业准入层面看，我国金融其实已完全开放。金融开放具有正反两方面的作用：一方面可以引进发达国家先进的金融技术和经验，使国内金融更快地融入国际大环境中；另一方面也会对国内资本市场、金融市场、金融环境带来影响和冲击。国际上的"热钱"以及资本逐利本性也会冲击和损害国内金融体系，金融信息的外泄以及金融人才的外流也会削弱或影响国内金融实力，国际资本通过金融制裁、实体企业制裁等手段严重威胁我国金融价值及金融价值基础安全，威胁我国金融安全边界。

基于此背景，为更好地落实习近平总书记关于金融风险防范、金融稳定与安全等系列重要讲话精神，以及更好地运用习近平总书记系统的国家安全理论体系指导防范金融风险及构建新时代我国金融安全边界，北京大学习近平新时代中国特色社会主义思想研究院金融安全与风险管理研究中心组织开展金融安全与风险管理相关课题研究，此书正是相关研究成果的集中体现。

研究中心在全国范围内组织专家团队开展金融安全与风险管理的课题研究，共成立四个课题组，围绕"银行挤兑的心理因素及防范""外汇管制的界限""系统性风险的产生机理及预警体系""国家金融安全边界构建"等急需解决的问题进行研究；通过案头调研、现场调研等方法对课题涉及的金融体制机制相关政策制度及法规、金融监管机构及相关金融机构等进行研究和调研，吸纳了发达国家金融风险与金融安全等方面的相关经验启示，并多次组织相关专家对研究课题的设计、报告撰写、成果体现等进行研讨，最终形成研究报告，并集结成此书。

银行挤兑是引发金融危机的直接导火索之一。预防银行挤兑的发生，需厘清银行挤兑发生的群体心理的形成机制及其变化的影响因素，建立以政府为主导的风险承担机制，对发生挤兑危机的银行机构进行有效救助，并按市场化原则对问题机构进行分类处置，维护市场信心和金融稳定。外汇管控失效是金融安全边界直接损毁的重要原因之一。应通过增强汇率弹性、平衡利差和汇率关系、增强经济发展潜力等来夯实汇率稳定的基础，并通过稳步推进资本市场开放、推进外汇市场市场化运转、顺畅外汇交易通道、完善资本市场价格竞争机制、丰富防控资金外流的政策工具等，实现资本自由流动、固定汇率制度和货币政策独立性三者的良性互动。发生系统性风险是金融安全边界崩溃的表征。通过阐明系统性风险的动态演进机制、产生机理等，从宏观经济、市场情况、部门杠杆率、流动性风险、脆弱性五个维度构建系统性风险的预警体系，可以有效预防系统性风险的发生。金融风险的有效防范需要牢固的金融安全边界。应明确金融价值及金融价值基础的主要内容，厘清各类金融价值及各类金融价值基础间的边界关系，确定金融价值及金融价值基础的安全边界、标准或阈值，构建监管体制机制、金融机构、政策法律、自律性组织、粮食等核心金融主体的安全边界，以切实保障国家金融安全。

习近平总书记强调，准确判断风险隐患是保障金融安全的前提。本书遵循"识别金融风险—防范金融风险—构建金融安全边界"这一逻辑思路，共分为四篇。第一篇为"银行挤兑的心理因素及防范"，主要通过梳理银行挤兑的逻辑、理论模型及相关案例，总结出银行挤兑的心理因素，叙述了国内外挤兑风险产生的原因及处置过程，并针对国内银行挤兑心理提出应对模式和防范的对策建议。第二篇为"新时代我国外汇管制的界限确定：政策空间与市场操作边界"，主要通过梳理国内外外汇管制的做法和经验，进一步分析当前我国外汇管制的必要性、压力及动力，在此基础上提出我国资本市场体制改革的对策及建议。第三篇为"系统性风险的产生机理及预警体系"。首先，对金融稳定的内涵、判断方法、边界与金融安全的关系等进行详细分析介绍；其次，介绍了国内外金融稳定监管机制的相关机构及其成功经验；再次，从金融系统风险的内涵、成因等方面介绍了金融系统性风险的相关理论；最后，对金融系统的动态演进机制、发达国家监测金融系统性风险的经验及成熟的金融系统风险监测指标体系的主要因素进行了详细分析，在此基础上提出建立金融系统性风险的监测与预警体系。第四篇为"新时代国家金融安全的边界和构建"。首先,对新时代国家金融安全边界的概念、内涵、特征等进行分析界定,并阐明新时代国家金融安全边界构建的理论依据、国家金融安全边界的组成要素及其影响机理;其次,分析总结金融强国、构建国家金融安全边界的经验;最后,分析我国构建金融安全边界的现状及存在的问题,并针对现状、存在的问题及原因,提出构建我国国家金融安全边界的对策及建议。

本书较多地使用了"金融安全边界""金融价值"和"金融价值基础"的概念,并对其进行了较为系统的诠释和宽泛的解读,目前这些概念鲜有使用。我们在研究过程中,认为国家金融安全应有边界维护,而且边界可以是多层次、多维度的,从而使人们能更加深刻地认识到金融风险与安全问题的多样性和重要性。金融除服务实体经济外,也是经济的价值体现,所以在使用"金融价值"和"金融价值基础"时,我们试图从金融与经济发展、科技进步之间的相互依存关系,阐述价值被威胁所造成的金融风险,并引申到国家金融安全问题。当然,由于认知和理论水平有限,我们尚未从理论上和原理上对其进行深入研究和挖掘,这是本书的不足之处。

事物是动态发展的,金融风险的特征、表现形式以及对安全的危害也会动态变化,在不同的时间,金融风险的表现形式及传染路径等可能不同,对安全的影响程度也会有很大差别。中国经济在迈向第二个百年目标时,会遇到各种风险和挑战,金融也不会一帆风顺地驶达彼岸。从国家安全建设的高度理解和认识金融问题,要用动态的视角去识别、预警和防范,并根据不同时期的风险特征动态构建和完善我国金融安全边界,服务我国经济社会的发展,满足人民日益增长的美好生活需要,并为全球治理体系贡献中国智慧。

参与本书撰写的有夏斌、朱小黄、俞勇、曹诗男、张微林、姚金伟、郑鸿。在课题形成过程中,研究中心多次组织有关方面专家进行讨论,王景武、张红力、曾俭华、郝爱群、周诚君、孙蚌珠、龚六堂、王哺劭、孙熙国、赵锡军、张圣平、王巍、王晓波等专家参加讨论,并提出了有价值的修改意见;韩毓海、李琦就讨论内容提出许多建议。俞勇对本书架构和叙述方法进行了系统整理。张晓燕在本书编撰过程中做了很多沟通协调工作。全书由王洪章总撰定稿。北京大学党委常务副书记、北京大学习近平新时代中国特色社会主义思想研究院首任院长于鸿君对课题给出了很多指导，提出了许多重要的修改建议，并欣然为本书作序，太和智库在研究中心的课题研究和本书出版过程中，给予了支持和帮助，北京大学出版社的林君秀女士在本书出版过程中给予大力支持，裴蕾和张燕两位编辑对书稿进行了精心的修改，在此一并表示感谢。

王洪章

2022 年 7 月

目 录

导论 / 1

　　第一节　国家金融安全的概念及特征 / 1

　　第二节　国家金融安全的构筑逻辑 / 4

第一篇
银行挤兑的心理因素及防范

第一章　银行挤兑研究的逻辑起点、理论模型及心理学理论流派 / 10

　　第一节　银行挤兑研究的逻辑起点 / 10

　　第二节　挤兑的基本概念 / 12

　　第三节　银行挤兑的经典理论模型梳理 / 14

　　第四节　银行挤兑传染机制及心理学流派分析 / 15

第二章　挤兑危机的政府应对政策——以心理学为视角 / 21

　　第一节　关于危机的认识 / 22

　　第二节　不干预政策：任其发展 / 23

　　第三节　政府干预与"大而不能倒" / 27

　　第四节　预防性措施：存款保险制度 / 32

　　第五节　政府干预与市场信心——案例分析视角 / 36

第三章　国内银行挤兑心理及应对模式　/ 44

第一节　中国金融体系的特点　/ 44

第二节　国内银行挤兑危机及应对　/ 46

第三节　关于挤兑危机应对政策的思考　/ 54

第二篇
新时代我国外汇管制的界限确定：政策空间与市场操作边界

第四章　"不可能三角"与中国金融体制改革多重目标诉求　/ 62

第一节　"不可能三角"理论　/ 62

第二节　政策改革目标的多重逻辑　/ 66

第五章　当前中国外汇管制：必要性、压力与动力　/ 72

第一节　汇率制度选择与汇率改革　/ 72

第二节　资本外流与外汇管制　/ 76

第三节　汇率变动与经济基本面　/ 80

第六章　深化中国资本市场体制改革的探索性建议　/ 83

第一节　机构放开，还是资金开放　/ 83

第二节　资本市场开放步骤选择　/ 85

第三节　提升中国参与国际金融治理的能力　/ 87

第四节　丰富防控资本外流的政策工具包　/ 89

第五节　强化数字货币创新应用，破除人民币困境　/ 91

第三篇
系统性风险的产生机理及预警体系

第七章　金融稳定的内涵　/ 98

第一节　金融稳定的内涵　/ 98

第二节　金融稳定的判断方法　/ 100

第三节　金融稳定的边界与金融安全　/ 101

第八章 金融稳定监管机制 / 103
第一节 国际金融稳定监管机构 / 103
第二节 中国的金融稳定专业监管机构 / 106

第九章 金融系统性风险相关理论 / 111
第一节 金融系统性风险的内涵 / 111
第二节 金融系统性风险的成因 / 112

第十章 系统性风险的动态演化机制 / 114
第一节 金融系统性风险的动态演进 / 114
第二节 金融系统性风险传染与金融网络 / 116
第三节 金融系统稳定性与金融系统脆弱性 / 117

第十一章 主要发达国家和国际机构监测金融系统性风险的启示 / 120
第一节 金融系统性风险监测趋势 / 120
第二节 主要发达国家和地区的系统性风险监管机构 / 122

第十二章 系统性风险监测指标体系 / 126
第一节 宏观风险 / 130
第二节 市场风险 / 132
第三节 信用风险 / 137
第四节 偿债风险 / 140
第五节 流动性和融资风险 / 142
第六节 杠杆风险 / 145
第七节 系统性风险 / 146
第八节 其他风险 / 147
第九节 金融系统性风险监测与预警 / 151

第四篇
新时代国家金融安全的边界和构建

第十三章 构建国家金融安全边界的理论基础 / 160
第一节 国家金融安全边界的内涵 / 160

第二节　新时代我国金融安全边界的组成要素及安全影响机理　/ 168

第十四章　国家金融安全边界构建的国际经验　/ 194
　　第一节　欧美构建国家金融安全边界的经验启示　/ 194
　　第二节　日本和阿根廷构建国家金融安全边界的经验教训　/ 200

第十五章　我国构建国家金融安全边界的经验及存在的问题　/ 205
　　第一节　我国构建国家金融安全边界的历史经验　/ 205
　　第二节　我国构建国家金融安全边界的现状及其不足　/ 210

第十六章　新时代我国构建国家金融安全边界的必要性　/ 215
　　第一节　金融安全与国家安全　/ 215
　　第二节　金融安全与经济健康可持续发展　/ 216
　　第三节　金融安全与防范化解系统性金融风险　/ 218
　　第四节　金融安全与新时代金融机构的发展　/ 219
　　第五节　金融安全与金融科技发展　/ 220
　　第六节　金融安全与应对外部金融风险冲击　/ 222
　　第七节　金融安全与应对全球治理体系重构　/ 225

第十七章　构建我国国家金融安全边界的对策建议　/ 227
　　第一节　深化渐进式改革开放　/ 227
　　第二节　厘清我国国家金融安全的各类金融价值及金融价值
　　　　　　基础之间的关系　/ 230
　　第三节　深化改革，推进构建国家金融安全边界　/ 233

参考文献　/ 281

导　论

改革开放以来，我国在金融体系、金融市场、金融监管和调控体系等建设方面均取得巨大成就，金融机构实力大大增强，已成为重要的金融大国。与此同时，金融安全已成为影响国家安全的重要因素。2017年，习近平总书记指出，"维护金融安全，是关系我国经济社会发展全局的一件带有战略性、根本性的大事"。因此，我们必须对国家金融安全有全面的认识，厘清国家金融安全构筑的逻辑起点与终点，守住不发生系统性风险的底线，做好维护金融安全这件战略性、根本性的大事。

第一节　国家金融安全的概念及特征

一、国家金融安全的概念

国际政治关系学者阿诺德·沃尔弗斯（Arnold Wolfers）认为，"国家安全在客观意义上指不存在对既定的价值观构成威胁的状况，在主观意义上指不存在既定价值观受到攻击的恐惧感。"[1] 由此定义理解，国家安全是指一个国家所拥有的价值不受威胁且这个国家不会感觉到价值受到攻击的恐惧感。

---

[1]　转引自苏长和，1997. 从国家安全到世界安全——现实主义及其后 [J]. 欧洲（1）：43-48.

价值是自然与人类现象之中普遍存在的数量性事物、规则和事实；金融价值是组成金融本身的数量性事物、规则和事实等，主要表现为金融机构、金融基础设施等事物及金融运行规则和事实；而金融价值基础则是支撑金融价值存在和运行的事物、规则和事实等，主要表现为粮食、能源等事物及其运行的规则和事实。

关于国家金融安全的概念目前尚未形成统一共识，从不同的角度理解有不同的定义。王元龙（1998）认为，国家金融安全是指在金融全球化条件下，一国在其金融发展过程中具备抵御国内外各种威胁、侵袭的能力；确保金融体系、金融主权不受侵害，使金融体系保持正常运行与发展的一种态势。梁勇（1999）认为，国家金融安全是指一国能够抵御内外冲击，保持金融制度和金融体系正常运行与发展，即使受到冲击也能保持本国金融及经济不受重大损害。而我们则认为，国家金融安全是指一个国家所拥有的金融价值（金融体系、体制机制、金融机构等）及其金融价值基础（粮食、能源、实体、企业等）不被威胁和不受威胁的一种状态。

二、国家金融安全的特征

1. 动态性

国家金融安全的内容不是静态的，而是动态变化的。例如，原来中小银行的安全不至于会影响到国家金融安全，但随着其资产和负债规模、贷款余额等的不断增加，其安全会逐渐影响到国家金融安全；随着第三方支付和结算平台的发展，其在国家整个支付和结算系统中的比例不断上升，对国家金融安全的重要性也随之上升。

2. 全球性

国家之间或区域之间的经贸往来在2000多年前就已开始，始于汉朝的"丝绸之路"就是很好的见证。随着经济、贸易、金融等领域的全球一体化不断推进，国家金融安全逐渐成为一个全球性问题。主要经济体是全球金融系统的重要组成部分，会彼此相互影响，互联互通已成为新时代金融的鲜明特征。1997年亚洲金融危机、2007年美国次贷危机对全球各经济体的影响就是很好的例证。按照国家金融安全的定义，只有放在全球范围内，才能对一个国家的金融是否安全做出界定。

3. 政治性

可粗略地认为，一个国家主要由领土、人民（民族、居民）、文化和政府四个要素组成。从广义的角度理解，国家是指拥有共同的语言、文化、种族、血统、领土、政府或者历史的社会群体；从狭义的角度理解，国家是一定范围内的人群所形成的共同体形式。因此，政府是一个国家的要素之一，政府是政治属性的具体表征，政治属性是一个国家的典型属性，国家金融安全自然而然也具有政治属性。

4. 独立性

国家金融安全的独立性是相对于国家的独立性而言的。独立对于一个主权国家而言至关重要。一个主权完整的国家应该具有独立性，不受外部干涉。国家金融安全的前提是国家拥有独立的主权，若一个国家连基本的主权都没有，国家金融安全也就无从谈起。例如，我国对外开放和外交政策的基本原则之一就是独立自主，这应成为我国国家金融安全的基本原则。

5. 完整性

国家金融安全的完整性可以从其政治性和独立性两个特征去理解，指一个国家的政治性和主权独立性应该是完整的，如果政治性和主权独立性不完整，金融安全也就无法保障。例如，20世纪70—80年代阿根廷的金融危机、80—90年代日本的金融危机就是由于国家的主权独立性和政治性的完整性无法得到保证而引发的。

6. 脆弱性

由于信息不对称的存在，国家金融安全往往具有脆弱性。需求是金融存在的唯一理由，也是金融创新的最大动力，但需求也会随时变化，它会引起金融流动性、资产价格等的变动，加上信息的不对称，会进一步放大金融安全的脆弱性。此外，国家金融安全的脆弱性可结合其全球性特征去理解，由于金融的全球性和交叉传染性，国家金融安全的脆弱性特征会更明显。

第二节　国家金融安全的构筑逻辑

2017年，习近平总书记在主持中共中央政治局就维护国家金融安全进行第四十次集体学习时强调，要"形成全国一盘棋的金融风险防控格局"。如何形成全国一盘棋的金融风险防控格局呢？首先，要坚持底线思维，对金融风险的准确识别和预警是守住不发生系统性金融风险底线的底气。2017年第五次全国金融工作会议后，我国采取以集中整治影子银行和互联网金融、接管包商银行为重点的处置部分中小银行风险、应对债券市场违约风险等防范化解金融风险的重要举措，所有这些举措的前提是对金融风险的准确识别和预警。其次，要坚持问题导向，对金融风险的准确计量和处置是防范化解金融风险的必要手段。我们必须立足国情，从实际出发，准确把握我国金融发展的特点和规律，精准"拆弹"。最后，要坚持系统性思维，系统构建我国金融安全边界是我国金融安全的久久之功。金融安全边界由金融价值和金融价值基础的安全边界组成，要构建监管体制机制、金融机构、政策法律、自律性组织、粮食安全等金融安全核心点的边界，以核心点的安全构建边界的安全。

一、逻辑起点：金融风险的识别与防范

2017年，习近平总书记在主持中共中央政治局就维护国家金融安全进行第四十次集体学习时强调，准确判断风险隐患是保障金融安全的前提，对存在的金融风险点，我们一定要胸中有数，增强风险防范意识，未雨绸缪，密切监测，准确预判，有效防范，不忽视一个风险，不放过一个隐患。

银行是我国金融体系的核心，识别银行机构的风险是识别与防范金融风险的核心内容。

外汇管控是一个国家与外部金融体系联系的重要桥梁，更是控制和切断外部金融风险冲击的重要工具。1978年我国开始实行改革开放，为吸引外资，

1979年通过了《中华人民共和国中外合资经营企业法》。外资要进来，必然要兑换人民币，必须有合理的汇率机制才行，对汇率及外汇管理体制进行改革迫在眉睫。1981年，我国启动汇率改革，实行汇率双轨制，即贸易汇率和非贸易汇率不同。随后实行外汇留成制度，但实质仍是双轨制，极易造成价格体系扭曲。1994年，在建立社会主义市场经济体制改革的大变局下，有管理的浮动汇率制度改革兴起；与此同时，作为政策协同，统一的外汇市场也得以建立，并实施银行结售汇制度。至今，我国仍实行外汇结售汇制度，牢牢管控外汇市场及资本的跨境流动。然而，新时代我国金融业大幅度对外开放，资本跨境流动更为频繁，且体量更为庞大。2019年，我国外汇市场交易规模达29.12万亿美元，银行结汇达1.85万亿美元，售汇达1.91万亿美元。随着我国金融对外开放的深入推进，资本流动将更加频繁。因此，通过增强汇率弹性、平衡利差和汇率关系、增强经济发展潜力等来夯实汇率稳定的基础，再稳步推进资本市场开放、推进外汇市场市场化运转、顺畅外汇交易通道、完善资本市场价格竞争机制、丰富防控资金外流的政策工具等，实现资本自由流动、固定汇率制度和货币政策独立性三者的良性互动，更好地确定我国新时代外汇管制的界限，是识别与防范金融风险的应有之义。

识别系统性金融风险是防范金融风险的重点与难点，守住不发生系统性金融风险是我们防范金融风险的底线。近年来，由于影子银行、期限错配、互联网金融等缺乏监管，我国金融风险急剧累积，有发生系统性金融风险的可能性。众所周知，系统重要性金融机构（Systemically Important Financial Institutions，SIFIs）出现危机极有可能导致系统性金融风险。根据国际金融监督和协调机构——金融稳定委员会（Financial Stability Board，FSB）公布的数据，我国工、农、中、建四大银行均已入选全球系统重要性银行（Global Systemically Important Banks，G-SIBs），中国平安保险公司则是全球9家系统重要性保险机构之一。2019年11月，中国人民银行会同中国银保监会发布《系统重要性银行评估办法（征求意见稿）》，按照此意见稿标准，我国将会有30家左右的银行被认定为系统重要性银行。当前急需对我国系统性金融风险的表现形态、产生机理进行梳理和研究，增强系统性金融风险的识别能力，守住不发生系统性金融风险的底线。

二、逻辑终点：构建国家金融安全边界

如前所述，国家金融安全边界是指一个国家所拥有的所有金融价值及其金融价值基础不被威胁和不受威胁状态的边界。构建牢固的国家金融安全边界是预防银行挤兑风险、外汇管控失效风险、系统性金融风险的法宝。我国需要对拥有的所有金融价值及其金融价值基础构建不被威胁和不受威胁的边界。

然而，金融混业经营和分业监管导致我国金融安全边界的模糊化状态仍然存在，金融科技正深刻重构我国金融安全边界。金融资产储备和配置不合理等使我国金融安全边界难以应对新时代金融业发展新特征的挑战。同时，我国金融安全边界基础不实、不合规创新等给金融安全带来严重危害。缺乏独立全面的金融安全审查机制等导致我国金融安全边界缺损。

要构建我国国家金融安全边界，从短期来看，要正确处理影响我国金融安全的主要矛盾，即中美关系，坚定以渐进式方式继续深化改革开放；从长期来看，要加快明确我国金融价值及金融价值基础的主要内容，厘清各类金融价值及各类金融价值基础间的边界关系，确定金融价值及金融价值基础的安全边界、标准或阈值。以构建监管体制机制、金融机构、政策法律、自律性组织、粮食安全等核心金融价值主体和金融价值基础主体的安全边界，推动我国整个金融系统安全边界的构建，防范前述风险的发生。

第一篇

银行挤兑的心理因素及防范

2019 年，我国银行业金融机构总资产为 290 万亿元，总负债为 265.54 万亿元。银行业是高负债运行的行业，而且最大的债权人是社会公众。虽然我国也颁布了银行法及系列监管法规，包括银行救助制度，但银行仍然有破产清算或发生挤兑的风险。2019 年，营口沿海银行和伊川农村商业银行就分别遭遇了集中取款事件，险些酿成挤兑事件；包商银行经过一年多的接管救济工作，无法获得投资重组，需要做破产清算处置。在此前后的几年中，恒丰银行、锦州银行等因严重违规违法经营酿成重大金融风险，不得不采取引进战略投资、战略重组、更换管理团队等方式，以降低风险。大量中小银行、农信社、信托等金融机构清算重组重创我国金融业，甚至出现挤兑危机，个别地区一度造成社会动荡。因此，挤兑可能会引发系统性风险，乃至引发金融危机，造成社会动荡。

改革开放以来，我国银行业得到快速发展。截至 2018 年年初，已有 4 000 多家银行法人机构，绝大多数为中小银行。近年来，在银行业快速发展的同时，银行资金脱实向虚、治理机制不健全、互联网金融（P2P[①]）、影子银行等问题及风险进一步累积，并出现个别风险事件，影响我国金融业的稳定与安全。2017 年，国家将防范和化解重大风险确定为三大攻坚战之一，防范和化解金融风险是其应有之义。习近平总书记多次强调指出，打好防范化解重大风险攻坚战，重点是防控金融风险。《中国金融稳定报告（2019）》（下称《报告》）指出，"稳妥化解中小银行局部性、结构性流动性风险"已成为防范化解金融风险的重要工作之一。进一步梳理当前可能造成银行挤兑的心理因素，研究其影响机制，在此基础上，借鉴国内外银行挤兑防范的经验及教训，提出适合我国国情的银行挤兑防范机制显得尤为重要和急迫。

本篇从群体心理视角出发，基于主流的银行挤兑理论模型及心理学理论基础，通过分析总结国内外银行挤兑防范的经验及教训，厘清银行挤兑发生的群体心理的形成机制及其变化的影响因素。通过研究发现，银行挤兑的发生和发展主要源于公众担心银行兑付能力不足的恐慌情绪。恐慌情绪的发展

---

① P2P（Peer to Peer），指点对点网络借贷。

分为爆发、蔓延和消退三个阶段。在恐慌情绪的爆发阶段，可通过对已经爆发的问题进行自查自纠、提前做好压力测试和兑付准备、提高自身经营能力及寻求外部支持等方法预防或缓和恐慌情绪。在恐慌情绪的蔓延阶段，可通过寻求外部帮助、满足兑付要求等方法缓解恐慌情绪的蔓延。在恐慌情绪的消退阶段，可通过重新经营和重建信任、加快储蓄回流等方法快速消除公众的恐慌情绪。

在上述基础上，基于我国社会制度、发展阶段、历史沿革、信用文化、公司治理等差异造成的金融体系差异，应建立在以习近平同志为核心的党中央领导下政府发挥主导作用的风险处置机制，对发生挤兑危机的银行机构进行有效救助，并按市场化原则对问题机构进行分类处置，平衡维护金融安全与防范道德风险，维护市场信心和金融稳定，既要守住风险底线，又要强化市场纪律，打赢我国金融风险防范与化解的攻坚战。

第一章

银行挤兑研究的逻辑起点、理论模型及心理学理论流派

第一节 银行挤兑研究的逻辑起点

一、商业银行创造货币机制催生流动性风险

商业银行是专门从事吸收公众存款,然后把钱借贷出去,并从中获得利息差价的机构。商业银行不断循环这种"借贷交易"的过程实际上是创造货币的过程。当然,这个过程不是无止境的,商业银行不能无限制地创造货币,它要受到法定存款准备金的限制。商业银行创造货币的能力与法定准备金率成反比,法定准备金率越高,商业银行能创造货币的倍数越低。当然,在现实生活中,商业银行创造货币的实际倍数与市场对货币的需求有关,存在着一部分资金相当活跃,而另一部分资金在沉睡的现象。

如果社会上存在传言"银行里面的钱,实际上是不能满足所有储户的兑换需求的,我们赶紧去把钱取出来",以至于大家都去取钱,那么商业银行的钱是不够大家取的。所以如果所有储户听到传言都去提现,商业银行一定会倒闭。这并不是商业银行经营不善的问题,这是由商业银行创造货币的固有

机制造成的。商业银行无法满足所有储户提现要求的现象,我们称之为"流动性困难"(薛兆丰,2019)。

二、什么样的银行发生挤兑时值得救?

我们知道,当商业银行发生挤兑时,背后需要有一个更强大的支撑力量,无论采取何种手段,最终目的是平息人们的传言,只有这样才能挽救商业银行系统。然而,问题在于,每一家商业银行都是"低买高卖"的商业机构,它们跟我们楼下的小卖部本质上并没有不同。既然如此,任何一家商业银行都有可能遇到经营不善、资不抵债的困难。如果遇到这种困难,这家商业银行就可能倒闭。

商业银行同时可能遇到两种困难:一是整个银行系统本身所固有的"流动性困难"。如果发生这种困难,就应有更强大的力量支撑和帮助商业银行,以防出现更大的系统性风险。二是由于经营不善而导致的"资不抵债"困境。如果发生这种困境,就应该让商业银行受到市场的惩罚。如果商业银行不会倒闭,就不会有人对经营负责。挤兑可能引发系统性风险,甚至爆发金融危机,但挤兑本身并不一定意味着金融体系即将崩溃,而往往只意味着存款从薄弱金融机构向优质金融机构的转移。

三、问题的提出

防范化解重大风险攻坚战,是党的十九大提出的全面建成小康社会三大攻坚战的首要战役。习近平总书记指出,"防范化解金融风险,特别是防止发生系统性金融风险,是金融工作的根本性任务"。近年来,监管部门有效处置了一些已经暴露风险、具有系统性影响的金融机构,如 2019 年 5 月包商银行被接管。总体看,果断实施接管发挥了及时"止血"的作用,避免了包商银行的风险进一步恶化,既最大限度保护了客户的合法权益,避免了客户挤兑和风险向众多交易对手扩散,又依法依规打破了刚性兑付,实现了对部分机构激进行为的纠偏,进而强化了市场纪律(王景武,2020)。

然而我们也看到,近年来发生了营口沿海银行和河南伊川农村商业银行因为谣言引发的挤兑等风险事件。正如美国前财政部长蒂莫西·盖特纳（Timothy Geithner）在《压力测试》（*Stress Test*）一书引言部分所说，"所有的金融危机都是信心危机"。金融系统都是建立在信念之上的，这就是为什么英文"信贷"这个词源于拉丁文"信任"，而金融机构往往自称"信托"。无论基于何种原因，如果人们对银行失去了信心，就会出现挤兑；金融危机则是对整个金融系统的挤兑，是人们对金融安全失去信心的表现。

人们惯于恐慌，正如人们惯于某些非理性信念造成的交替出现的泡沫和恐慌。然而，一旦骚动群起，对于个体而言，跟着行动以免被踩踏就是理性行为，尽管对于社会整体而言，他们的集体行动是非理性的。这些恐慌给整个社会带来了残酷的后果。基于此，本章尝试从群体心理视角出发，研究银行挤兑发生的群体心理的形成以及影响其变化的因素；研究有效利用群体心理变化，引导客户行为，以防范和化解危机；另外，研究在我国"刚性兑付"背景下，银行发生挤兑的心理变化，及打破"刚性兑付"背景下，银行发生挤兑的心理。

第二节　挤兑的基本概念

内生于创造货币的固有机制，商业银行会将大部分资产投资出去，如发生挤兑必然导致其出现流动性困境，面临生死存亡的威胁。但问题在于，在一场金融危机中，如何分辨一家商业银行出现的问题，是由流动性困境造成的，还是由资不抵债造成的。无论政府在应对挤兑过程中采取何种干预措施，其主要职责及最终目标都是为金融系统注入信心。

一、银行挤兑的界定

银行挤兑，又称"挤提"，是存款人集中、大量提取存款的行为，是一种突发性、集中性、灾难性的危机。经典的、狭义的挤兑概念是指"存款挤兑",大量存款人因种种原因突然在同一时间要求提取存款,取得现金。现代的、广义的挤兑概念包括银行负债端在同一时间集中、快速地缩减规模,导致流动性枯竭,直至无法兑付,负债端包括活期存款、定期存款、同业拆借、卖出回购等。

美国金融危机调查委员会（Financial Crisis Inquiry Commission，FCIC）在分析花旗集团（Citigroup）时尝试定义了狭义的存款挤兑：大量存款人突然要求从某银行取出他们的存款,这可能由存款人信心下降所致,也可能出于存款人对该银行将被当局关闭的担忧；银行只会将小部分存款配置为现金储备,因此,即使对一个健康银行来说,短期内的大量提款要求也会导致严重的流动性危机,从而使该银行无法履行职责并倒闭。

二、银行挤兑的关键要素

弗恩·麦金利（Vern Mckinley）将银行（金融机构）挤兑应具备的关键要素提炼如下（麦金利，2014）：

（1）银行的债权人先发制人地收回信用或拒绝续借,从而威胁到该机构的持续经营。

（2）基于债权人对该银行恶化的财务状况或整个金融系统稳定性的担忧,挤兑密集发生于一段时间（几天或几周）内。

（3）如果由此导致恶化的财务状况得不到改善,该机构将被迫关门或进入破产程序。

（4）金融监管当局感到必须进行干预,以防止挤兑的外部效应,如银行挤兑可能导致短期信用从金融体系流失。

（5）金融监管当局（通常是中央银行）对挤兑的传统反应是做出对该机构能否存活及其是否具有偿债能力的关键决定。如果该机构被认定可继续生存,中央银行将通过短期、有良好担保的贷款提供支持,并处以惩罚性利息。若该机构被认定无法维系经营,中央银行将允许其直接倒闭并实行破产接收、托管或重组。

第三节 银行挤兑的经典理论模型梳理

本节介绍银行挤兑的经典理论研究,比较有代表性的有三个模型。

一、约翰·布莱恩特模型

约翰·布莱恩特(John Bryant)在 1980 年的文章《储备、挤兑和存款保险的一个模型》(A model of reserves, bank runs, and deposit insurance)中,首次从理论上阐述了存款保险对挤兑行为所发挥的作用,阐述了由风险资产而引发的随机提款、负债事件以及不对称信息给金融业带来的影响。考虑到政府能采用税收调节、发行货币等不同方法来保护存款,布莱恩特分析了它们的效率、效果和成本。他没有为存款保险设计方案,但赞同建立政府干预下的存款保险体系。

二、戴蒙德-迪布韦克模型

戴蒙德和迪布韦克(Diamond et al.,1983),基于布莱恩特的研究成果,提出了均衡模型,即银行业存在多重均衡状态,而存款保险的作用在于它的出现消除了银行挤兑的恶性均衡(存款人均提款),留下了一个没有挤兑的良性平衡(存款人均不提款)。戴蒙德和迪布韦克认为银行对挤兑具有较差的免疫力,存款保险可以有效地防止挤兑的恶性均衡,原因在于银行合同实现了最优化,使得晚期消费的存款人不参加挤兑。

三、吉本斯模型

吉本斯(Gibbons,1992)在戴蒙德-迪布韦克模型基础上,提出了一个信息完全但不完美的博弈模型。为简单起见,将两阶段写进同一个矩阵中,可能出现两个纯策略纳什均衡,即(提款,提款)和(不提款,不提款)。如

表1-1所示,虽然$R>r$(均不提款的均衡回报更高),但在这一博弈中却不存在一种机制保证后一个纳什均衡(均不提款)一定出现,形成类似囚徒困境的结局。吉本斯认为,这是一个混合策略问题。

表1-1　吉本斯模型的支付矩阵

单位:元

策略	提款	不提款
提款	r,r	D,$2r-D$
不提款	$2r-D$,D	R,R

吉本斯模型更为简单直观,但是无论该模型还是戴蒙德-迪布韦克模型,都没有分析到底是什么引起了存款者对银行的信心产生动摇,以及好的纳什均衡为何在未引入存款保险机制的情况下也不一定发生。

第四节　银行挤兑传染机制及心理学流派分析

银行挤兑一经发生就可能导致流动性不足,甚至使本来没有流动性问题的银行破产。从微观层次来看,单个银行不能及时偿付债务的流动性风险,与其他类型企业的风险相比,除了受债权人信心影响很大,并没有根本性不同。但是,从宏观层次来看,单个银行的流动性问题会通过支付系统和同业拆借市场很快传导至其他银行,产生多米诺骨牌效应——其他银行无论自身是否存在挤兑问题都将受到牵连,对其他银行形成巨大的外部性影响。因此,单个银行经营失败很可能造成整个银行业的系统性危机,这一危机所产生的社会经济成本更大。

一、银行挤兑的传染机制

某一银行破产会传递出其他银行也可能破产的信号,导致存款人和其他债权人进行挤兑,这一挤兑若出现在同业拆借市场上,其影响更为严重。这里有关银行本身状况或中央银行偏好的信息十分重要。破产银行通过对证券市场的影响可能引起其他银行挤兑。Kaufman（2007）的研究表明，银行业中各种银行股票收益率的相关性大于其他产业中的企业，某一银行破产会引起那些提供相同产品、服务或在同一地区市场中经营的银行股票收益大幅度不正常下降。股价大幅下挫使市场对银行产生不良预期，从而发生挤兑现象。

银行之间通过同业往来，即通过各种大额交易的借贷关系，密切联系在一起，银行破产易于通过银行间借贷迅速蔓延。银行同业借贷包括支付系统中日借方余额、货币市场上隔夜和定期银行间借贷或其等价物以及或有要求权，如场外市场和汇率衍生产品。银行同业贷款一般既没有担保品，也没有保险，而且同业贷款在银行资产负债表中占有很大比重。因此，一家银行破产可能导致一连串的银行破产，从而在金融市场通过多米诺骨牌效应演变成银行危机。

近几十年来，金融市场的一体化发展、新金融工具的不断出现与电子通信技术的更新使得金融活动迅速发展，其中一个直接结果是银行间支付系统中大额交易量空前高涨，这些交易系统的日透支额也大幅增加。支付系统中大规模的日支付流量，特别是大额交易和巨大的透支额产生了潜在的风险。支付系统中存在的主要风险有信用风险、流动性风险、操作风险和系统性风险。单个银行破产通过支付系统可能演变成系统性危机。一家参与银行的破产可能引起协调性失效，即所有参与银行在收到自己的支付命令后才对其他银行进行支付，导致流动性的持续短缺。

二、系统性金融风险的心理学理论梳理

非理性行为在经济从稳定走向不稳定的动态机制中也起到了推波助澜的作用。传统经济学建立在理性人、偏好一致、风险厌恶、有效市场等基本假设之上，但在现实经济生活中往往并非如此。行为经济学家们把心理学纳入对市场参与者的行为分析，通过观察和实验对比发现，大多数投资者并非理性投资者，行为也并不总是回避风险的，其期望值更是多种多样的。这种非理性行为一方面是由于信息不完全、不对称等客观限制，另一方面是由于个

人、群体心理等主观因素。因此，从行为经济学的角度分析系统性风险的形成、演进和传染机制十分必要。

1. 心理账户——非理性行为的心理基础

Shefrin 等（1988）提出行为生命周期理论（Behavior Lifecycle Hypothesis）。作为对传统生命周期理论的修正，该理论有一个重要概念——心理账户（Mental Accounting），即投资者根据个人资金的来源、存放地和用途等因素，无意识地在个人内心对资金进行归类管理。与一般的经济账户不同，心理账户中相同数量的资金可能并不是等价的，比如辛苦工作积攒的资金在心理账户里的价值一般高于等量赌博所得，又比如股票账面上的亏损在心理账户里一般被认为小于卖掉该股票所承受的实际亏损。年龄、职业和教育背景等个体特质对投资者的决策心理起着重大影响，导致不同的心理账户有其特有的记账方式和心理运算规则。正是因为人们在决策时更多是基于记账方式不同于经济账户的心理账户，而心理账户又常常遵循一种与传统经济学运算规律相矛盾的潜在心理运算规则，所以个体决策才表现出各种违背传统经济学原理的非理性。

2. 偏差、正反馈机制和过度自信——投资泡沫和系统性风险的积累

行为经济学的研究起点是金融市场中的个人和群体投资行为，而研究结果表明，个人存在偏差（Bias），包括行为偏差、认知偏差和情绪偏差等。个人偏差导致其产生对资产或金融市场产品的定价偏差，而这种资产的定价偏差会进一步反向影响个人对这种资产的认识与判断，尤其是当外在的客观因素和内在的主观情绪相互作用，形成同一方向的预期时，就会导致金融市场整体定价的系统性偏差。

系统性定价偏差会通过正反馈效应（Positive Feedback Effect）形成金融市场的投机泡沫。Akerlof 等（2009）认为，投资者非理性的追涨杀跌行为会通过正反馈机制导致恶性循环，并且反馈机制造成的破坏会通过高杠杆进一步得以放大。传统均衡经济学认为市场需求对价格表现为负反馈，即价格升高则需求变少，市场会自发走向供需均衡。但投机市场在投资者的同一方向的乐观预期下，并没有遵循这一规则，反而表现为价格对需求的正反馈，进

而导致金融市场内生的不稳定性。

事实上，个人和群体并没有真正意识到各种偏差，反而普遍存在过度自信（Over Confidence）：人们通常倾向于高估自己的能力或者高估自己所掌握知识和信息的精确性（Baruch et al.，1999）。在经济呈现出繁荣景象时，市场参与者更容易显现出过度自信。基于这种过度自信的预期，市场参与者变得不再主动回避风险。一方面，他们会过分相信和依赖接收到的利好消息，继续增强自己的自信心；另一方面，尽管有些利好信息可能是偶然的，他们也会过分地相信它，从而忽视那些伤害其自信心的因素。过度自信会演变成过度关注，使个人及群体把注意力集中在资产过去的价格上升过程，而忽略其所隐藏的风险，进而导致该资产价格的一种自我实现式的、螺旋式的上升，同时投资者的乐观情绪也被进一步助长。这在明斯基（Minsky）理论里表现为融资方式以投机性融资和庞氏融资为主的阶段。在市场同质性的乐观预期驱使下，投机泡沫越吹越大，系统性风险不断积聚。

3. 羊群效应——系统性风险的传染

古斯塔夫·勒庞（Gustave Le Bon）在《乌合之众：大众心理研究》（*The Crowd：A Study of the Popular Mind*）中指出："只要人们构成了一个群体，他们的感觉、思考、行为方式就会和他们处于独立状态时有很大的不同。"羊群效应（Herd Effect）正是人们的从众心理在经济金融活动中的反映，具体指在市场活动中由于信息不完全、不对称或投资者对真实信息缺乏足够了解而难以对市场未来走向作出合理预期的情况下，投资者倾向于从观察周围人群出发，归纳总结他人的行为来提取相关信息。当越来越多的投资者采取此模式时，他们接收的信息趋于同质化，最终使绝大多数投资者做出相似决策而产生羊群效应。

在经济繁荣阶段，一旦某些投资者在某项投资中获益成为"领头羊"，在市场整体乐观预期下，其余投资者往往会跟风投资而忽略风险。以美国次贷危机为例，2006年美国的自有住房拥有率已经高达68.18%，没有住房的多为无稳定收入且信用较差的被称为"次级贷款人"的人群，此时美国住房结构已经处于一个相对稳定的状态。但随后，政府通过税收政策刺激房地产行业，导致大量"次级贷款人"进入房地产市场。"次级贷款人"明知自身风险承受能力较差，却仍在"他能买房我亦能买房"的从众心理驱使下接连背负房贷；而银行在"他能通过次贷赚钱我亦要赚钱"的利润刺激下，一方面与评级机构勾结放宽信贷标准，另一方面通过资产证券化等方式转移风险至表外。羊群效应使系统性风险在"次级贷款人"和银行之间广泛传播，又通过银行转移至其他金融机构，还通过金融杠杆危及实体经济，加速了系统性风险的全面传染。

4. 禀赋效应——系统性危机的爆发

Thaler（1980）认为人们通常会高估自己所拥有的物品的价值，他把这种现象称为禀赋效应（Endowment Effect）。禀赋效应可以用行为经济学的损失厌恶（Loss Aversion）机制解释，即人们面对损失时心理的厌恶程度要远大于面对盈利时的满意程度。当投机泡沫由于内生或外生因素难以为继时，资产价格大幅下跌，市场参与者对市场丧失信心，同时产生恐慌心理，面对未来的或有损失变得越发谨慎，损失厌恶的情绪变得更加强烈。银行挤兑事件就是这种损失厌恶机制的极端表现。银行一旦发生财务困境，即使困境没有储户想象的那么严重，只要有一点负面消息的传播和扩散，损失厌恶情绪也会使其急于取出在心理账户中价值较高的存款，并在羊群效应下引发大规模挤兑。

5. 银行挤兑的心理分析——繁荣、恐慌、崩溃

许多研究都关注了心理因素影响导致的挤兑及危机的严重性。Selden（1943）在《股市心理学》（*Psychology of the Stock Market*）一书中指出：

> 恐慌和繁荣都是明显的心理学现象。这并不是说，实体经济的基本状况无法决定股市的暴涨或暴跌。但所谓的恐慌，将加剧由基本面变化所引发的市场下跌，这往往是由于在市场资金耗竭的情况下，公众情绪处于激动状态。"繁荣"一词意味着过度或大规模投机性的增长……当许多投资者对可能发生的恐慌感到害怕时，这令人惊骇。

查尔斯·金德尔伯格（Charles Kindleberger）提供了构成几乎所有公共

金融保护和监管基础的叙事：个人的非理性亢奋化为乌合之众的心理（狂躁），助长了资产泡沫。然后，当少数人的亢奋化作恐惧（恐慌）时，乌合之众群起而惊慌失措、反应过度，导致一场崩溃，使金融机构破产，无论其有无清偿能力。诺贝尔经济学奖得主丹尼尔·卡尼曼（Daniel Kahneman）发现，个人通常不是完全理性的，也即他们并不总是按自己的最大利益行事。但他也发现，投机者在价格过高时压价（做空），价格过低时抬价（做多），他们的行动使市场资产价格合理化，这时他们都是完全理性的。故而这个无意图但隐含的模型，是由非理性的个人但理性的市场构成的。

情绪性市场恐慌理论，挑战着经济学中理性经济人的基础假设。在该假设下，今天的价格在相当程度上取决于人们对明天价格的预期，而且市场信息能够有效地传导至资产价格。总而言之，市场通常是理性的，但崩溃与恐慌证实这些"通常"存在例外。理性假设的失效有可能引发大量的异常行为。存款人担心提现困难、本息受损，纷纷抢先提取现金、收回债权，引发银行挤兑。预期、自我实现的预言、从众心理在这里发挥了作用。相应地，防范和化解银行挤兑风险，也要从心理作用上入手，修复信用，改变预期，扭转从众心理。

第二章
挤兑危机的政府应对政策
——以心理学为视角

政府应对挤兑危机的目标是抑制恐慌。无论是针对银行挤兑危机的预防机制——存款保险制度,还是在面对危机时,政府所采取的各种应对措施,其目的都是抑制恐慌的发生和扩大。但是,政府在面对危机时,必定面临救与不救的抉择——是允许银行破产,使存款人遭受损失,还是直接提供贷款等相关担保,避免银行遭到挤兑?

恐慌中,若金融机构由于持有劣质票据或证券导致缺乏偿债能力,则不应获得监管机构(中央银行)的贷款,资不抵债的金融机构是虚弱的少数派,这并不会加重恐慌;若金融机构有优质的、健康的证券作为抵押,则值得监管机构(中央银行)救助并获得贷款,且政府应尽可能多地发放贷款用以消除公众恐慌。若政府拒绝向持有优质证券的申请人发放贷款,则可能会制造恐慌。因此,在危机期间,政府对金融机构偿债能力的判断是其采取应对措施的关键。

然而,金融市场是关于信心和未来预期的,一旦信心遭到摧毁就会发生恐慌。正如有人说:"恐慌是一种自我实现的预言,在金融市场发生问题时,这种自我实现的预言就像瘟疫一样,具有高度的传染性和破坏性。"银行挤兑令 A 银行流动性枯竭,使得 B 银行无法按期获得回款从而导致 B 银行流动性困难,甚至由于市场的风险规避、信心丧失而引致对 B 银行的挤兑,由此不断扩散，最终爆发系统性金融风险。因此，政府经常采取多种手段介入并支持某个陷入危机的金融机构，不仅是为了救活它，更是为了防止其窘境"外溢"到其他金融机构。

第一节　关于危机的认识

2008年金融危机期间，本·伯南克（Ben Bernanke）是美联储主席，蒂莫西·盖特纳是纽约联储主席和巴拉克·奥巴马（Barack Obama）政府时期的财长，约翰·保尔森（John Paulson）是小布什（George W. Bush）政府时期的财长，他们都是金融危机的亲历者、金融政策的制定者和金融改革的设计者。关于金融危机的发生，伯南克、盖特纳和保尔森的论述各有侧重，总结起来主要有三个方面。

一、所有的金融危机都是信心危机

盖特纳说，金融系统都是建立在信念之上的。这就是为什么英文"信贷"这个词源于拉丁文"相信"，为什么我们如果相信某件事是真的就可以信赖它（Bank on），为什么金融机构往往自称"信托"。在一个传统的银行体系中，只有存款者相信银行且银行也相信贷款者并确信不会存在所有存款者同时要求取回本金时，才能实现银行的稳健运行。盖特纳认为，关于2008年金融危机，最有力的理论其实很简单：它就是一种对过度自信的长期狂热，人们普遍认为房价不会下跌，经济衰退将是温和的，市场依旧会保持流动性，而这种狂热助长了过多的借贷、过高的杠杆、过量的短期融资以及过度的影子银行，随着一些明显诱因事件的发生，最终酿成了危机。

二、恐慌是金融危机的心理病

伯南克认为，虽然2008年金融危机中最显著的两个因素是次贷泛滥和房价泡沫，但这场危机之所以导致社会付出如此惨重的经济和金融代价，主要原因可能在于恐慌本身。可以说，恐慌造成的代价不会小于次贷泛滥和房价泡沫造成的代价。伯南克还解释道，虽然有很多人批评其在应对危机时存在"头痛医头、脚痛医脚"的现象，但美联储、财政部和联邦存款保险公司（Federal Deposit Insurance Corporation，FDIC）在很大程度上借鉴了应对金融恐慌的经典处方，重塑了社会对金融的信心和信任，从而最终成功地抑制了危机。

三、传染是金融危机中的流行病

保尔森说，金融危机就是金融版的"疯牛病"：或许只有一小部分牛肉被感染，但这种病太过可怕，乃至消费者们开始躲避所有的牛肉。在金融危机中，投资者们会躲避一切他们认为已经中了金融之毒的东西。金融恐慌的一个明显后果就是金融机构遭遇大范围的挤兑。从常理来看，美国从1934年开始实施的联邦存款保险制度应该能够完全消除银行挤兑的可能性。不过伯南克指出，2008年金融危机时的挤兑具有新的特征，即在这场金融危机爆发之前的多年时间里，美国短期融资市场出现了很多新的变化，尤其是回购协议融资市场和商业票据融资市场等批发融资市场发展得异常迅猛，而这些市场也会因为恐慌而出现挤兑。

第二节 不干预政策：任其发展

一、不干预政策的理论基础："恐慌之火会自行熄灭"

多数经济学家相信恐慌会自行消失，即"恐慌之火会自行熄灭"。有观点认为，不必浪费资源支持危机中的金融体系，因为体系本身的资金就足够了。在危机中的金融体系中，只要能够承担高利率，资金需求方仍然可以获得大笔贷款。道德风险问题成为提倡金融危机时不对经济施加干预的重要依据，因为这种"任其发展"的策略可以降低金融危机发生的概率和强度。

支持金融危机不干预政策的观点有以下两种：一种观点认为市场中出现的问题是对以往过度投资的惩罚，应该欢迎这种惩罚；另一种观点认为恐慌犹如潮湿闷热的热带地区的雷阵雨，会使空气变得清新，促进交易规范、市场发展和持续繁荣。对这一观点最有力的说明来自赫伯特·胡佛（Herbert Hoover）的描述（金德尔伯格，2014）：

"任其自我出清主义者"认为政府不应干预，应让萧条自行解决流动性不足的局面，"让劳动力市场自我出清，让房地产市场自我出清"。一旦多数人头脑发热，让其冷静下来的唯一办法就是让他们碰壁。恐慌并不是坏事，它会清除经济中的杂质。过高的生活成本和生活标准都会下降，人们会更加努力地工作，更加注重道德操守。价值观会得到调整，有进取心的人会从能力不足的人身上接过已受危机重创的事业。

二、1907年大恐慌和金融危机

在整个19世纪，股市崩盘与金融恐慌曾周期性地在美国和其他地区爆发。市场崩溃往往由偶然性的资产泡沫所引发，当投资者的预期无法实现时，过度投机将面临"调整"，而金融恐慌通常是这些调整的结果。全美各地的银行也都意识到，担保抵押品贬值削弱了其贷款的信用等级；一旦无法满足储户提款，银行将面临破产。因此，存款人开始对银行状况担忧，并争着取出存款，这种恐慌不断蔓延，就形成了典型的银行挤兑。

从1814年到1914年，美国发生了13次金融恐慌，其中最严重的是1907年的大恐慌。1907年10月，两个投机者精心设计了一个操纵铜矿公司股票的计划，并成功说服包括尼克伯克信托（Knickerbocker Trust）在内的几家信托公司援助了他们的投资计划。由于传言尼克伯克信托公司卷入了这两个投机者的计划中，于是这家信托公司的1.8万名储户产生恐慌。22日，一场针对尼克伯克信托公司的挤兑风潮出现了，一大群储户在公司门口躁动不安，要求取出他们的资金。

纽约市几乎所有的银行和信托公司之间都有着千丝万缕的财务关系，这股恐慌情绪很快就传染给其他投资者和储户。尼克伯克遭遇挤兑后便停止偿付的消息，引发了市场的剧烈动荡。整整一天，几乎所有的银行和信托公司都在储备额外资金，一切可借资金都被牢牢捂住。至星期二开市，活期借款利率上升到名义的10%；到中午时，交易所大厅已经没有人放款了；到收盘前半小时，利率甚至攀升到了70%。甚至有传言称"整个华尔街都摇摇欲坠"。在没有联邦存款保险制度时，银行通过拒绝提款来应对恐慌和挤兑。但这样做的另一个严重后果是给那些需要付工资或者需要取款用以消费的人带来了麻烦。

1907年的大恐慌将全美和世界范围内的众多市场、政府和个人都席卷了进去。在此期间，商品价格下降了21%。实际上从1904年到1907年间商品价格的增长都不复存在。工业生产的下降幅度超过了1907年前的所有恐慌时期。1907年11月破产总数相比上年同期上升了47%；12月公司总收入下降了6%；从1907年5月到1908年6月的生产量下降了11%，批发价格下降了5%，出口暴跌26%。在最糟糕的时候，全部上市公司股票价值跌去了37%（布鲁纳 等，2009）。

三、信息不对称性与恐慌

信息不对称指交易中的个人拥有的信息不同。在社会的政治、经济等活动中，一些成员拥有其他成员无法拥有的信息，由此造成信息的不对称。在市场经济活动中，各类人员对有关信息的了解是有差异的。掌握信息比较充分的人员，往往处于比较有利的地位；而信息贫乏的人员，则处于比较不利的地位。信息不对称可能导致逆向选择。在金融市场中，某些参与者可能比其他人更具信息优势，这被称为信息不对称性。这种情况可能导致信息充分的人掠夺信息不充分的人，这个问题被称为逆向选择。

1983年，经济学家道格拉斯·戴蒙德（Douglas Diamond）和菲利普·迪布维格（Philip Dybvig）指出，金融恐慌有时是偶然发生的事件。存款人害怕某种打击可能迫使银行陷入损失惨重且时日漫长的破产清算，这时挤兑也就发生了。每个人都害怕损失，每个人都害怕成为最后一个从银行取出存款的人。因此，挤兑只是由偶然的存款人提款以及害怕掉队的心理所引发的，恐慌时期的利率比平时高很多。

案例 1：20 世纪 80 年代中期，中国香港地区某银行附近的一家点心店前排起了长队，这竟招致了一场银行挤兑。存款人以为这条长队是从银行排出来的，一时间谣言四起，银行陷入挤兑人潮的包围中。

案例 2：有一个美国小镇，其高中篮球队二十几年来从来没有打进过分区决赛，结果某年该队竟然打入决赛，镇民们欣喜若狂，纷纷准备动身到一百多公里外的决赛场地替他们的队员们加油。当天所有镇民一起到镇上唯一的银行取款当旅费，结果那家银行做梦也想不到它的存款会在同一天被取光，就这么莫名其妙地倒闭了。

案例 3：日本关西地区的某个小城有一天下午突然下起暴雨，很多路过的行人纷纷躲到一家银行的营业大厅中避雨，挤得大厅水泄不通，结果正好有一个记者开车经过银行，看到这景象马上产生了职业上的反应："嗯？这么多人，莫非这家银行遭到了挤兑？"这个记者回去马上就发了一篇新闻稿，竟然真的引发了挤兑风潮。

逆向选择有可能使恐慌蔓延。挤兑可能是由存款人观察到有关银行资产的负面信息后提取存款引发的。由于无法判断银行资产状况的好坏，人们一窝蜂地跑去提款，其他人也竞相效仿，一场挤兑就开始了。而金融恐慌的解决在于消除信息不对称性，只要存款人能够辨别哪些银行具备偿付能力，哪些银行不具备，针对状况良好的银行的挤兑就会停止。

四、压力测试

从历史经验来看，最有效地阻止金融风险传染的方式是超乎寻常的信息披露机制，而针对金融机构的压力测试是其中一个重要的工具。压力测试考察金融机构在某种假设的特定极端情况下，是否能承受住关键市场变量突变（比如股价突然暴跌 20%）的压力。在 2008 年的金融危机之初，人们怀疑美国大型金融机构存在资本金严重不足的问题，因此那些潜在的投资者、债权人和消费者不敢与银行发生业务联系，进而导致恶性循环，最终使整个金融系统崩溃。2009年5月发布的压力测试报告在2008年金融危机救助中扮演着重要的一环。该报告表明美国的前19大金融机构是健康的，具备足够的资本来应对极端的风险和危机。

为什么压力测试能重塑公众的信心？一个原因是这些压力测试是极其严肃的：银行只有通过了压力测试才能继续提供金融服务。公众知道没有一家金融机构会把这个压力测试当成过家家似的仿真模拟游戏。但是压力测试要成功还需要一个前提，就是公众要相信这些信息披露。

我们也许担忧，难道政府没有动机宣布所有机构都通过了压力测试吗，即使这并不是实情？在2008年金融危机中，公众对政府还是比较信任的。即使政府在2008年年底给金融机构注入了大量的流动性，公众仍然相信政府有手段和能力来救助受困的金融机构。因此，当投资者们发现这些通过压力测试的银行只需要750亿美元的救助时，投资者们大为欣喜。这促使投资者在雷曼兄弟（2008年9月15日）破产后敢于投资。

第三节 政府干预与"大而不能倒"

一、政府干预的起源与困境

20世纪初，美国尚无中央银行，一些民间机构承担了中央银行的部分职能。然而，民间机构没有足够的财力，也不具备中央银行拥有的公信力。在1907年的大恐慌中，J. P. 摩根及其影响力范围内的纽约银行家们对美国信托公司施以援手，还迫使纽约的信托公司巨头成立自己的联盟，以支持美国信托公司和其他金融机构。银行清算中心对外宣布其全部成员银行状况优良，并向储户保证有足够的资金用于偿付，在一定程度上扮演着监管者的角色。因此，1907年大恐慌是"任其发展"的典型案例。也正是由于这场危机，美国开始考虑建立中央银行（即美国联邦储备系统）应对金融恐慌。

为了应对1907年这场由流动性引发的市场恐慌，1908年5月30日，美国国会通过了《奥尔德里奇-弗里兰法案》（Aldrich-Vreeland Act）。这项立法规定了一套根据银行准备金发行货币的紧急货币政策。1913年12月，在所有的研究终于结束后，国会通过了《联邦储备法案》（Federal Reserve Act），奠定了建立美国联邦储备系统（简称"美联储"）的基础，进一步推动了联邦储备银行的成立和货币供给弹性化，并提供商业票据的再贴现手段以及更好的金融监管等。《联邦储备法案》规定了新成立的美联储有两项任务：第一，行使最后贷款人职责，努力缓解银行每隔几年经历一次的恐慌；第二，管理金本位制度，也就是磨去金本位制度锋利的边缘，防止利率和其他宏观经济变量的大幅变化。

历史学家罗伯特·威布（Robert Wiebe）曾写道："1907年大恐慌是一次政治变动的催化剂。最明显的是，它促使包括银行家在内的几乎所有人相信，金融体系的改革势在必行……这场恐慌引发了数不尽的麻烦，不满的美国人因此被称为积极的改革者，他们要求更多的变革。"（布鲁纳 等，2009）而伴随1932年富兰克林·罗斯福（Franklin Roosevelt）上台，美国的政治路线重返积极的政府和全面的国家干预，其中包括1933年《格拉斯-斯蒂格尔法案》（Glass-Steagall Act）这个对美国金融市场产生深远影响的法案的出台。

政府面对金融机构危机时，常常仍存在纠结和政策"两难"问题：是积极实施干预，满足市场流动性需求，还是继续袖手旁观，让市场自我调整。传统观点一般认为，当企业面临财务困难时，政府不应予以干预，当资产价格下跌到足够程度时，市场最终会稳定，投资者会购买损失了大量资本的公司。如果政府对市场进行过度干预，即使一时抑制了经济下行，也可能会引发道德风险，金融机构认为政府会救助它们，导致在未来面临更严重的危机。

相反的观点认为，第一，每一次危机均有其特殊性，经济动荡的后果可能极为严重。在发生危机时，如果任资产价格下跌，会出现大量机构破产，经济持续萧条，市场重新归于平静时，金融机构会更加谨慎，增加未来的避险成本。第二，政府救助企业与救助行业，带来的道德风险迥然不同。在整体经济平稳的背景下，企业破产通常是由经营决策失误导致的。而行业中多家公司同时出现经营困难，可能是由基本经济条件变化或货币政策不当导致的，会引发系统性危机。此外，如果破产企业数量激增导致失业率上升，并带来公共部门债务上升，最终政府会改变自己的政策来努力稳定金融系统，而政府早些进行干预的成本会更低。

二、"大而不能倒"的成本与隐患

所谓"大而不能倒"（Too Big to Fail，TBTF），是指当一些规模极大或在产业中具有重要地位的企业濒临破产时，政府不会等闲视之，甚至会以公众资金救助，避免那些企业倒闭所掀起的巨大连锁反应对社会整体造成更严重的伤害。金融机构"大而不能倒"是指那些规模巨大的金融机构因为在整个银行业中的关键地位和作用，当经营出现困难甚至危机时，政府会对其进行救助，如不对其进行救助，整个银行业会产生连锁反应，进而影响到民众对银行业的信心。

金融机构"大而不能倒"最早可追溯到1890年由阿根廷债务危机导致的英国巴林银行（Barings Bank）危机事件。当时巴林银行因其所持有的阿根廷政府债券巨额亏损而濒临破产，但是巴林银行已经成为英国的信用支柱，英国政府不会坐视社会信用的崩塌。最终英格兰银行对其进行注资，才使巴林银行逃过一劫。但此时政府对这类金融机构的救助还未成为正式的政策措施。

"大而不能倒"的一种解释是，当大银行遭遇危机时，其他机构很难筹集足够的资金将其收购，正如 J.P. 摩根收购贝尔斯登公司（Bear Stearns Cos.）时，政府必须提供足够的支持才可促成交易，避免市场竞争态势发生重大变化。然而，"大而不能倒"也可能带来负面影响，即大银行受到保护，其股东享有"免费午餐"；而小银行倒闭时需要承担损失。

1. 伊利诺伊州大陆银行救助案

"大而不能倒"作为政府救助的政策措施始于1984年美联储和联邦存款保险公司联手救助伊利诺伊州大陆银行（Continental Illinois National Bank）事件。2008年之前，美国最大的银行破产案就是1984年伊利诺伊州大陆银行的破产，该银行当时位列美国第七大银行，导致其破产的原因是油价下跌带来的坏账损失。该银行与其他银行的不同之处在于它的国际存款规模较小。

1982年，伊利诺伊州大陆银行就曾爆发危机，后来逐渐平息。1984年，糟糕的盈利状况再次引爆危机。

对伊利诺伊州大陆银行的金融援助是联邦存款保险公司历史上最重大的银行破产决议。伊利诺伊州大陆银行是美国历史上请求联邦存款保险公司提供金融援助的银行中规模最大的一家，对该银行的金融援助证实了许多人的观念：某些银行仅仅是"太大了以至于不能倒"。此时这项政府的专项救助政策被命名为"公开的银行救助"，并且允许金融机构在必要的时候向政府申请公开的银行救助。

开始，美联储向伊利诺伊州大陆银行提供借款，最终，伊利诺伊州大陆银行被联邦存款保险公司接管。伊利诺伊州大陆银行的普通股票持有人损失了全部投资，他们持有的股票一钱不值。高级管理层丢掉了自己的工作，并损失了在该银行股票上的投资。

那么，在伊利诺伊州大陆银行救助案件中，到底谁被"救助"了呢？购买了保险的存款人通过联邦存款保险公司免于损失；未购买保险的存款人，如在银行被接管前已将全部存款取出，也未遭受任何损失。只有该银行控股机构发行的次级金融债券的投资者遭受了损失。从实际角度看，伊利诺伊州大陆银行实质上已经破产了。

2. 雷曼兄弟公司破产案

拥有158年历史的雷曼兄弟（Lehman Brothers）公司是华尔街第四大投资银行。2007年，雷曼兄弟在世界500强企业中排名第132位；2007年年报显示其净利润高达42亿美元，总资产近7 000亿美元。从2008年9月9日，雷曼兄弟的股价在一周内暴跌78%，公司市值从112亿美元大幅缩水至25亿美元。雷曼兄弟在2008年第一季度卖掉了1/5的杠杆贷款，同时又用公司的资产作抵押，大量借贷为客户交易其他固定收益产品；在2009年第二季度变卖了1 470亿美元的资产，并连续多次进行大规模裁员来压缩开支。然而雷曼兄弟的自救并没有把自己带出困境。华尔街产生了"信心危机"，一些有收购意向的公司则因为政府拒绝担保而没有出手。雷曼兄弟最终没能逃离破产的厄运。2008年9月15日，雷曼兄弟按照美国破产法典的相关规定提交了破产申请，成为美国有史以来倒闭的最大金融公司。

回顾是否应"拯救雷曼"的问题，美国财政部曾呼吁其他金融机构出面并购雷曼兄弟，但不愿承担并购成本。英国巴克莱银行（Barclays Bank）曾申请收购雷曼兄弟，但英国政府担心雷曼兄弟或有负债数额超乎想象，驳回了这一申请。

比较"拯救雷曼"与"放弃雷曼"的成本和收益。"拯救雷曼"大体有以下三种方法：第一，参照 J.P. 摩根收购贝尔斯登的方式，美联储直接出资，购买一定数额的抵押贷款相关证券之后，可由一个买家收购雷曼兄弟；第二，参照美国财政部对花旗银行和美国银行（Bank of America）的做法——问题资产救助计划（Troubled Asset Relief Program，TARP），美国政府按 1 美元/股的价格购买 6 000 万—8 000 万股，通过资金注入以维持雷曼兄弟运转；第三，可参照美国财政部救助"两房"（房地美和房利美）的模式，直接回购雷曼兄弟的股份，将其出资视为对雷曼兄弟的贷款，未来可根据情况转为股权。

评估美国政府救助雷曼兄弟的成本，应对持有的抵押贷款及其相关证券进行全面考量，但这只能待危机平息后才能进行。在雷曼兄弟破产前，其净资产总额为 300 亿美元，杠杆率为 30 倍，总资产为 9 000 亿美元，总负债为 8 700 亿美元。雷曼兄弟出现了 3 倍于其资本金的信贷损失，美国财政部需投入 600 亿美元才能避免其损失。除此之外，救助雷曼兄弟还会承担道德风险等"附加成本"。雷曼兄弟获救可能使人们更加肆无忌惮地参与投机，导致更严重的危机。另外，美国国际集团（AIG）是美国最大的保险公司之一，在其避免雷曼兄弟倒闭的努力中也险些破产。

放弃雷曼兄弟的直接影响是引发恐慌和危机。不救助雷曼兄弟还可能导致失业增加、经济衰退、财政赤字扩大等一系列经济成本和社会成本。2008 年的 1—8 月，美国非农就业总人数平均每月减少 4 万人，而雷曼兄弟破产后的半年间，美国非农就业总人数平均每月减少 60 万人。放弃雷曼兄弟最突出的风险是风险资产价格迅速上升，LIBOR（London Interbank Offered Rate，伦敦银行间同业拆借利率）与联邦基金利率间的利差飙升。现金储备相对充裕的银行不愿拆借给坏账损失较高的银行，后者只能变卖资产获得并囤积资金，进一步缩减投资。此外，放弃雷曼兄弟最大的成本是由利率飙升导致的 GDP（Gross Domestic Product，国内生产总值）增速逐步下降。2008 年 8 月，美国国会预算办公室预测，2009 年美国赤字总额为 4 500 亿美元，而仅 6 个月后，这一预测就被上调至 1.5 万亿美元，足够救助 10—15 个雷曼兄弟。财政赤字飙升的主要原因是借贷意愿急剧下降导致的经济活动大幅下降，同时，家庭和企业活力下降，就业急剧下降，个人对工作前景不乐观而导致消费进一步下降（金德尔伯格，2014）。

第四节　预防性措施：存款保险制度

一、存款保险制度的建立

20 世纪 80 年代以来，系统性银行危机波及全球，为应对商业银行可能出现的挤兑现象，避免清偿力危机可能导致的自我实现型流动性危机，各国政府纷纷着手建立金融安全网。在金融安全网框架下，显性的存款保险制度得到迅速推广。自 20 世纪 30 年代起，美国为了挽救在经济危机的冲击下已濒临崩溃的银行体系，其国会在 1933 年通过《格拉斯-斯蒂格尔法案》，联邦存款保险公司作为一家为银行存款保险的政府机构于 1933 年成立并于 1934 年开始实行存款保险制度，以避免挤兑，保障银行体系的稳定，开启了世界上存款保险制度的先河，建立了真正意义上的存款保险制度。迄今为止，全球有 100 多个国家和地区建立了显性存款保险制度。

所谓存款保险，是指由存款性金融机构集中起来建立一个保险机构，各存款性金融机构作为投保机构向保险机构交纳保险费，当投保机构面临危机或破产时，保险机构向其提供流动性资助，或代替破产机构在一定限度内对存款者兑付。现有的研究和实践表明，存款保险制度的出台主要源于银行对存款人发生挤兑的担心，银行与存款人之间潜在的信息不对称问题会进一步导致银行体系的恐慌，扩大挤兑的连锁反应，引发系统性的金融危机，对经济发展造成极其不利的影响。存款保险制度则可以有效约束存款人行为，减少挤兑的发生，对金融改革发展具有稳定效应。

国际经验表明，金融市场化在提高金融资源配置效率的同时，可能会加剧金融体系的脆弱性，导致银行危机甚至经济危机。因此，我国将存款保险制度作为促进金融体制改革平稳进行的配套制度，《存款保险条例》于2015年5月施行，标志着中国理论界和实务界讨论多年的存款保险制度进入了实施层面。

二、日本"失去的十年"

20世纪90年代发生在日本的经济危机是日本历史上最严重的经济危机，这次经济危机造成日本严重的经济衰退，以及数不胜数的企业倒闭。日本此次经济危机影响深远，整体经济运行缓慢，系统功能丧失，被外界认为是"失去的十年"。

日本在1985年9月22日与美、英、德、法达成"广场协议"（Plaza Accord）后，日元持续升值，日本政府为了补贴因日元升值受打击的出口企业，开始实行量化宽松政策，市场利率下降，于是产生了过剩的流通资金，而当时全球经济增长放缓也加剧了资本向日本流入的速度。日本股市、房地产价格加速上涨，在地产价格高位时，东京23个区的地价总和甚至达到了可以购买美国全部国土的水平。

1989年，日本泡沫迎来最高峰，年底日经指数达到了38 957.44点（见图2-1）。随着日本政府紧缩货币政策，上调基准利率，日本股市开始掉头向下。1989年年末到1990年年末，股市下跌了将近40%。股市泡沫的破灭带来的冲击是十分巨大的，股市作为企业直接融资的场所，大部分企业用股权质押来换取银行的低息贷款，而股市的暴跌必然引起股权价值的下调，对企业的直接融资影响十分大。

金融机构的破产和倒闭是日本以往经济危机没有的。在政府的全面干预和保护下，第二次世界大战后日本的金融机构异常稳定，以致形成了日本金融机构不会破产的神话。然而，日本金融泡沫破裂，东京、大阪等地的地区

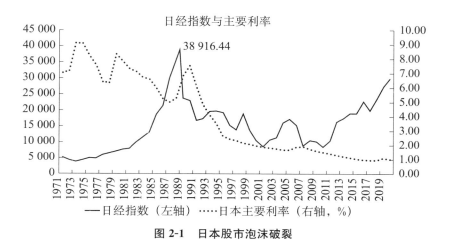

图 2-1　日本股市泡沫破裂

数据来源：Wind。

性商业银行的贷款价值出现严重下跌，甚至出现资不抵债的情形。1994 年 12 月，东京协和（Tokyokyowa）和安全（Anzen）两家信用社首先倒闭。到 1997 年，金融机构倒闭达到了高峰，就连北海道拓殖银行（Hokkaido Takushoku Bank）也难逃破产的厄运。这样，日本金融机构不会倒闭的神话破灭了。

资产价格下跌、金融机构资不抵债甚至破产倒闭并不必然导致危机或恐慌，日本即使没有存款保险制度也并没有出现银行挤兑的情形。当时日本各界普遍认为，即使金融机构破产，存款人也不会受损，政府会出面埋单（表面上埋单的日本政府，其实最终将成本转嫁给全体纳税人）。这样一来，日本相当于实际拥有了全覆盖的存款保险体系，其金融机构"大而不能倒"，遭受损失的只有股票投资者。

三、存款保险潜在的道德风险

道德风险问题是指政府推出的旨在熨平经济波动的政策可能激发获取高额回报的投机行为。存款保险制度也可能导致银行出现严重的道德风险问题，主要体现在以下三个方面：第一，存款保险制度使银行不必为投资的额外风险向存款人支付更高的利率，银行为了获得更高的收益，有动机投资高风险的项目，进而增大银行经营的不稳定性；第二，存款保险机构为面临流动性危机的银行提供还款保证，进而弱化银行的内部治理机制，降低银行的风险管理能力，增加银行倒闭的概率；第三，存款人预期到存款保险机构提供的取款保障，会减弱监督银行投资行为的激励，导致市场约束力弱化，促使银行偏好于高风险项目。基于此，各国在推行存款保险制度时均面临着防止银行挤兑的稳定效应与潜在道德风险之间的权衡（田国强 等，2016）。

存款保险制度作为金融安全网的三大支柱之一，与审慎监管、央行最后贷款人职能共同促进金融体系健康发展，有助于及时防范和化解金融风险，维护金融体系的稳定。但我们也需要注意到，存款保险制度能否有效实施往往与制度环境密切相关，也与金融机构规模大小有关。在金融制度较为完善的经济体中，政府对银行业务的干预以及提供的担保较少，挤兑行为对银行的威胁很大，因此，实施存款保险制度能够保障存款人的利益和银行体系的稳定，但同时也可能会导致严重的道德风险问题。当大的金融机构出现资不抵债或者危机时，存款保险制度的作用有限。这种局限性也使存款保险制度不具有普遍意义。

四、存款保险制度与挤兑

存款保险制度在一定程度上有助于稳定存款人的信心，抑制恐慌的蔓延。然而，历史经验证实，并非存款保险制度建立后商业银行挤兑现象便不复存在。如果某银行倒闭，被保险的存款人依据存款保险确实不会损失分毫，但当未被保险覆盖的存款面临潜在损失时，挤兑还是会发生；如果被保险的存款人认为需要很长时间才能收回资金，那么他们也可能进行挤兑。如美国20世纪70年代至90年代初的金融动乱、21世纪初的金融危机，以及中国近年来个别地方性银行发生的挤兑事件都表明，即使存款保险制度建立了，对商业银行及储蓄机构的挤兑现象并未消失。

此外，需要特别注意的是存款保险制度实施过程中可能引发的道德风险问题。在中国实施存款保险制度时，一方面，要加强金融监管机制建设，强化市场约束和完善银行内部治理机制的作用，减弱潜在道德风险的负面影响；

另一方面，要进一步深化金融体制改革，提高信息加工和传播效率，减少存款者对银行收益率信息预判的偏差，促使存款者在面对银行长期资产收益变动时形成稳定的取款预期，从而增加存款保险制度的稳定效应。

第五节　政府干预与市场信心——案例分析视角

一、最后贷款人

"最后贷款人"一词来自法语 dernier resort，本意是指上诉人可以诉讼的法律管辖权。如今的中央银行更多地强调最后贷款人的责任，而不是上诉人（借款人）的权利。"最后贷款人"概念是白芝浩（Walter Bagehot）于1873年在其《伦巴第街》（*Lombard Street*）一书中首次提出的，指在其他资金无法筹集时的最后一种筹款方法。白芝浩认为，中央银行应对陷入资金困境的银行承担最后贷款人的角色，以避免银行倒闭而带来的巨大负面效应。最后贷款人职能为中央银行专有职能，当商业银行或者其他金融机构遭遇流动性危机时，中央银行可以通过再贴现或者再贷款的方式向金融机构提供支持，以防止挤兑风潮蔓延引发金融恐慌甚至银行业的崩溃，从而维护金融秩序稳定。

最后贷款人随时准备创造更多的货币，阻止因流动性欠佳的金融资产转换成货币受阻而出现的挤兑。但是，创造多少？给谁？按什么条件？何时创造？这些问题构成了最后贷款人的"两难困境"。一方面，应让市场机制提高其自身避免未来恐慌的能力。市场如果知道它会得到最后贷款人的救助，就会在下一轮经济高涨时期较少甚至拒绝承担保证货币与资本市场有效运作的责任。最后贷款人的公共产品弱化了银行体系保持稳健的责任。另一方面，中央银行拥有无限发钞权以阻止恐慌蔓延。如果无人来阻止因恐慌强行抛售商品、证券及争抢有限的货币而产生的脱媒，所谓的"合成谬误"就会出现，市场中每一个参与者都急于解救自己，个人理性导致群体的非理性行为，最终结果可能是市场的崩溃及更大的危机。

根据白芝浩提出的规则，只要抵押品充足，只要公众提出贷款要求，就应该让其得到贷款。但是关于抵押品的两难问题在于其充足与否取决于恐慌是否停止。只要恐慌继续扩大，价格就会进一步下跌，证券、票据、商品等抵押品的抵押价值也会快速下挫。在这种情况下，需要对借款人的清偿能力进行重新评估。此外，白芝浩规则是只要愿意承担罚息就可以自由放款。当然，自由放款是指对信用良好的借款人并具备优质抵押品而言，必要时也可以有例外。

二、政府干预措施：注入流动性、提供担保、接管

危机爆发时，监管机构需考虑其应对方式——直接注入流动性、提供担保、接管，还是依赖其他形式的最后贷款人。下面通过域外重大金融危机及银行挤兑案例，来分析在危机爆发时政府和决策者的一系列措施；并着重观察措施与抑制恐慌、恢复市场信心之间的关系。

1. 英国北岩银行挤兑案

2007 年 8 月，受美国次级债危机导致全球信贷紧缩影响，英国第五大抵押贷款机构——北岩（Northern Rock）银行发生储户挤兑事件。2007 年 8 月美国"次级债风波"爆发后，市场风险迅速在欧美房地产市场、信贷市场、债务市场和股票市场间相互传染。金融机构间信息缺失导致的"信贷紧缩"很快从美国蔓延到欧洲，以银行间同业拆借为主要流动性来源的英国北岩银行由此出现了融资困难。

2007 年 9 月 14 日，英格兰银行和金融服务监管局（Financial Service Authority，FSA）发布联合声明，认为北岩银行有偿付能力，资本超过规定要求，贷款质量良好，而且表示会"向其提供流动性支持"。此举开创了英国中央银行自 1997 年获得制定利率政策独立性以来直接援助商业银行的先河。然而，中央银行注资的消息并没有安抚储户的普遍恐慌情绪，9 月 14 日和 15 日发生了一连串的挤兑。从伦敦到纽卡斯尔，北岩银行各分行门口排起长队，储户争相取款，在纽卡斯尔还出现了排队的混乱场面。

受挤兑事件影响，北岩银行股价从 2007 年 9 月 13 日收盘的 639 便士跌至 9 月 14 日收盘的 438 便士，一日之内跌幅高达 31.5%。英国广播公司 9 月 16

日宣称，储户已在两天内提走了接近 20 亿英镑。北岩银行拥有 150 万名储户，这些储户在银行有大约 240 亿英镑存款。《泰晤士报》甚至估计，挤兑风潮如果持续，储户可能从银行提出 120 亿英镑，占到其存款总数的一半。新闻报道增加了市场担忧，而北岩银行一方面推脱现金运输环节出现问题，另一方面又抱怨银行间缺乏信任，英格兰银行也并未及时做出担当最后贷款人的正式承诺，这使得挤兑事件进一步恶化。

2007 年 9 月 17 日，北岩银行各营业网点再现挤兑人群排成的长龙，其股价一开盘就比 9 月 15 日的收盘价低了 26.9%，全天从 320 便士跌至 282.75 便士，进一步下滑 11.6%。为防止事态失控，英国财政大臣当日公开表示，英国政府将为北岩银行提供担保，保证储户在银行的存款安全，英国中央银行和金融服务监管局也都将合理保证北岩银行的"正常运行"。政府的信用担保增强了市场信心，在 9 月 21 日之前的几天内北岩银行又以 7% 的惩罚利率从英国中央银行借入近 30 亿英镑的紧急贷款，部分缓解了其流动性紧张，挤兑现象逐渐消失。

2007 年 9 月 20 日，英国财政部确认了对北岩银行客户存款的担保安排。担保范围包括：截至 9 月 19 日午夜的所有现有账户、现有账户的新入存款、现有账户之间的利息和资金往来、9 月 13 日至 9 月 19 日之间曾要求关闭而后重开的账户。但是，为了公平起见，与所有其他主要银行一样，9 月 19 日之后新开的北岩银行账户将不包括在上述保障条款之内，而是按照原有的存款保障给予保障。此种有所保留的担保安排反而加剧了市场担忧，北岩银行股价当日从 250 便士跌至 185.2 便士，跌幅达到 25.9%。随后北岩银行在危机中依旧向优先持有者分发近 4 000 万英镑股息的行为遭到市场批评，并导致了股票市场更多的抛售，其股价在 9 月 25 日收于 163.1 便士的低点。在价值低估的背景下，北岩银行开始成为其他金融机构和私人股权投资公司收购的目标。

2007 年 9 月 25 日，北岩银行在股市收盘后发表声明称，目前已有多家机构对其表达了收购意向，其与部分买家进行了初步探讨并尚未得到确定结果。同时称，因与潜在买家谈判收购一事，决定取消 7 月 25 日宣布的定于 10 月

26日向股东派发中期股息的计划。此举增强了市场信心，北岩银行股价在9月26日至28日连续三天小幅反弹。

2007年10月1日，英国金融服务监管局针对北岩银行危机的新存款保障安排正式生效。根据新的担保条款，北岩银行的客户在3.5万英镑以内的存款将得到100%的保障。而此前，金融服务监管局的存款保障计划仅对2 000英镑以内的存款提供100%保障，对2 000英镑以上、3.1万英镑以下的存款则仅提供90%的保障，总保障金额最高为3.17万英镑。受此影响，北岩银行当日的开盘价较前一交易日上涨。但此后北岩银行在9月底向英国中央银行再次借入50亿英镑的内部消息被市场获知，并引起市场对危机恶化的担忧，导致其股价在一天内跌去27.8%，创下挤兑事件发生以来的最低点。随后几日北岩银行向英国中央银行申请的紧急贷款累计上升至110亿英镑，其股价同期维持低位震荡。

2007年10月9日，英国财政部宣布，政府为北岩银行零售客户提供储蓄保障的范围将扩展到2007年9月19日以后的存款，这一举措不仅将帮助"已经开门"的北岩银行吸收新客户，也将使其在潜在收购者眼中变得更有吸引力。此外，可接受的抵押品范围也从国债等最高评级的证券资产延展至所有资产，北岩银行由此可以向中央银行申请更多的现金支持。北岩银行同时宣布仍在同几方就潜在的交易进行谈判，并证实已聘请花旗集团以及美林（Merrill Lynch）为其顾问，谈判进程将在2008年2月前完成。随后，花旗集团透露正在考虑如何支持北岩银行：一种方案是和其他机构共同为潜在收购者筹集250亿英镑资金，用于帮助北岩银行摆脱困境；另一种方案是将北岩银行作为独立实体，以优惠的商业利率向其提供资金援助。标准普尔评级服务公司随后表示，对北岩银行的评级并不受来自英国政府的担保延展以及来自英国中央银行特殊流动性便利的影响，英国当局对北岩银行的特殊支持已经反映在目前的评级中。受到上述利好消息的提振，一度深跌的北岩银行股价在10月中旬明显回升。

2. 2007年次贷危机

美国在2007—2009年间，由次级抵押贷款危机引发的经济危机是近80

年来最严重的危机。此次经济危机是由次贷危机所引发的,而且极具传染性,随着违约人数的增加,其波及的范围持续扩大,由个体、区域的危机变为整体、国家甚至全球的危机。大部分金融机构出现流动性问题,致使全球金融体系部分功能丧失。

贷款驱动下的房地产泡沫的崩溃,是美国次贷危机的根源。截至2007年夏天,扣除通货膨胀因素后,美国房地产价格与1995年同期相比上涨了70%,推算可得,当时美国房地产总价值(21万亿美元)中有8万亿美元的泡沫成分(相当于总价值的38%)。2006年,美国房价开始下跌,买房套利的机会不复存在,越来越多的投机者和低信用借款人出现违约。到2006年11月,这些违约行为带来的影响已经十分突出,并在2007年上半年引发大量的破产和亏损。房地产泡沫通过抵押贷款以及抵押贷款证券化产品传递到了更广泛的金融领域及部门。次级抵押贷款的流动性开始崩溃,贷款的投资需求萎缩,市场价值大大缩水。

至2007年年底,美国住宅总市值为美国GDP的140%,其中一半以上是通过抵押贷款的方式购买的,若包括商业地产抵押贷款,总的抵押贷款超过了美国GDP。显而易见,房地产价格泡沫的破灭直接影响美国抵押贷款市场,尤其是次级抵押贷款①市场,随后蔓延到基于此类贷款的结构化衍生品金融市场。尤其值得注意的是,在20世纪90年代,信用违约互换合约的标的价值很低,2001年大约为6 320亿美元,而在2007年最高峰,攀升至令人震惊的60余万亿美元,而2008年全球GDP总值也只有60万亿美元。

随着住房价格泡沫的破灭,次级抵押贷款业务崩溃,2007年住房止赎率是2006年的2倍,利率飙升。金融机构由于持有大量次级抵押贷款衍生产品,随着违约率提升,亏损加剧。危机持续蔓延传播,2007年2月至3月,多家次级抵押贷款公司宣告亏损。同年3月5日,汇丰银行(HSBC)公告称,该行购买的部分次级抵押贷款违约率高于这些产品的定价模型内含违约率。

---

① 次级抵押贷款通常是指借款人FICO评分低于620或低于640的贷款。

由于危机的持续蔓延传播，经济体尤其是金融部门原有的如融资需求等功能逐步丧失。不断有大型金融机构申请破产保护。2007年4月2日，美国第二大次贷公司新世纪金融公司（New Century Financial Corp.）申请破产保护，其资产规模在2006年时依然有近250亿美元。而此时，次贷拖欠违约率为13%，这一比例是顶级信用债务人借用住房抵押贷款拖欠违约率的5倍有余。

2008年2月，银行团出面拯救了安巴克金融集团（Ambac Financial Group）。安巴克金融集团是一家抵押债券保险商。银行团担心，一旦安巴克金融集团垮掉，整个抵押市场将趋于崩溃。3月，美国大型投资银行贝尔斯登公司遭遇挤兑，它筹钱自救未果，之后被美联储资金支持的J.P.摩根决定收购。接下来一个月里，花旗银行、美联银行（Wachovia Corporation）和华盛顿互惠（Washington Mutual）银行开始努力向私人投资者筹集资金——这是另一个清晰的信号：那些全球最著名甚至最稳固的金融机构同样面临窘境。

2008年夏天，违约率持续上升，抵押债券的价值进一步缩水，给金融机构带来了更大的压力。评级机构下调了抵押保险机构——美国城市债券保险公司（American Municipal Bond Assurance Corporation）和安巴克金融集团的信用评级。美国财政部和证券委员会采取措施为房利美（Fannie Mae）和房地美（Freddie Mac）解压。这两家机构是政府支持下的次级债投资者，它们成为不稳定传闻的焦点。联邦存款保险公司接管了加州的一家大型金融机构——印地麦克银行（Indy Mac Bank）。

2008年9月，这场金融风波的"飓风眼"上岸了，投资者信心一落千丈，信贷市场流动性干涸，机构倒闭接连不断。美国政府对房利美和房地美进行接管，并实施了500亿美元的抵押贷款。9月15日，投资银行巨头雷曼兄弟宣布破产，使投资者的恐慌情绪加剧。然而，令人惊心动魄的消息不断爆出。9月15日，投行巨头美林同意接受美国银行的收购。9月16日，政府增加了对大型保险与金融服务公司美国国际集团的紧急贷款；11月，政府宣布收购该公司，将其国有化。9月19日，富国银行（Wells Fargo）宣布收购因次贷损失严重的美联银行；同时，美联储和财政部宣布支持金融市场互助基金。9

月22日，仅存的两家独立大投行高盛和摩根士丹利宣布向银行控股公司转型。

美国政府和决策者试图寻找应对之法，以重建信心，恢复市场稳定。危机期间，政府部门往往需要充当最后贷款人的角色，不停地给市场注入流动性（主要通过短期贷款），而这也正是美国政府在危机期间的表现。除了美联储多次给银行机构注入紧急贷款资金，美国政府也多次出手拯救大型金融机构以及非金融机构，相继出台了大量救市政策以及对大型机构的救助方案。2008年10月3日，美国国会制定了总额高达7 000亿美元的"问题资产救助计划"（TARP），用于购买诸如次级抵押贷款这类问题资产，并向金融机构注资。之后，美国财政部宣布不会购买问题资产，而是向摇摇欲坠的金融机构提供资金救助。影响最大的是2008年美国总统小布什签署的《2008年经济稳定紧急法案》，涉及总价值七千多亿美元的金融救助救援方案。

表2-1　美国次贷危机爆发后的破产机构与政府救助

破产或救助时间	机构
2007/4/2	美国第二大次贷公司新世纪金融公司破产
2007/10	美联储多次下调联邦基金利率，美国政府指示一批银行动用1 000亿美元购买抵押贷款证券
2007/11/1	美联储向银行体系注入资金
2008/7/13	美国财政部推出救助房利美和房地美方案
2008/9/15	雷曼兄弟申请破产保护
2008/10/3	美国通过了7 000亿美元的"问题资产救助计划"
2008/10/7	美联储向金融部门之外的公司紧急注资1.3万亿美元

雷曼兄弟破产后，美联储如梦初醒，开始向市场大量投放流动性，甚至不断降低再贴现标准，为各类抵押品及信贷资产提供贴现支持，同时向非银行金融机构开放贴现业务。

3. 小结：严格金融监管能否消除危机？

当金融机构出现问题时，最常见的政策就是加强监管。然而，严格的金融监管能否消除金融危机？关于这一问题，学者们的观点各不相同，而金融监管经历了从自由到管制，到放松管制，再到重新管制的历史演变历程。

20 世纪 30 年代以前的金融监管理论，主要集中在货币监管和防止银行挤兑方面，焦点在于建立以中央银行为主体的安全网，对于金融机构经营行为的具体干预则很少论及。20 世纪 30 年代的经济危机打破了古典经济学"市场万能论"的神话。金融监管理论主要以维护金融体系安全、弥补金融市场的不完全为主要研究内容。以 1973 年麦金农和肖的"金融抑制"和"金融深化"理论为代表的金融自由化理论，主张放松对金融机构过度严格的管制，特别是解除金融机构在利率水平、业务范围和经营的地域选择等方面的限制，恢复金融业的竞争，以提高金融业的效率。20 世纪 90 年代金融监管理论既不同于效率优先的金融自由化理论，也不同于安全稳定优先的金融监管理论，是二者之间的新的融合与均衡——安全与效率并重的稳健型金融监管理论。

然而，我们也看到，监管必然带来成本，规避监管的新型机构和金融行为不断涌现，本身就是推动监管进步的因素。投资狂热是信贷高速投放下的宏观经济现象，监管则更多针对微观金融机构，对抑制投机情绪作用有限。

第三章

国内银行挤兑心理及应对模式

第一节　中国金融体系的特点

一、中国金融体系的本质特点

从目前看来，中国与很多西方发达国家金融体系中的一些技术性指标（如基础金融工具等）的差距不是很大，也不是最主要的；最主要、差异比较大的体现在国家的经济体制、社会阶段、历史发展、信用文化、公司治理等方面，金融体系的差异也植根于此。

西方国家的金融体系经历了数百年的发展和许多次的危机，才逐步发展到今天。中国改革开放40多年间，经历了多次重大的金融风险事件。1995年以前，中国曾经历了三场较为严重的通货膨胀，为治理通货膨胀，出台了一系列法规政策。从20世纪90年代中期到现在，中国在宏观金融方面对通货膨胀的管控比较有效；但在微观主体——银行方面出现了重大问题。按照五级分类标准，银行不良贷款率一度高达40%甚至50%，预示着在技术上很多银行已经破产了。然而，在危机时刻，中国特色社会主义公有制的优越性发挥了重要作用，金融改革突破难关，化解重大不良贷款风险的同时，也未造成社会危机、政治危机（《径山报告》课题组，2019）。

在应对挤兑危机乃至金融危机时也是如此。央行前行长周小川在总结金融危机中各国应对经验时曾有过明确的表述：与西方相比，中国是比较倾向于救助的。西方国家的态度通常是尽量不救，实在不得已才救。我国的情况是，虽然不太愿意，但多数情况下都救。原因有三：一是金融业是国民经济的命脉行业。所谓命脉行业，是相当于心脏动脉之类的行业。人体很多内脏器官都可以更换，但心脏血管不一样，性命攸关，不可切除，更不可换。因此，金融业出了问题就必须救，否则意味着肌体的失灵甚至死亡。二是中国是转轨经济，公有制成分还占有比较大的比重，金融机构出了问题，既有自身审慎经营的责任，也与承担了政策性、半政策性或体制性的任务有关。由于说不清楚究竟应该由谁来承担责任，从而不救也是不负责任的，所以倾向于要救。三是中国改革过程中特别强调社会稳定，金融业涉及千家万户的利益，如果出了问题不救，特别是如果和其他方面的问题纠缠在一起，容易影响社会稳定。

二、"刚性兑付"与"不能倒"

上述的现实情况导致中国金融体系有两大特点："刚性兑付"和"不能倒"。

1."刚性兑付"

"刚性兑付"是中国创造的独特词汇，没有直接对应的外文词，且不是一个法律意义上的概念。所谓"刚性兑付"，指的是一款资产管理产品，不论其实际的投资业绩如何、底层资产实际的表现如何，发行该产品的金融机构均会实际上兑付给产品的投资人本金，以及承诺的或者隐性承诺的水平的收益。这意味着，对资产管理人而言，在受托管理活动中，其获得了表外业务收益，但承担着表内业务的风险和责任。

一般认为，在市场经济条件下，机构的任何选择都能通过市场调节机制实时修正，风险承担是有边界的，不会走向失控的局面。以刚性兑付来讲，当风险资产规模过大时，提供刚性兑付的金融机构会承担过量风险，一旦发生大规模违约事件，就会出现破产倒闭危机。为了规避破产风险，金融机构会自觉控制风险资产规模，抑制扩张冲动，即所谓的审慎经营。从这个角度看，即便存在刚性兑付，其影响也存在边界，这个边界就是金融机构的兑付能力。当超过金融机构的兑付能力时，风险资产将增长停止，不会出现系统性问题。

2."不能倒"

西方理论上讲的"大而不能倒"，指当一些规模极大或在产业中具有关键性重要地位的企业濒临破产时，政府不能等闲视之，甚至要不惜投入公众资金救助，以避免那些企业倒闭掀起的巨大连锁反应对社会整体造成更严重的伤害。金融机构一向有"大而不能倒"的传统。当发生危机时，借助政府救助，金融机构大多能活下去。

而在中国这个问题就变成了"不能倒"。不仅是"大而不能倒"，即不能让规模大的机构/企业倒闭；而且是"小而不能倒"，即即使它是一个小机构/企业，只要其倒闭可能对市场或部分区域造成影响，或有一定的社会或政治影响，政府就不能等闲视之。然而当"刚性兑付"与"不能倒"结合在一起时，真正的问题就来了。机构变得不再审慎，为了做大做强，为了年度业绩，为了年终奖金，不顾主客观情况，倾向于把规模做大，通常会超过自身的风险承受能力，市场调节机制失灵，给金融体系埋下巨大隐患。

第二节　国内银行挤兑危机及应对

一、国内银行挤兑危机案例分析

从上述分析可以看到，中国的商业银行多受到政策保护和政府支持，倒闭破产的案例很少。即使如此，中国也发生过银行由于挤兑而破产的案例。1998年6月21日，中国人民银行发表公告，关闭刚刚成立2年10个月的海南发展银行。这是1949年以来中国第一家由于挤兑危机而关闭的地方商业银行，可谓中国银行破产"第一案"。

1. 海南发展银行关闭案

海南发展银行成立于1995年8月，曾是海南省唯一一家具有独立法人地位的股份制商业银行，是通过全国募集股本，并在兼并由于大量资金压在房地产上而出现了经营困难的海南富南国际信托投资公司、海南蜀兴信托投资公司、海口浙琼信托投资公司、海口华夏金融公司、三亚吉亚信托投资公司5家信托机构的基础上成立的。海南发展银行的注册资本为16.77亿元人民币（其中外币为5 000万美元）。海南发展银行成立后并没有像规范的商业银行那样运作，最为严重的就是向股东发放大量无合法担保的贷款，股东贷款成为股东抽逃资本金的重要手段。

事实上，海南发展银行早在成立之时，就已经埋下了隐患。成立海南发展银行的初衷之一就是为了通过机构整合挽救有问题的金融机构。因此，海南发展银行从开业之日起就步履维艰，不良资产比例大，资本金不足，支付困难，信誉差。1993年，海南省的众多信托投资公司由于大量资金压在房地产上而出现了经营困难。在这个背景下，海南省决定成立海南发展银行，将5家已存在问题的信托投资公司合并为海南发展银行。据统计，合并时这5家机构的坏账损失总额已达26亿元。当时处置信托投资公司风险的逻辑是，可以靠公司合并后的规模经济和制度化管理，使它们的经营好转，信誉度上升，从而摆脱困境。此后，又将海南省内28家有问题的城市信用社并入海南发展银行，从而进一步加大了其不良资产的比例加重了海南发展银行的风险。

在海南发展银行未兼并城市信用社之前，各信用社无一例外地采取了高息揽储的方式吸引存款，有的年利率高达25%。这也直接造成了多数城市信用社高进低出、食储不化的结果，这些信用社只能靠新的高息存款支付到期的存款，然后再吸入高息存款，从而陷入了严重违背商业规律的恶性循环。海南发展银行兼并诸多城市信用社后，作出规定，只保证28家信用社储蓄存款本金和合法利息的支付。最初是到期的储户将存款取走，不在海南发展银行续存。随后，未到期的储户因无法获取高息，也开始提前取款，进而出现了长达数月的储户挤兑行为。

在海南发展银行发生挤兑后，人民银行和海南省人民政府做了很大的努力，分别提供34亿元的再贷款和7亿元的财政资金。但是挤兑情况过于严重，导致情况急转直下。1998年人民银行在3月停止向海南发展银行"再贷款"。海南发展银行推出了限额取款政策，支付限制在6月初最严重时竟然达到个人储户一次只能支取存款100元的程度。这种政策无疑进一步加剧了公众的恐慌心理。

为控制局面，化解金融风险，国务院和人民银行决定对海南发展银行实施关闭。1998年6月20日，人民银行海南省分行召集海南发展银行董事会议，宣布了关于关闭海南发展银行的决定，决定从宣布关闭海南发展银行起至其正式解散之日前，由中国工商银行托管海南发展银行的全部资产负债。但迄今为止，海南发展银行在法律意义上还没有关闭。

对于海南发展银行的存款，则采取自然人和法人分别对待的办法。自然人存款即居民储蓄一律由中国工商银行兑付；而法人债权进行登记，将海南发展银行全部资产负债清算完毕以后，按折扣率进行兑付。1998年6月30日，在原海南发展银行各网点开始了原海南发展银行存款的兑付业务。由于公众对中国工商银行的信任，兑付业务开始后并没有造成大量挤兑，大部分储户只是把存款转存至工商银行，现金提取量不多，没有造成社会动荡。这一案例也显示了中央银行充当最后贷款人和化解银行风险的最后一道防线的作用。

海南发展银行风险处置、实施关闭及后续处理，整个过程是漫长的。一是，基于当时的认知，缺乏对金融风险性质和规律的清醒认识，当众多金融机构坏账尚未有效剥离或处置时，通过简单合并的方法组合新的机构，不但不会消除风险，反而会吹大风险泡沫，提前引爆危机。海南省5家信托机构已经资不抵债。海南省城市信用社的风险问题更为严重，1997年下半年，人民银行派出稽核组，对34家城市信用社进行全面稽核，稽核报告显示，这些信用社高息揽储，严重违规违纪经营，已经严重资不抵债，难以再继续经营下去。事实表明,在尚未处置损失和化解重大风险之前,简单地采取机构合并的办法来规避风险是不合适的,违背了金融风险需要补偿的规律。二是,将其中28家城市信用社并入海南发展银行后,海南发展银行制定了存款支付措施,但未能考虑到自身的信誉风险,以至于引发储户挤兑危机。三是,人民银行再融资和财政资金的初期使用,未能与海南发展银行存款情况、兑付原则以及监督使用机制紧密结合,初期兑付资金在稳定局面方面作用不够。

2. 射阳农村商业银行挤兑案

江苏射阳农村商业银行是中国第18家农村商业银行,总体经营情况在盐城农商行中排名靠前。相关数据显示,截至2013年年末,其总资产达到125亿元,各项存款余额超100亿元。在省内外有44个分支机构,为射阳县域体量最大的金融机构。

2014年3月24日中午前后,射阳农村商业银行庆丰分理处有一位储户要取20万元现金,但该行以未预约为由拒绝了取款。随后,"射阳农商行要倒闭"的消息便迅速在坊间传开。当日下午两点,该网点提款人群开始不断聚集,加上附近过来看热闹的居民,人数高峰时达到数百人。庆丰分理处立即向总行汇报。傍晚,射阳农村商业银行董事长亲自押着"运钞卡车"赶到分理处,带来约4 000万元现金。为平息事态,当地政府官员和银行管理层令该支行24小时营业,以满足储户的提款需求。而营业厅的办公桌上,成堆的人民币用带有人民银行标记的塑料袋装着。银行希望借此传递出银行资金充足的信息。受到冲击的某支行门外电子屏上显示的信息称,该行保证24小时不间断营业以满足提款要求。该支行门口还反复播放着录好的通知:"储户的存款受法律保护。不存在银行无法满足提款需求的情况。各位储户不要听信谣言,造成不必要的恐慌。"

25日,集中提款现象一度蔓延到射阳县特庸、盘湾、黄尖、兴桥等多个乡镇,甚至连射阳县城内的农村商业银行部分网点也出现了小规模的集中取款现象。当天,人民银行相关负责人针对此情况开通了绿色通道保证资金的送达,围绕此次挤兑,各方紧急调动的备用资金约13亿元。据悉,前来挤兑的客户以中小散户为多,95%以上的客户都是取20万元以下的。26日上午,千秋支行、和兴分理处等射阳农商行网点均遭到挤兑。随后射阳县县长发布电视讲话，表态将确保储户的利益任何时候都不受影响。截至26日傍晚，此次由谣言引发的挤兑风波基本平息。农村商业银行遭遇挤兑的支行、网点又开始接受"取出去又存进来"的钱。

3月26日，射阳县县长发布电视讲话称，将确保储户的利益在任何时候都不受影响，射阳农村商业银行任何时候都确保有充足的资金兑付。中国银行业协会也发表声明称，江苏省已成立由银监局、地方政府和人民银行共同组成的联合工作组，正在积极稳妥地处置有关事宜。协会也正在密切跟踪事态进展，积极采取措施，切实维护会员单位和广大储户的合法权益。此外，中国银行业协会还要求射阳农村商业银行切实履行义务，增加现金储备，延长营业时间，保证及时足额兑付存款人的全部提款要求。

受金融体制的影响，中国的金融机构在机构设置、业务类型、具体的操作模式及金融创新等各个方面具有非常明显的同质化特点。这种行业的同质化特点，会导致金融机构在面临危机时形成蔓延和叠加效应，进而表现为危机影响在行业内被急剧放大。

3. 包商银行接管案

2019年5月，包商银行被接管，是自1999年来第一个被银保监会接管（委托中国建设银行托管）、出现金融债权违约的银行，包商银行的股权价值理论上可能被清零。包商银行事件之后，同业市场、中小银行、非银金融机构流动性都受到冲击，回购和债券市场先后受到波及。包商银行事件给市场带来巨大冲击。包商银行被接管，对5 000万元（含）以下的对公存款和同业负债，本息全额保障，所以没有出现狭义上的储户在包商银行营业网点窗口挤兑的现象，但是广义上的银行挤兑及其传染已经发生。

包商银行被接管对市场产生了如下影响。第一，同业市场首先受到冲击。由于包商银行事件中，5 000万元以上的同业存单不保障兑付，且最低兑付比例仅为70%，这实质上打破了同业存单的刚性兑付。后果是同业存单发行成功率快速下降，实际发行与计划发行的比例由包商银行事件之前的80%以上下降至包商银行事件后当周的40%左右，同时利率水平显著上升，各期限低评级同业存单利率普遍较包商银行事件之前上升40个基点左右。考虑到同业存单是中小银行重要的资金来源，同业存单市场收缩可能在很大程度上影响中小银行资金来源，因而中央银行很快出台政策来稳定同业市场，除表示包商银行事件是个例外，6月10日，人民银行对锦州银行发行的20亿元同业存单提供民营企业债券融资支持工具信用增信，直接对中小银行提供信用支持。随着政策的不断出台，同业市场开始恢复，低评级同业存单融资利率最终回到包商银行事件之前的水平。

第二，流动性开始分层。由于包商银行为城商行，市场首先担忧的是类似的城商行和农商行的信用状况，但由于中央银行很快对城商行和农商行进行流动性支持，通过中期借贷便利多次向中小银行定向投放，因而中小银行流动性并未明显收缩，反而是非银机构流动性开始趋紧。因而出现非银机构流动性紧张和银行间流动性宽松的局面，流动性分层显著。包商银行事件之后，机构风险偏好降低，爆发了一定程度的广义挤兑及传染。

我们的研究是在中国环境下研究中国问题，指导实践工作。从包商银行事件可以看出，我们的金融政策体现了集体决策、快速反应、措施完整的制度优势，避免了狭义的银行挤兑爆发的最坏结果，但同时也出现了同业市场冲击、流动性分层的信用萎缩，爆发了一定程度的广义挤兑及传染，这应该在决策层意料之外。

二、如何应对挤兑危机？

从国内外银行挤兑案例来看，挤兑潮往往是金融危机的序曲。尽管没有熬过挤兑潮的银行多有自身经营上的问题，但挤兑潮的确是加速这些银行破产的催化剂。因此，站在银行的角度，需对如何应对挤兑潮做好预案工作，提前防范挤兑潮。挤兑潮的发生和发展往往来自公众对银行兑付能力的恐慌情绪，因此，平息挤兑潮的关键就在于平息公众的恐慌情绪。我们将恐慌情绪的发展分为爆发、蔓延和消退三个阶段，分别进行说明。

1. 恐慌情绪的爆发

传闻的出现是恐慌情绪爆发最普遍的特征。无风不起浪，公众对传闻的相信往往基于一些他们看到的事实，其中可能包括，第一，市场环境发生变化：经济环境的恶化或者其他银行或金融机构存在无法兑付的情况，都可能让公众产生联想。第二，银行存在众所周知的问题，例如经营恶化、债务压力大等：当银行本身就存在令人担忧的经营问题，那么传闻就变成了佐证，容易让人深信不疑。第三，银行的外部支持较少：对于民营银行等可获取外部支持较少的银行，公众对银行无力兑付后遭受损失的预期会更大。

因此对于银行来说，预防或缓和恐慌情绪的爆发主要可以通过以下方式：

第一，对市场上已经爆发的问题进行自查自纠，并提前做好压力测试和兑付准备。即使没有兑付危机的可能，既然有前车之鉴，对存在的问题就需要进行防范和纠正。同时，防患于未然，应加强流动性管理，银行可以依据中国银保监会 2018 年 5 月公布的《商业银行流动性风险管理办法》和《巴塞尔协议》等国内国际的流动性管理办法标准，对流动性进行监测和控制。

第二，提高自身经营能力。银行良好的经营能力是对负面传闻最好的反驳，这点不仅仅是预防挤兑潮的要求，也是公司长久稳定经营的要求。

第三，寻求强有力的外部支持。公众对政府存在天然的信任，公众的认知是将国有银行与政府挂钩，对兑付的信心更强，且一旦爆发兑付危机，银政关系良好的银行可以通过政府积极地筹措资金获得帮助。除政府外，强有力的股东背景也是重要的外部支持来源。因此，特别是中小银行或民营银行，可引入雄厚的国有资本作为战略投资者，同时维护好与地方政府的关系。

2. 恐慌情绪的蔓延

当挤兑潮发生以后，银行的不当措施会加重恐慌情绪的蔓延。越多的个体加入挤兑，银行的兑付压力也就越大。在挤兑潮发生后，较有力的措施如下：

第一，积极寻求外部帮助。我们在恐慌情绪的爆发中提到要有强有力的外部支持，这也是为在恐慌蔓延之际能够寻求到外部帮助做铺垫。尽管海南发展银行最终倒闭了，但地方政府和人民银行的救助措施还是起到了缓解作用。挤兑对社会稳定的影响也会驱动政府提供一定的帮助，因此挤兑发生之际，可以积极地寻求政府出面，请求政府背书或间接提供资源，以恢复民众信心和获取资金帮助。

第二，尽力满足兑付要求，切忌采取可能加重或蔓延恐慌情绪的措施。在海南发展银行出现挤兑以后，其限制兑付额度和高息揽储的行为都在向外界传递其无力兑付的讯息，这对公众的恐慌情绪是火上浇油。尽力满足兑付要求，做到不限额和不限次数，如有能力可采取 24 小时随时提供取款服务，同时尽量不做或少做异于平时或其他银行的举动，避免公众疑虑。当公众发现自己的钱能够足额提取时，安全感将战胜恐慌，传闻也会不攻自破。

第三，关键还是具有兑付能力。能尽力满足兑付要求的前提是银行自身有兑付能力。海南发展银行发生挤兑潮后的措施也是无奈之举。已经严重资不抵债的 28 家城市信用社并入海南发展银行，加上海南发展银行自身流动性不足，发生挤兑潮在某种程度上是必然的。监管部门和银行自身均没有合并后可能引发挤兑危机的足够思想准备和资金准备。因为没有足够的流动资金，所以只能限制兑付额度和高息揽储。另外，银行在经营过程中，要考虑到挤兑潮的可能性，除了事前做好流动性管理，准备好资金，其资产端也应该备有一些可快速变现或较为优质的资产，优质的资产是在长期经营中积累而来的。因此，即时的兑付能力来自银行事前的流动性管理；长期来看，兑付能力来自银行的经营能力。

3. 恐慌情绪的消退

一旦银行抵挡住挤兑潮，其面临的是信任和经营的修复，这都需要一个长期缓慢的过程。该银行如果在银行生态中的地位较高，本身竞争能力较强，且挤兑潮事发偶然，则其储蓄回流的速度将较快。我们发现银行的综合实力是预防挤兑潮的方案中贯穿始终的重中之重。只有不断提升自身经营能力，提高银行在当地金融生态中的地位，才能在恐慌情绪爆发时缓和公众疑虑，在恐慌情绪蔓延时提供兑付的"输血"能力，也能在恐慌情绪消退后使得储蓄尽快回流。

三、中国的政策和金融环境与境外不同

（1）美国的财政部、美联储、FDIC 等监管机构需要相互进行政策协调。

而中国的金融决策有党中央、国务院的集中统一领导，决策效率高、影响市场心理的噪声少；随着金融风险处置经验的积累、透明度的提高，市场也在不断减少误读。

（2）美国的银行破产倒闭是常态，每年均有发生，20 世纪 80 年代的银行破产数量最高达到 500 多家。而中国的银行甚至整个持牌金融机构破产倒闭的案例都极其少见，同时中国强调维护人民的利益、维护社会的稳定，显示了中国的制度优势。从另一个角度来看，在某种程度上，银行的信用与国家的信用有所混同，形成"刚兑"文化。一旦打破刚兑文化，破除信用混同，市场的适应需要过程，如果爆发广义上的银行挤兑，特别是对中小银行和非银金融机构，同业市场萎缩和流动性分层就是直接结果。其严重程度和持续时间，依赖于市场人士的心理预期，监管部门可以使用各种流动性政策工具来应对、引导和改善市场心理，但金融市场主体、监管部门以及实体经济都要付出相应成本。

（3）相对而言，美国只有"大而不能倒"的问题。而我国更重视稳定的价值，这有利于形成稳定的社会预期，同时也可能令市场主体过度反应，在成长时期做大做强，力图"大而不能倒"，在困难时期过度避险，力图对决策层形成"倒逼效应"。中国金融体系的特点、银行挤兑传导链条中的独特元素，意味着现有的模型需要得到修正，中国实践中的经验教训也需要及时研究和总结。

第三节　关于挤兑危机应对政策的思考

一、风险承担的机制设计

危机一旦发生，释放的风险如果不能被消除，就必须被不同的经济单位承担。要稳定经济增长就要保证实体经济有良好的发展环境，市场的所有参与者都应当按契约规则承担相应的风险成本，从而获得新的生机。由于政府在经济生活中的主导作用和国有资本的经济地位，政府理应承担经济结构调整所释放的大部分风险。政府未承担相应的风险，就必然导致更多的风险被转移到企业和居民部门，被转移出去的风险会在经济和社会活动中，在政府以外的各个经济单位间不断循环、传染、放大，一旦超过经济和社会框架所能承受的底线，触发全局性的系统性危机的可能性会逐步加大。

当前监管措施通常存在这样的悖论：企图规范市场行为反而干预了市场。其实质在于政策措施与市场之间缺乏衔接，也缺乏打通政策与市场之间的有效桥梁。金融监管的主题是搞清楚社会无人承担，或者表面上有人承担而实际上无人承担的风险总量和结构，提前预警并设定适当的交易条件，而不是盲目地限制各种金融交易。因此，科学的监管是划定边界，设定底线，使这个边界和底线框架内的各种交易呈现出多元化的状态，只有这样，才能使监管与市场之间建立合理的互动关系，才能处理好政策与市场的衔接问题。完全寄希望于金融交易行为的"严监管"和动机的道德谴责，并不符合市场监管的科学原理。这种以"行为监管"为主的监管模式，应该向结构和边界监管模式转型，在结构和边界框架内，由市场决定资源配置。

二、监管部门应对挤兑危机的政策分析

分析中外挤兑危机乃至金融危机及其应对，我们应该充分吸取危机的教训和管理经验，充分发挥政府监管部门（特别是中央银行作为最后贷款人）的职责。

1. 金融危机冲击下信心比黄金更重要，政府有效救助是维护市场信心和金融稳定的"定海神针"

第一，当经济受到系统性危机冲击并陷入衰退时，金融机构会出现挤兑，金融市场流动性迅速枯竭，金融体系功能受到严重损害，此时存在着危机应对的"黄金24小时"，救助政策越果断及时，效果越好。

第二，政府突破传统不干预的政策束缚，及时对问题机构担保或国有化，用政府信用替代市场信用，可以对市场信心形成有力支撑。但需要注意的是，

由于各国决策体制机制和程序上的障碍，国有化和扩张性财政政策的决策过程可能相对缓慢，应对危机反应比较滞后。

2. 政府按照市场化原则分类处置问题金融机构，对及时有效化解金融风险至关重要

第一，尽量通过市场体系的自身力量化解金融风险。例如，在1998年美国长期资本公司（Long Term Capital Management，LTCM）破产的处置过程中，美联储并没有动用资金对其救助，只是出面牵头美林等15家市场机构共同出资接管LTCM，有效化解了金融市场风险。

第二，对系统重要性问题金融机构，根据"巴杰特法则"提供流动性救助。例如，在2008年AIG陷入流动性危机时，吸取雷曼兄弟倒闭的教训，美联储经过全面评估后认为AIG具有全球系统重要性，因而坚守最后贷款人的"巴杰特法则"，果断对AIG予以无限制的流动性支持，成功扼制了系统性风险的蔓延。

第三，对地区性中小问题机构，主要由存款保险制度进行有序破产清偿。由于存款保险对大多数存款人进行了有效保障，且机构规模较小，可避免引起大规模挤兑和系统性风险。

3. 危机救助要平衡维护金融安全与防范道德风险，既要守住风险底线，又要强化市场纪律

第一，中央银行在救助问题金融机构时，都要求对方提供优质充足的抵押品。完善的抵押品安排对确保中央银行资金安全、畅通货币传导渠道发挥了重要的作用。

第二，调整存款保险额度需要注意防范道德风险。各国在危机期间都上调了存款保险额度，但额度的上调仍是适度有限的而非完全保险，这在化解系统性风险的同时有效地加强了市场纪律。

第三，按照"激励相容"原则，对问题金融机构进行以公司治理为核心的股权改造。各国政府在对问题金融机构进行救助的同时，都对问题金融机构的原有股权进行了大量稀释，从而改进其公司治理，加强资本的风险承担约束。

第四，政府适时退出或将问题金融机构的资产转交中央银行，以防损害市场纪律，引发新的道德风险。大量的政府担保和国有化政策给各国财政带来了巨大压力。随着金融市场的逐步稳定，各国政府都会适时退出或将资产转交中央银行。

第二篇

新时代我国外汇管制的界限确定：政策空间与市场操作边界

1978 年我国开始实行改革开放,为吸引外资,1979 年颁布了《中外合资经营企业法》。外资要进来,必然要兑换人民币,必须有合理的汇率机制才行,对汇率及外汇管理体制进行改革迫在眉睫。1981 年,我国启动汇率体制改革,实行汇率双轨制,即贸易和非贸易汇率不同。随后实行外汇留成制度,但实质仍是双轨制,极易造成价格体系扭曲。1994 年,在建立社会主义市场经济体制改革的大变局下,有管理的浮动汇率制度改革兴起;与此同时,作为政策协同,统一的外汇市场也得以建立,并实施银行结售汇制度。至今,我国仍实行外汇结售汇制度,牢牢管控外汇市场及资本的跨境流动。然而,新时代我国金融业大幅度对外开放,资本跨境流动更为频繁,且规模更为庞大。2019 年,我国外汇市场交易规模达 29.12 万亿美元,银行结汇达 1.85 万亿美元,售汇达 1.91 万亿美元。

党的十八大以来,进一步加快新时代中国经济金融开放摆在了更重要的战略改革位置。与此同时,防范化解重大金融风险成为新时代金融安全治理的重要命题。习近平总书记多次指出,扩大金融对外开放,"宜早不宜迟,宜快不宜慢"。"十四五"规划更是提出要提升参与国际金融治理的能力。新时代,我国外汇管理制度和机制如何适应这么大体量的资本跨境流动和外汇交易?如何防范资本流动的风险?我们的管制边界和市场操作边界在哪?政策空间有多大?如何通过明确边界稳妥实现资本账户开放?这些问题急需进行重新审视与研究。

本篇基于经典的"不可能三角"理论,详细分析资本自由流动、汇率稳定和货币政策独立三者不能兼得的政策选择困境,并结合我国具体政策设计,详细讨论可能的政策改革路径选择。当前,我国人民币国际化、吸引外资、鼓励国内企业对外投资等金融开放政策持续推进,但为捍卫货币政策独立性和汇率稳定,对资本流动进行管制,特别是对短期资本跨境流动实行严格监管。金融开放及资本流动要服务于国家发展实际需要,并能实现风险可控。本篇从汇率制度选择与汇率改革的关系、资本外流与外汇管制的关系、汇率变动与经济基本面的关系等方面分析了当前我国外汇管制的必要性、压力及动力。

在汇率制度选择与汇率改革的关系方面：我国汇率制度改革目标和过程仍然要在"不可能三角"的框架下进行。通过探索"不可能三角"的中间状态解，采取维持人民币汇率基本稳定并适当增强汇率弹性、加强跨境资本宏观审慎管理、保持适量的外汇储备等措施，实现保持货币政策独立、防范大规模跨境资金流动风险等政策目标。

在资本外流与外汇管制的关系方面：在短期，可从利差和汇率走势两方面平衡两者的关系；在中期，应从国际收支和外汇储备变化两方面来平衡两者的关系；在长期，则要从货币购买力和未来经济增长前景两方面来平衡两者的关系。

在汇率变动与经济基本面的关系方面：提高全要素生产率，增强经济发展潜力，为维持人民币汇率长期稳定提供坚实的基础；实现加快构建以国内大循环为主体，国内国际双循环相互促进的新发展格局。

在上述基础上，还应通过以下措施深化我国资本市场体制改革：第一，扎实稳步推进资本市场开放，不能为了开放而开放，加强系统性金融风险审查机制，坚持政策灵活调整原则，"先放开入口端，后放开出口端"。第二，夯实外汇市场操作，强化绩效激励，确保外汇保值增值，逐步实现外汇市场真正的市场化运转。第三，按照中央关于构建多层次资本市场体系的要求，积极探索外汇市场交易创新，建立国际外汇市场顺畅的交易通道。第四，加强顶层设计，强化资本账户开放管理的市场激励机制，适时推出中国版托宾税，充分发挥资本市场价格竞争机制的作用。第五，加快推进亚洲地区经贸一体化，鼓励人民币国际化和区域化，尤其在东亚、东南亚自贸区建设中充分发挥人民币的国际结算优势。第六，强化中国国际金融中心的吸引力，进一步提升香港和上海作为国际金融中心的活力和财富创造价值，完善高效便捷的现代金融体系建设，大力促进资本衍生品创新。第七，进一步完善宏观审慎管理，丰富拓展防控资本外流的政策工具储备，建立动态涉汇信用记录账户，做好跨境资本流出的风险识别、评估，精准识别和动态监测跨境资本流出渠道。第八，强化数字货币创新应用，切实捍卫中国的经济主权与金融安全。

第四章

"不可能三角"与中国金融体制改革多重目标诉求

第一节 "不可能三角"理论

第二次世界大战后,伴随着国际收支不平衡的加剧,浮动汇率制引发国际热议。20世纪50年代,詹姆斯·米德(James Meade)提出,固定汇率制下,汇率工具无法使用,要运用财政政策和货币政策实现内外部同时均衡,政策制定将陷入左右为难,在开放经济运行过程中,无法兼顾内外均衡、也难以维持固定汇率制度(Meade,1951)。如果强烈要求维护固定汇率制,就必须实行资本管制,控制资本流动。20世纪60年代,"欧元之父"罗伯特·蒙代尔(Robert Mundell)和马库斯·弗莱明(Marcus Fleming)相继探讨了开放经济条件下不同制度安排的政策效应,尤其深入探讨了资本自由流动与汇率制度设计的相互关系,"不可能三角"理论基本成熟。1997年,亚洲金融危机引发亚洲经济危机,保罗·克鲁格曼(Paul Krugman)化繁为简,生动形象地用一个简洁的三角形模型清晰展示了"不可能三角"理论的内在解释机制。如图4-1所示,模型的三个顶点分别表示资本自由流动、货币政策独立和汇率稳定,在三种不同的汇率制度安排下,作为政策目标的三个诉求不能同时实现，在每一种相对应的汇率制度安排下，最多只能同时确保其中两个政策目标诉求得以实现。

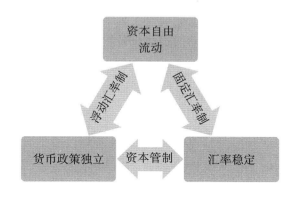

图 4-1 "不可能三角"图示

具体而言，作为模型的讨论简化，在三种具体的汇率制度安排下，资本自由流动、汇率稳定和货币政策独立这三个政策目标最多只能取其二而不能兼得。这具体对应了三种不同的汇率制度设计。

一是选择保持资本管制的汇率机制安排，以此确保中央政府对货币政策独立和汇率稳定的维护。这种汇率制度安排意味着中央政府放弃了资本自由流动性，即资本项目不保持开放；与此同时，为了维持汇率稳定，中央政府必须保持足够规模的外汇储备，以便通过公开市场操作将本币对美元等主要世界货币的汇率稳定在一个区间之内，由此防止本币的巨幅升值或贬值所带来的大幅波动。

正常情况下，这些条件约束对国家的要求很高，但特殊历史时期面临突发性的剧烈外部危机冲击，多数国家受限于本国经济体量和外汇储备规模，面对剧烈的资本外流往往容易采取"紧急刹车"模式，即突然宣布实行资本管制，由此进一步造成对外贸易形势恶化，国家经常贸易账户萧条。但危机结束后，这些国家会逐渐取消资本管制、重新开放资本账户。这也是维护国家经济金融安全和主权的重要工具选择，历史上英国、美国、德国、日本等均采取过该政策选项。当前中国就保持了必要的资本管制，尚未完全开放资本项目，这是有效维护国家经济稳定和金融安全的务实选择。

二是主动推行浮动汇率制，保持资本完全流动和货币政策独立。这种汇率制度安排意味着中央政府势必要放弃汇率稳定。在汇率完全市场化的情况下，如果国家经济保持持续繁荣，则本币看涨、本币对美元等国际主要货币的汇率容易被高估；相反，如果国家经济持续衰退，特别是债务规模过度膨胀，本币看跌，本币对美元等国际主要货币的汇率就会大幅降低。如果国际货币体系仍然保持黄金本位制度，那么某种意义上可以及时修正该国的国际收支状况。但国际金本位制度的崩溃，加剧了浮动汇率制的动荡：一边是过度繁荣带来的币值虚高，另一边是持续衰退造成的币值跌损。

在这种过山车式的汇率周期震荡中，极容易遭受国际机构投资者的"做空"。作为1997年亚洲金融危机中第一个倒下的国家，泰国当时就深陷浮动汇率制的沼泽和漩涡中，越陷越深，最终国家走到破产地步，国民财富被血洗一空。其后，其他的东南亚国家以及韩国相继沦陷，虽然韩国民众在应对危机时迸发出了超强的民族团结力，但在国家破产压力下，终究被迫接受了国际货币基金组织的援助贷款及一篮子配套改革方案。

当然，并非所有国家都会失利于浮动汇率制，恰恰相反，国际主要发达经济体绝大多数都保持了浮动汇率制，这主要得益于其庞大的经济体量以及在世界经济格局中所处的中心位置。国际经济格局中的"中心—边缘"位置分化决定了不同国家采取浮动汇率制的差异化命运。

三是主动选择固定汇率制，保证资本完全流动和汇率稳定。这种汇率制度安排意味着政府需要放弃货币政策独立。相应地，该国家或地区货币需要锚定主要世界货币，本币的汇率及货币供给将取决于锚定的主要世界货币的利率变动及供需状况。一国或地区放弃货币政策独立而依附于主要世界货币，既可能是该国或地区高度市场化、异常经济繁荣的结果，也可能是经济体量过于脆弱而不得不依附于世界主要经济力量的结果。这种货币绑定限制了本币的政策自由权，使其不得不与锚定货币共升降。

历史上大型经济体也曾尝试进行"货币联盟"，尤其以英镑与欧洲汇率体系的联盟绑定最为典型。这种绑定虽然在短期内可以解决大型经济体的债务、融资和经济刺激问题，但长期内由于限制了大型经济体的经济金融自主权和国家利益，而凸显了该联盟的脆弱性。

但对于小型经济体或者完全开放的自由港而言，加速及加深与世界市场经贸往来，反倒是推动国际金融市场繁荣的重要举措。我国香港地区的联系汇率制度，某种意义上就是这一概念的体现。通过与美元的锚定，港币的汇率稳定在固定的价格区间，并由此奠定了香港国际自由贸易中心、国际金融中心的地位。

整体而言，目前中国的政策目标倾向是保持货币政策独立性和维护汇率稳定，放弃资本自由流动，由此选择了资本管制，特别是对短期资本流动实行严格的管制。保持汇率稳定客观上就需要庞大的外汇储备作为依托。中国汇率制度安排最大的底气就在于中国改革开放40多年来积累了相当规模的外汇储备，这是中国人民勤劳致富的结果，更是中国人民的"血汗钱"。2021年中国官方外汇储备规模超过3.2万亿美元，这是中国保持汇率稳定的底气，但这也并不能绝对化。事实上，一国的外汇储备总量再大，也难以应对规模庞大的国际游资的冲击。自20世纪70年代以来的经济危机，尤其是国际游资的主权货币狙击战，如欧洲汇率体系危机、墨西哥比索危机、亚洲金融危机以及俄罗斯、巴西、土耳其、阿根廷等国的货币危机等，无不昭示了这一点。

对于现代经济而言，国际金融开放和深化改革的目标是建设发达的资本市场和货币市场。而从中国金融体制改革的长期目标取向看，逐步放松资本管制，放弃汇率稳定性，从固定汇率转向浮动汇率势在必行，但这必须同国家实力，尤其是化解重大金融风险的国家金融治理能力相适应。保证国家的金融安全是汇率制度改革的首要政策目标，就实践过程而言，中国尤其要注重维护汇率稳定，要捍卫中国外汇储备安全，守住中国人民40多年来的"血汗钱"，最大限度地实现中国改革开放所创造财富的保值增值，并不断提升中国在全球市场格局中的优势地位。由此，不断扩大外汇储备规模、维护汇率稳定，是中国深化金融改革的重要前提和保障，也是实现中华民族伟大复兴的金融政策底线。

第二节　政策改革目标的多重逻辑

一个国家崛起的直接标志是货币国际购买力的增强以及国际市场认可度的提升,这意味着该货币成为国际贸易往来和金融交易的信用工具,并且在国际市场所占权重提高。从 19 世纪的英镑,到 20 世纪的美元,以及荷兰盾、法郎、德国马克、日元、欧元等,无一例外,货币成为国家实力和国际影响力的直接反映。国际社会的"一篮子货币"是对全球经济格局的生动刻画,特别是国际货币基金组织中 SDR（Special Drawing Right,特别提款权）的权重分配,表现得更为充分。当前美元在全球贸易往来和金融交易结算中所占比例高达 60%—70%,成为全球最重要的主权信用货币。随着中国改革开放 40 多年以来经济增长的巨大成功,人民币的国际地位和国际认可度也在不断上升,中国虽然是世界第二大经济体,但同美国的差距还很大,人民币的国际化程度同美元相比还不能同日而语。这就要求新时代中国经济加速发展的同时,在国际社会积极推动人民币国际化,以改变当前人民币国际地位不能对等地反映中国的国际经济地位的局面。

至今人民币在世界贸易金融结算中所占份额仍不到 4%,这同中国经济在全球经济格局中的地位不相称。人民币在全球交易结算中的使用规模和范围较小,制约了中国海外市场规模的扩大以及中国海外国家利益的捍卫。2008 年国际金融危机爆发之后,推进人民币国际化的呼声日涨,进程也大大提速。推进人民币国际化是一个系统性工程,因为在国际市场交易中政府并不能要求或者强迫交易方使用人民币结算,而必须真正尊重交易方的结算意志。这就意味着人民币国际化水平的提升必须借助国家金融账户整体开放的"大潮"。只有让中国资本账户真正融入全球金融治理的"汪洋大海",人民币国际化水平才能真正"涌上浪头"。

2012 年 2 月 23 日,中国人民银行调查统计司课题组在《中国证券报》发表了题为《我国加快资本账户开放的条件已经基本成熟》的研究报告,提出了下述看法。第一，国际经验表明资本账户开放总体利大于弊；第二，积极推进资本账户开放是我国经济发展的内在要求；第三，资本账户开放的风险基本可控。同时该报告给出了中国资本账户开放的详细路线图和时间表：短期安排（1—3年）是放松有真实交易背景的直接投资管制，鼓励企业"走出去"；中期安排（3—5年）是放松有真实贸易背景的商业信贷管制，助推人民币国际化；长期安排（5—10年）是加强金融市场建设，先开放流入，后开放流出，依次审慎开放不动产、股票及债券交易，逐步以价格型管理替代数量型管制。后来中国资本账户开放的国际化改革基本上就按照这个思路和计划有条不紊地推进。

紧接着，2012年5月，中国人民银行调查统计司课题组在《中国金融》发表了题为《协调推进利率汇率制度改革和资本账户开放》的文章。文章指出，"不可能三角理论"和"利率平价理论"具有局限性，并不完全适合中国目前的实际情况。若要等待利率市场化、汇率形成机制改革最终完成，资本账户开放可能永远也找不到合适的时机，最宝贵的战略机遇期可能已经失去。我们应抓住有利时机，积极推进资本账户基本开放，同时进一步推进利率市场化和汇率形成机制改革。2013年11月，中共十八届三中全会报告指出，要"推动资本市场双向开放，有序提高跨境资本和金融交易可兑换程度，建立健全宏观审慎管理框架下的外债和资本流动管理体系，加快实现人民币资本项目可兑换"。2015年10月，《中共中央关于制定国民经济和社会发展第十三个五年规划的建议》指出，要"扩大金融业双向开放，有序实现人民币资本项目可兑换，推动人民币加入特别提款权，成为可兑换、可自由使用货币"。2017年7月15日，中国青年网报道："习近平指出，要扩大金融对外开放。要深化人民币汇率形成机制改革，稳步推进人民币国际化，稳步实现资本项目可兑换。"这些均为我国科学管理外汇和汇率制度改革指明了方向。

2018年中国人民银行时任行长易纲在博鳌亚洲论坛上指出，目前外汇市场是以市场供求为基础、参考一篮子货币进行调节、实行有管理的浮动汇率制度，人民银行在过去的相当长一段时间内没有进行过外汇干预，并进一步提出了推进金融领域开放的三大原则与路线图。这三大原则包括：一是准入前国民待遇和负面清单原则；二是金融业对外开放将与汇率形成机制改革和资本项目可兑换进程相互配合，共同推进；三是在开放的同时，要重视防范金融风险，要使金融监管能力与金融开放度相匹配。

易纲行长详细阐述了金融领域开放两步走。第一步，在未来几个月内取消银行和金融资产管理公司的外资持股比例限制；放宽证券公司、基金公司、期货公司、人身险公司的外资持股比例限制，不再要求合资证券公司境内股东至少有一家是证券公司；扩大内地与香港股票市场互通额度；允许符合条件的外国投资者来华经营保险代理业务和保险公估业务，放开外资保险经纪公司经营范围等。第二步，在2018年年底以前，鼓励在信托、金融租赁、汽车金融、货币经纪、消费金融等银行业金融领域引入外资；对商业银行新发起设立的金融资产投资公司和理财公司的外资持股比例不设上限；大幅度扩大外资银行业务范围；不再对合资证券公司业务范围单独设限，内外资一致；全面取消外资保险公司设立前需开设2年代表处的要求。此外，争取于2018年内开通"沪伦通"。从2018—2019年的对外金融开放政策实践看，这些承诺基本兑现，并且外资投资额度限制被取消，合格境外机构投资者（Qualified Foreign Institutional Investor，QFII）和人民币合格境外机构投资者（RMB Qualified Foreign Institutional Investor，RQFII）投资总额度和单家额度都被取消。不仅金融市场，外商投资进入船舶代理、城市燃气、电影院、演出经纪机构、增值电信和油气勘探开发等领域的限制也进一步放宽或取消。这些资本账户开放的举措后来基本上都落实了。

政策界的积极推动引发了学界的热议。多数学者认为要加快我国金融项目开放，但也有学者持谨慎态度。余永定坚持"中国应慎对资本账户开放"，他给出的理由主要有二：其一，时机尚不成熟，全球量化宽松政策造成欧美发达经济体零利率和负利率，过剩资本期待涌入中国市场，这笔热钱的快进快出容易造成中国金融体系的动荡；其二，准备不足，中国汇率市场化机制尚不成熟，国内金融市场改革有待强化，中国国家金融治理的能力有待提高。林毅夫也持审慎态度，在他看来，国际热钱涌入会加剧新兴市场国家的资产泡沫、诱发金融危机，并加剧利益集团的俘获行为（林毅夫，2014）。

实际上，需要澄清的是，金融账户的开放要服务于国家发展，不能为了赶潮流、为了放开而开放。中国资本账户的开放要整体上服从和服务于中国经济发展的大局。一个基本常识是，中国资本账户开放一定要有助于增进中国的国家利益，能够进一步提升中国贸易规模、推动金融市场发展，并且守住不发生系统性金融风险的底线。从第二次世界大战后的国际经验看，德国、日本、韩国资本账户的开放也是根据本国实际发展需要逐步放开的，这既是理性务实的选择，更是各国政策的共识。考虑到当前我国金融体系和国家金融治理能力的实际状况，的确不适合完全开放资本账户。如果贸然放开，中国改革开放 40 多年所积累的外汇储备，可能短期内会出现巨大流失，中国人民辛苦创造的财富将面临被血洗的危局。因此，一定程度的资本管制是必要的。

发展经济学的基本理论显示，资本，尤其是充裕的资本是一国经济成功的关键，技术创新、产业结构优化、优质的基础设施以及完善的社会保障体系均有赖于资本积累。根据要素禀赋理论，发达国家拥有丰裕的资本要素，乃至存在资本过剩，国内资本投资回报率低于发展中国家，发达国家的充裕资本流到发展中国家经济建设与开发进程中，能够获得更高的利润回报，实现资本的价值增值。发达国家充裕资本向发展中国家的流动理论上是积极可取的。然而诺贝尔经济学奖得主罗伯特·卢卡斯（Robert Lucas）通过经验研究证实，第二次世界大战以来，不仅资本丰富的发达国家的资本没有流向资本稀缺的发展中国家，发展中国家极为稀缺的资本积累反而源源不断地流向了发达国家，这就是"卢卡斯悖论"。例如，2018 年在中国引发热议的一个话题是"别让李嘉诚跑了"。李嘉诚旗下的长江实业集团在中国的投资让他大获成功，这同中国对李嘉诚集团的政策支持紧密相关，以李嘉诚为代表的国际资本是中国改革开放红利的直接获得者。然而，就在 2018 年，李嘉诚集团出清了在中国的所有投资项目，把资本转移到了英联邦国家和欧洲地区。这是对"卢卡斯悖论"的一个直接注释，李嘉诚集团的资本从资本相对不足且对其政策倾斜十足的发展中国家转移到了资本充裕的发达国家。在李嘉诚的示范下，国内的万达等大型民营企业纷纷效仿，陆续出售中国的巨额资本投资项目，而寻求资本向发达国家的国际转移。这进一步带动了国内富裕家庭的移民或海外资产转移等，资本外流压力突出，也逼迫中国不得不进一步加强资本管制。

更进一步地，第二次世界大战以来，仅有13个经济体成功从低收入经济体迈入高收入经济体俱乐部，而绝大多数的发展中经济体都没能有效克服"马尔萨斯难题"或"中等收入陷阱"，进而长期陷入贫穷、动荡、两极分化当中。这13个经济体的共同特征首先是高储蓄率和高投资率，而且投资资本主要来自内部资本积累，高储蓄率成功转化为高投资率。最明显的案例就是东亚奇迹中的日本以及"四小龙"，这些经济体在未迈入高收入经济体行列之前，均奉行严格的资本管制政策，不但短期资本流动受到严格限制，外债和外资都很少，甚至不受欢迎。这就意味着，一个经济体可以通过自我资本积累逐步解决资本稀缺问题，并不断推动经济成功，最终迈入发达经济体俱乐部。

一般而言，资本账户开放主要有三类：（1）外国直接投资；（2）国际借贷或国际市场直接融资；（3）国际热钱。除了外国直接投资，后两者都存在较大的风险，总体而言弊大于利。当前资本账户开放主要是由美国财政部、华尔街金融利益集团和国际货币基金组织等力推的，对于发展中国家而言，这加剧了其经济波动和金融经济危机。从第二次世界大战以来13个经济体的发展经历看，只要经济发展战略正确，即便三类资本账户都不开放，经济发展过程中所实现的资本积累也能够满足自身发展需要。在中国还仅是中等收入国家的时候，就把资本账户完全开放作为讨论的前提是不恰当的。尤其是国际借贷和国际热钱，从理论分析和实证经验的角度来看，都是弊大于利的。

韩国是东亚奇迹的代表性国家，在跨境资本流动管理方面也可以给我国提供很多借鉴。韩国的金融开放最早体现在汇率制度的变更上面。初期韩国的汇率制度是钉住美元，然后钉住一篮子货币，之后实行了自由浮动汇率制，一步步实现了外汇和资本交易的自由化。亚洲金融危机也波及韩国并对韩国的经济产生了巨大的破坏性影响。为更好地应对金融危机的影响，当时的韩国政府不仅颁布了《外汇交易自由化方案》，还专门制定了《外汇交易法》。这些政府法令也是为了能够在发生跨境资本极端流动时及时进行控制。与其他国家一样，韩国政府也希望通过法律条文规定的形式来应对未来可能出现的跨境资本的剧烈流入或流出。一旦跨境资本极端流动使得韩国的外汇市场受到巨大的不利影响，政府可以依据《外汇交易法》的规定来实施暂停对外支付等非常时期的非常措施。与此同时，韩国还建立了外汇信息系统，类似于我国的"外汇管理局公共平台"，并更新了《现行有效外汇管理主要法规目录》，以更为有效地监测短期跨境资本流动。

第五章

当前中国外汇管制：
必要性、压力与动力

第一节 汇率制度选择与汇率改革

汇率，也称汇价，是不同货币之间的兑换比例。本质而言，除商品货币，即黄金和白银等贵金属货币外，各国信用货币对于国内而言都是形式货币，用以满足内部市场的交易支付。一旦涉及国际贸易，不同货币之间的购买力差异就凸显出来，就需要设计汇率的计价换算。而货币的国际购买力本质上是由国家经济发展程度决定的，这体现了货币的国际信用。各国汇率制度安排是各国金融制度设计的重要内容，由国家经济状况所塑造。

各国汇率制度有不同的分类标准，国际通用的权威类型学划分是由国际货币基金组织界定的。根据货币兑换比例的弹性容忍度，国际货币基金组织将各国汇率制度安排分为三大类，即硬钉住、软钉住和自由浮动。在软钉住和自由浮动之间，根据汇率的变量差异，又进一步细分为不同的汇率制度。国际货币基金组织每年发布《汇兑安排与汇兑限制年报》（Annual Report on Exchange Arrangements and Exchange Restrictions），具体报告各个成员国所属的汇率制度以及变动，并提供详细的评估分析。世界范围内，中国是所有大型经济体中唯一一个没有实行浮动汇率制的国家。这对中国而言是一个巨大的挑战，从固定汇率制转向浮动汇率制是一个不可避免的过程，但如果转型不当，非但无法推动中国经济的发展，还会诱发系统性金融风险并导致不可遏制的衰落。关系实在重大，这也是中国汇率制度改革推进缓慢的根源。

表5-1报告了2014年全球汇率制度的主要细分类型，中国汇率制度最受国际货币基金组织和国际社会的关注。中国汇率改革从1995年起步，基本沿着从固定汇率制向浮动汇率制转变的方向稳步推进。在这个过程中，按照国际货币基金组织的分析，先后经历了"钉住美元""爬行钉住美元""类爬行安排""爬行区间钉住"等。特别值得一提的是，2015年的"8·11"汇改后，不再实行人民币钉住美元，而是选择若干种主要货币，赋予相应的权重，组成一个货币篮子。2016年中央银行推出的"收盘汇率＋一篮子货币汇率变化"中间价形成机制，后来引入"逆周期因子"，最终形成了人民币兑换美元由"前一交易日收盘价＋一篮子货币汇率变化＋逆周期因子"共同决定的价格机制。中国汇率制度改革的市场化程度不断加强，更加尊重市场纪律，这是重要的进步。但目前距离浮动汇率制还有较大的差距。

表5-1 国际货币基金组织《汇兑安排与汇兑限制年报》①（2014）中的汇率制度安排明细

大类	汇率制度	特征
硬钉住	美元化（Dollarization）	用美元代替本国货币
	货币局（Currency Board）制度	与某种货币维持固定汇率，长期不变。本币发行和外汇储备变化一一对应
	货币联盟（Currency Union）	欧元区
软钉住	传统钉住（Conventional Peg）、固定汇率（Fixed Peg）（在IMF 2000年年初的分类中已不存在这种汇率制度类型，这种制度本应该归于硬钉住范畴）	与某种货币或货币篮子维持固定汇率。但允许即期汇率围绕中间汇率以不大于±1%或在最大和最小即期汇率值之差不超过2%的幅度内波动，持续长于6个月； 2005年7月汇改前中国的汇率制度是事实的钉住（De Facto Fixed Peg）

---

① 《汇兑安排与汇兑限制年限》（Annual Report on Exchange Arrangements and Exchange Restrictions）。

（续表）

大类	汇率制度	特征
软钉住	在水平区间钉住（Pegged within Horizontal Bands）	维持固定汇率，在不小于±1%或最大值和最小值之差不小于2%的一个区间内浮动。如ERM（The European Exchange Rate Mechanism，欧洲汇率机制），货币当局要保卫浮动区间（在IMF 2000年年初的分类中不存在这项，这个类型是后来出现的）
	稳定安排（Stabilized Arrangement）	汇率稳定下来后，在至少6个月内使其变化幅度不超过2%的区间。且经验证据显示，稳定是政府干预的结果（全球金融危机后人民币恢复钉住美元，在这个时期中国的汇率制度被称为稳定安排）
	爬行钉住（Crawling Peg）	中间汇率可按固定速率小幅调整，或根据某些指标（如国家间通胀率之差）调整。调整规则要事先公布无（或极小）波动区间。中国2005年7月21日汇改后的制度本属于爬行钉住，但因升值幅度小于2%，IMF认为只能从2006年8月算起
	类爬行安排（Crawling Like Arrangement）	中间汇率可升值或贬值，但至少在6个月内即期汇率对中间汇率的波动区间不超过2%。IMF认为中国目前的汇率制度归于此类，很少国家实行这种汇率制度
	爬行区间钉住（Exchange Rates within Crawling Bands）（存在于IMF 2000年年初的分类中，但其2014年的分类中已经不包含此类型）	中间汇率根据爬行钉住的原则变动，但即期汇率则可以围绕中间汇率在不小于±1%或最大和最小即期汇率之差不小于2%的一个区间内浮动。区间可以围绕爬行的中间汇率对称分布，允许通过不对称地改变上、下限来逐渐扩大浮动区间，从而增加汇率的灵活性。但实行这种制度的国家极少
	有管理的浮动（存在于IMF 2000年年初的分类中，但在其2014年的分类中已经不包含此类型。原来还有宽幅爬行钉住、窄幅爬行钉住之类的汇率类型，但已不见于IMF 2014年报告的分类中）	从某一给定初始条件（中间汇率、浮动区间）出发，没有特定的汇率变动路径和目标。汇率由货币当局根据国际收支、外汇储备和平行市场发展的状况，通过相机干预决定
	其他	如政策经常变化或难以归类的汇率安排
浮动	浮动（Floating）	没有中间汇率，汇率基本由市场供求决定
	自由浮动	没有中间汇率，汇率完全由市场供求决定

走向浮动汇率制的重要担忧在于对国际做空资本的担忧。这不是一个简单的金融业务问题，而涉及国际金融安全，背后有复杂的政治根源，甚至关系到中国现代化的成败以及中华民族的伟大复兴。资本外流的压力是客观存在的。一方面是资本出于增值的考虑，想到国际市场谋求更大的作为；另一方面是资本出于保值的考虑，流向发达经济体，依靠其法治和透明的制度环境保护既得的资本积累；此外，还有一些涉及不正当财产来源的洗钱行为，希望逃避惩罚。2015年中国汇改期间，在不到一年的时间内，中国官方外汇储备由4万亿美元缩水到3万亿美元，流失了近1万亿美元，巨大的外汇储备流失令人扼腕叹息，汇率改革付出了巨大的代价，发人深省。

一个现实的考虑是，当前人民币贬值压力较大。随着新美元加息周期的持续，以及我国经济增速下滑的因素，一段时期以来人民币贬值预期持续存在。汇率贬值预期是影响跨境资金流出的重要因素，为防止跨境资金外流加剧，短期内维持汇率相对稳定、避免外汇市场汇率超调是当前的重要政策目标。而从长期看，富有弹性的汇率制度能充分反映市场供求，同时能够通过汇率价格机制调节外部冲击，增强货币政策独立性。因此，进一步增强人民币汇率弹性也是未来的发展趋势。应该说，短期内维持人民币汇率相对稳定的压力与长期增强汇率弹性的改革目标之间存在一定的矛盾，需要决策者寻求平衡之道。通过探索"不可能三角"的中间状态解，例如采取维持人民币汇率基本稳定并适当增强汇率弹性、加强跨境资金宏观审慎管理、保持适量的外汇储备等措施，也许能够实现保持独立的货币政策自主权、防范大规模跨境资金流动风险等政策目标。

中国汇率制度改革目标和过程仍然要在"不可能三角"的框架下进行。图5-1报告了中国金融开放的务实政策选择框架，简洁地抽象了改革路径。就目前的政策属性看，中国主动选择了一定的资本管制，特别是对短期资本流动实行严格的管制。而就金融体制改革的目标看，中国势必要过渡到浮动汇率制，即从国际货币基金组织的汇率制度管理分类中从类爬行安排转向浮动汇率制或自由浮动汇率制。目前中国金融开放整体上会选择务实的操作路径，其核心要义是保持人民币汇率的稳定性，维护好中国的国际贸易环境。在政策操作上将保持两个政策底线，其一是保持充裕的外汇储备，其二是保持资本管制、防止跨境资金的大规模流出。

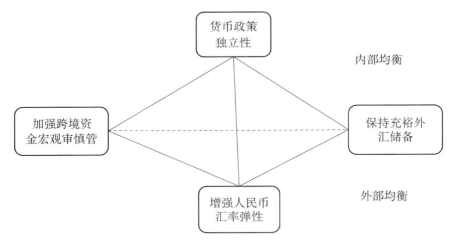

图 5-1　中国金融开放政策的务实选择

总体而言，在"不可能三角"的理论框架下，中国金融开放总体的务实性制度安排，将是保持货币政策独立性、加强跨境资金宏观审慎管理、保持充裕的外汇储备，与此同时，增强人民币汇率弹性。此外，还需保持中国经济的内部均衡和外部均衡，在国内经济改革中，切实发挥市场在资源配置中的决定性地位，更好地发挥政府的作用，通过全面深化改革，提升中国经济发展的质量。在外部均衡方面，需要加大金融市场开放的力度，取消投资主体资格门槛限制和投资资金规模额度限制，推进国际自由贸易的发展，破除贸易保护主义和单边主义的阻碍，切实构建人类命运共同体，促进全球经济增长和繁荣。

第二节　资本外流与外汇管制

资本外流具有不同的表现形式，不同形式的资本外流对于汇率波动具有不同的反应。通过汇率波动的有效引导来加强对资本外流的管理，要么实现完全的精细化和精准化管理，要么就交由市场充分反应。资本外流的形式和渠道多样化，包括了"洗钱"、市场化操作、外债等，资本外流和汇率波动的关系最为紧密，汇率变化尤其是所带来的预期，会直接诱发资本流动的方向变化，特别是对本币巨幅贬值的预期会加速资本外流。这是由资本对安全的敏感性决定的，资本追求无止境的保值增值，首先会考虑安全性。

影响资本外流的因素很多，需从短期、中期和长期三个视角进行分析。就短期而言，要重点关注利差和汇率走势。从短期来看，影响我国跨境资金流动的因素，既包括发达经济体货币政策调整和国内外汇政策改革等政策性因素，也包括国际大宗商品价格波动和股票价格波动等资产价格因素，同时也可能受到一些突发事件的影响。在众多影响因素中，境内外利差和人民币汇率波动是较为关键的两个因素。从利差变化和跨境资金流动趋势看，境内外利差扩大吸引跨境资金流入，而利差缩小则可能导致资本流出压力加大。2008年，受美国次贷危机影响，美元报价的伦敦银行间同业拆借利率（LIBOR）为3.81%，迅速走高。而我国上海银行间同业拆借利率（Shanghai Interbank offered Rate，SHIBOR）为3.18%，境内外利差为－63个基点，此时跨境资金呈现流出状态。2015年以来，随着美国经济复苏，美元进入新一轮加息周期，美联储2015年年底的加息导致LIBOR升高，与SHIBOR的利差有所缩窄，我国跨境资金面临流出压力。

从汇率走势与跨境资金流动趋势看，人民币出现升值压力时，跨境资金呈现流入状态；出现贬值压力时，跨境资金呈现流出状态。从2008年起，美国开始实施量化宽松政策，美元贬值，人民币出现升值。在这一阶段，我国跨境资金整体呈现净流入状态。而随着美国经济复苏和量化宽松政策的逐渐退出，2015年下半年尤其是"8·11"汇改后，人民币出现贬值压力，跨境资金流出较为明显。与此同时，短期跨境资金流动格局与汇率稳定性也呈现出一定的相关性。在汇率下行区间（贬值趋势中），如果同时伴随汇率稳定性的减弱，则可能加剧跨境资金流出。总体而言，与美国、欧洲、日本及新兴市场国家相比，人民币汇率稳定指数总体保持在较高水平。2005年汇率改革后，人民币汇率稳定指数从接近1下降到0.95左右，而在2015年"8·11"汇改后，人民币汇率稳定指数则出现较大下滑，从 0.97 降至 0.7 左右。人民币汇率稳定性的下降可能加剧了我国一段时间以来的跨境资金流出压力。

从中期视角看，要注重国际收支和外汇储备变化。国际收支和外汇储备状况一定程度上反映了一国对外经济状况的中期基本面。国际收支顺差和较高的外汇储备有助于提升国际资本对一国经济的信心，促使跨境资金流入；反之亦然。自中国加入世界贸易组织（World Trade Organization，WTO）以来，我国对外贸易不断发展，资本账户和经常贸易账户连续多年保持"双顺差"，促使我国外汇储备增长势头强劲。金融危机后，我国经常账户盈余有所减少，资本账户保持平稳。在此期间，我国跨境资金更多地呈现流入局面。而 2014 年以来，我国的国际收支"双顺差"格局发生改变，外汇储备持续下滑，跨境资金存在流出压力。

从长期视角看，要注重货币购买力和未来经济增长前景。货币购买力和未来经济增长潜力反映了一国经济的长期基本面。当一国经济增长前景向好、货币购买力提升时，其对国际资本的吸引力将显著增强，跨境资金趋于流入；而当一国经济增长趋于下行、货币购买力下降时，跨境资金流动则可能出现相反的情况。不同国家间的货币购买力对比与其货币供应量增速差距之间可能存在关联性。尽管我国较高的 M2 增速一定程度上也包含了货币化进程等相关因素的影响，但长期看，中美两国间持续较高的货币供应量增速差距可能影响两国货币购买力对比以及汇率水平，并在未来影响我国跨境资金流动格局。

从未来经济增长趋势看，随着中国经济发展步入新常态，国内生产总值增速明显下滑，从 2011 年的 9.5% 降至 2018 年的 6.6%。中国经济增长下行趋势符合"经济收敛"的理论事实，而国际上众多对中国未来经济增长进行的预测亦反映出此种状态。伴随着未来经济增长的下行趋势，我国自然利率和经济增速将稳定下降，这预示着我国经济进入中高速增长的新常态后，经济增速将呈现温和下降趋势。今后一段时期中国经济增速可能存在一定波动，但中期 GDP 呈现趋势性下行的态势已经基本确立。在中国经济增长趋于下行的同时，近年来，美国经济则呈现一定程度的复苏，中美两国经济增长差距缩小，国际资本对两国经济未来发展前景的预期发生变化，我国跨境资金可能在未来一段时期内面临流出压力。2012年以前，中美两国经济增速差距基本在6%以上；而2012年以后，两国经济增速差距缩小至4%—6%，我国跨境资金流动也逐步呈现偏流出的态势。

基于短期、中期和长期三个视角的分析，当前我国跨境资金偏流出的压力并非短期内可以缓解的，很有可能在未来一段时间内持续存在。如果跨境资金流出压力在未来较长时期内持续存在，将可能对我国金融系统的稳定性造成一定影响。研究发现，跨境资本流动会通过正反馈循环（时间维度）和跨市场传染机制（空间维度）加剧经济景气循环，使系统性风险上升。从时间维度要着重分析顺周期影响。从国际经验看，因经济下行以及资产品价格下跌预期导致的跨境资金规模性外流，将加剧国家本币汇率贬值、国际信用缩水，引发投资和资产价格循环式下跌，进而对金融体系的稳定性造成冲击。特别是当突发性外部重大经济金融冲击爆发时，会加剧国内资产品价格波动、国内经济形势恶化，诱发国内经济金融危机与国际共振，形成惊人的破坏力。从空间维度上，要注重防止跨市场风险传染。跨境资金流出引发的金融风险在不同市场间频繁传递的同时，可能会不断累积、扩散、溢出，一旦"明斯基时刻"来临，则可能引起金融体系乃至整个经济系统的动荡，见图5-2。

事实上，历次国际经济金融危机的爆发都离不开国际热钱的快速流入和流出，这是由资本的贪婪本性决定的。资本不畏惧风险，只担心没有利润。具体表现在：一是在金融创新促使金融机构跨行业、跨市场混业经营趋势日益凸显的情况下，跨境资金流动风险可能向包括银行体系在内的整个金融体系传染扩散；二是银行体系和资本市场波动可能诱发国内资产价格进一步下跌，加剧资金外逃冲动；三是大规模的资金流出可能拉低外汇储备，减少国内货币供应量，形成紧缩效应，而资产价格下跌导致的负财富效应可能抑制消费增长，给经济带来下行压力；四是不良预期引发的"羊群效应"和"金融市场踩踏"可能促使风险进一步放大，导致资本市场融资功能的丧失和经济的进一步恶化。

当前我国跨境资金流动风险总体可控，但一段时期以来我国跨境资金流

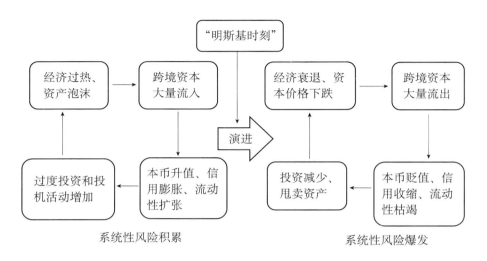

图 5-2 资本流动的系统性风险积累—爆发过程

动呈现出明显的"偏流出"压力,且流出压力可能在未来一定时期内长期存在。如果应对不力,则可能对国内资本市场和银行体系产生影响,甚至形成不同市场和组织间的金融风险交叉传染,最终冲击整体金融稳定性,对此需要高度警惕,要不断提高应对资本外流和外汇管制的国际经验。各国资本项目管理都保留了充分的资本管制"一篮子政策工具"。其中强制性结汇制度、反洗钱制度、汇兑额度限制等均是有效的制度安排,是国家捍卫本国经济金融安全的重要工具。

第三节　汇率变动与经济基本面

利率市场化是资本市场的价值规律,汇率本质上也是一种价格机制,而且在价格众多的成因中,预期扮演着重要角色。根据古典经济学的基本价格形成机制,供给曲线和需求曲线构成了剪刀的两个"扇叶",从而确定了价格均衡点。如果按此推导,在外汇市场,货币的汇率就是该货币供给和需求的均衡结果,这种供求关系决定了汇率价格形成的基础。但这个基础却并非凭空被创造出来的,其主要依据经济基本面,即宏观经济状况和国家经济繁荣程度。按照理性预期学派的观点，如果一国经济基本面向好，就会形成积极市场预期，本币升值预期扩散，投资者倾向于增持本币、减持外币以求更高的利润回报和更安全的资产配置；相反，如果一国经济基本面恶化，就会形成消极市场预期，本币贬值预期加剧，投资者倾向于减持乃至放空本币，做多外币，由此导致资本外流，甚至形成恐慌性外逃。在这个过程中，资本项目的变化与经常贸易项目共同波动，催生了国际收支的平衡。从经济基本面到币值预期再到汇率变化，着实是一堂生动的市场教育课。

外汇贬值压力说到底不是金融问题，而是经济问题。从国际金融史的历史经验看，货币汇率的崩盘一定源于国内经济状况的恶化。即便是最凶狠的国际做空力量，也一定要基于对国家经济债务的研究剖析，找出"有缝的蛋"再发动攻击。最根本的基本面就是经济增长形势，只要中国经济增长动力不断优化、经济增长持续向好，中国就不会存在外汇贬值压力或者说资本外流陷阱，而且国外资本还会持续投资中国，不断流入中国，抬升资产品价格，这是由资本保值增值的本性决定的。相反，如果国家经济增长形势恶化，资本就会形成不安全感，非但外部资本不敢流入，国内资本也想流出，这就形成了人民币贬值的汇率压力，并推动贬值预期的形成，诱发资本外流。即便国家凭借官方外汇储备进行市场化操作，也会过度消耗外汇储备，即便稳住了本币汇率，也会失去相当规模的外汇储备，这是否合算实在值得商榷。金融说到底是手段，短期内可以依靠金融通道刺激经济基本面的繁荣，但不是长久之计，实体经济持续向好才能维持健康有序的金融环境，化解金融弊病，尤其是外汇压力。

稳定人民币汇率的关键在于经济基本面。一国货币汇率与本国经济平稳增长之间休戚相关。稳定汇率的关键始终需要以良好、稳健的经济基本面为支撑。经济基本面稳、金融潜在风险少、抵御外部冲击能力强、市场对本国货币的信心稳，汇率自然不会出现大幅波动。我们要提高全要素生产率，增强经济发展潜力，为维持人民币汇率长期稳定提供坚实的基础，并根据中央关于构建以国内大循环为主体、国内国际双循环相互促进的新发展格局的总体顶层设计，促进中国经济高质量发展。

资本管制"治标不治本"。治本之策发挥作用需要时间，而治标措施则可以为改革赢得时间。从国际经验来看，资本管制虽然可以增加投机套利的成本，短期内在一定程度上可以缓解压力，但并不能从根本上解决资本外流和汇率下跌的问题。资本管制的作用主要是以时间换空间，但其负面影响也很显著，如人为扭曲了外汇供求、影响贸易投资便利化等。为避免和减少这些负面影响，当前我国加强和改进外汇管理的指导思想就是不走资本管制的老路，强调在现有外汇管理框架下用好政策工具。

自 1978 年以来，尤其是加入 WTO 以来，中国长期扮演着全球经济增长的发动机角色，对全球经济增长，尤其是新兴市场国家的经济增长发挥着重要的推动作用。但随着中国经济进入新常态，经济由高速增长阶段转入高质量发展阶段，外资流入的动力锐减。宏观经济增长基本面的弱化带来了人民币的贬值预期，部分民营企业纷纷通过虚假海外贸易、海外并购、海外投资、配置外币资产以及"蚂蚁搬家"式的资产转移或洗钱等手段将国内账户做空，大幅增持海外资产配置规模，这种资本"用脚投票"的现象值得警惕。

监管者既要立足于"管制"，更要着眼于"预防"。政策主管部门一方面应加强合规性审查、加大监管力度，保护合法海外投资、打击非法经济金融犯罪活动等；另一方面更要推动政策反思，大幅提升营商环境水平，给企业家和资本方吃下"定心丸"，提高资本安全感。政府承认企业家对社会经济发展的积极贡献，并倡导创造性的企业家精神，激发社会创新创业的活力，塑造民众的积极激励机制。在"十四五"规划出台、中国全面建成小康社会的重大历史契机，要把一切活力和创造力都整合到国家全面经济发展的动力当中，维护中国经济蓬勃发展的态势，让中国再赢得下一个"黄金三十年"。

第六章

深化中国资本市场体制
改革的探索性建议

第一节 机构放开,还是资金开放

近年来,中国金融改革加速,金融市场开放的时间表和路线图真正得到了贯彻实践。一方面,市场准入资格不断放开,银行、证券、信托、基金、保险等金融机构对外资的持股比例限制逐渐取消,大量海外金融机构得以以独资或控股性合作的方式进入中国市场,在中国市场的业务范围、业务规模以及产品服务类型都得到了充分拓展和优化,这构成了机构放开,外资金融机构凭借其优质的服务和高市场回报在中国市场赢得大量客户,不断拓展市场份额。另一方面,中国拓宽了外商投资和短期证券市场投资涌入中国市场的领域和规模,通过修订《外商投资法》逐渐放开了部分特殊行业的资本属性限制性要求,通过取消 QFII 和 RQFII 额度限制,开放了对国际短期证券投资流入规模的限制,并进一步取消了沪港通、深港通等额度规模的限制。这是资金开放,对于繁荣国内证券市场、推动多层次资金市场改革具有积极意义。

无论是机构放开,还是资金开放,都是入口端管制的取消,鼓励国际资本自由流入中国市场。中国之所以有底气取消入口端的管制，从根本意义上讲，是因为如今中国的经济体量已经不是"河流湖泊"，而是"汪洋大海"，中国经济要融入世界经济的"大海洋"。中国改革开放40多年以来的经济成就得益于向世界开放，进一步赶超全球主要经济体更要依赖向全球市场的进一步开放，二者是辩证统一的。中国经济体量的扩大与世界市场规模的拓展是正向关系。这是中国放开国际资本进入中国入口端的重要经济根源。

但国际资本出口端的完全放开还为时尚早。整体而言，这既有国际时机尚不成熟的问题，更有中国金融治理能力有待提升的考虑。从国际市场的角度看，以欧美主导的全球量化宽松政策造成全球货币超发、债务规模膨胀，恶化了利率市场，大量国内资本盲目外流势必遭受重大损失和挫折，造成效率耗损；且当前国际单边主义兴起，在事关全球发展与和平的重大议题以及人类共同面临的公共卫生、气候变化、环境保护、可持续发展等新兴议题方面，国际合作非但没有深化，反而遭受到单边主义的重大打击，致使诸如国际新冠疫情防治、全球绿色发展、国际反恐合作等紧迫性难题一拖再拖、拖而不决、效率低下。从中国金融治理能力的角度看，一方面，国内金融市场面临重大考验，长期金融"脱实向虚"没有得到根本性扭转，大型金控集团扭曲了金融市场纪律，加剧了金融系统性风险积累，大量中小型银行无序扩张影响了地方金融稳定，国内金融市场改革的诸多重大任务还需要更加"精耕细作"；另一方面，中国参与国际金融治理的能力和水平还需进一步提升，中国参与国际金融规则的深度还不够，中国金融市场化实践和规模相比于全球主要经济体还不够，中国在全球金融格局中的秩序构建作用还不够突出。这些国际国内状况都限制了中国资本管制出口端的完全放开。

但是，需要明确的是，中国金融开放的诚意是充分的，中国金融市场开放的步伐是加快的。恰如自由市场经济兴起过程中，为了缓解过度市场化所带来的对社会的一系列伤害，保护主义不断兴起一样，在中国金融市场开放的过程中必须明确适度的资本管制，并且既要从管理上加强必要的监管和审查，更要存在强有力的管制举措，建立"一篮子的管制政策工具包"和"风险防火墙机制"。无论是机构放开还是资金开放，都需要明确的是制度和规则的开放，中国愿意按照国际金融市场的主导性制度、规则和机制，参与国际金融市场的合作与竞争。规则公平且透明，是中国放开国际资本流入端限制的政策共识。

与此同时，中国人民银行、国家外汇管理局、中国银保监会和中国证监会等职能机构要加强对国际游资投资中国的过程监管。合理引导"热钱"的行业流动，尤其加强对流入房地产、期货、股票等领域资金的有效把控，切实维护中国的经济与金融安全。警惕国际"热钱"加速催生资产品泡沫过度膨胀，以及对涉及国计民生重大安全的行业和领域的垄断和操控。此外，政策监管部门要不断优化管理流程、管理能力，提升管理效率，降低不必要的效率耗损，将管制与监管做必要的区分，以防出现"胡子眉毛一把抓"以及"一收就死、一放就乱"的局面。在涉及个人换汇的额度、审批进度等微观领域的管理问题上，应该做出有效的改进，避免破坏中国经济与金融发展的大局。

第二节 资本市场开放步骤选择

要大力推进利率市场化改革。成熟的资本市场是发达国家的重要标志，近 500 年以来在全球角逐中脱颖而出的荷兰、英国、德国、法国和美国等无不拥有高效繁荣的资本市场体系。尤其是荷兰人的金融创造，率先推动了荷兰海外贸易繁荣和海外帝国拓展。在英国和法国的角力中，英国更是依赖于英格兰银行以及伦敦金融城的超低利率成本的战争融资，持续获得了对法国的优势。以至于学者们感慨：世界是部金融史。对于一国资本市场的发展而言，利率是最基础性的调节器，发达高效的资本市场对利率的市场化程度也存在较高的要求。为此，一定要理顺货币政策的传导机制。

利率与汇率具有正向波动的关系，国内利率波动会正常传导到汇率市场，产生共振。要弱化常态性的利率干预，避免利率市场的价格扭曲。对于国内利率市场，要严肃市场纪律，不能出现"大而不能倒"的绑架行为，对于经营不善的微观市场主体,该破产的破产、该清算的清算,避免出现道德风险和逆向选择,进一步恶化金融市场环境,加剧系统性金融风险的积累。

要强化外汇市场和外汇管理体制的改革创新,进一步激发外汇市场的活力。要夯实外汇市场操作,强化绩效激励、确保外汇保值增值,逐步实现外汇市场真正的市场化运转。国家外汇管理局是中国外汇管理的官方机构,其下属的中央外汇业务中心负责官方外汇储备的管理和多元化配置;中国投资有限责任公司(简称"中投公司")是中国的主权财富基金,也是名列全球前列的主权财富基金,目前负责近1万亿美元的外汇海外投资。这两家官方机构构成了中国外汇市场和管理体制改革创新的主阵地,其海外投资和资产配置管理能力关乎中国官方外汇资产的收益安全性。对于全球主要金融机构而言,其财富管理能力足以消解国际汇率波动带来的财富缩水,甚至能够给客户带来超额的耗损补贴,但目前中国官方外汇管理能力还达不到这一点。

就目前的外汇投资收益和资产配置能力而言,还存在较大的提升空间。中国亟须培养一大批具有丰富海外投资经验的专业银行家和基金经理,目前相当规模的委托投资管理就是这一能力缺口的突出证明。一般而言,国际投资机构专业基金经理普遍具有15年以上的从业经验,而国内基金经理的执业年限则远远低于这一数据,多数基金经理可能刚具备执业资格证书,在人才的专业化培养与实战经验方面存在较大不足。目前国家外汇管理局与中投公司的市场化激励还不足,难以吸引足够一流的专业银行家和基金经理,没有这些专业化人才的加盟,难以提升官方外汇储备的经营绩效。作为中国外汇海外投资和资产配置的"国家队",务必要深化经营管理体制改革创新,强化绩效激励,通过扎实的外汇市场操作,在海外资本市场中杀出一条"血路",形成中国主权财富的投资管理风格和成熟经验。

要按照中央关于构建多层次资本市场体系的要求,积极探索外汇市场交易创新,建立国际外汇市场顺畅交易通道。中国投资市场规模潜力巨大,多数民众目前初步具备了投资意识,但缺乏系统的投资能力和投资渠道,因此多数人的投资选择还仅仅停留在银行存款、炒股、购买房产、购买黄金、购买理财产品以及余额宝等委托投资行为。外汇市场化投资目前还处于起步阶段，且多数外汇投资通道与期货等相伴而生，杠杆率较大，穿透风险高。目前从事外汇投资的机构存在"小、散、乱"的特点，而投资者多具有盲从性，缺乏专业理性的外汇投资教育。多层次资本市场体系包括证券市场、债券市场、基金市场、大宗商品市场、期指股权市场和外汇市场等。积极探索外汇市场交易创新、规范外汇市场投资、鼓励外汇衍生品投资创新、畅通国内外交易通道，对于推进资本市场繁荣和中国资本账户开放具有十分积极的现实意义。

要加强顶层设计，强化资本账户开放管理的市场激励机制，适时推出中国版托宾税，充分发挥资本市场价格竞争机制。价格竞争机制是市场机制的核心，引导着要素资源配置。资本作为要素之一，同样受到价格竞争机制的根本性影响。在优化资本管制和监管的过程中，尤其要注意按照市场激励设计资本流动的制度机制，其中托宾税就是一种有效的费用制度安排。通过提高资本流出的成本，让资本理性规避风险、自主选择合适的投资环境和资产配置类型，将复杂的监管问题变成投资人的理性经济选择，能够有效提高市场效率，减少市场扭曲，走出"究竟是管多了，还是管少了"的争论。由于资本流出涉及汇率波动，作为政策的补充性配套措施，可以考虑提高人民币汇率弹性，使其更好地发挥宏观经济增值和国际收支平衡的稳定器作用。

第三节　提升中国参与国际金融治理的能力

中国参与国际金融治理能力有待进一步提升。中国当前在主要国际金融机构中尚未处于中心位置，中国参与国际金融基础建设和国际金融主要协调机制及规则的影响力尚不突出，中国在国际金融组织中的决策影响力还远远不够，参与国际金融市场交易以及国际金融组织活动的中国人才还不够丰裕。但 20 年来，中国一直努力在克服自己在国际金融治理中的短板，不断弥补自己的不足，积极推进国际金融交往，通过国际金融市场和组织的学习，不断扩充人才库，提高国际金融治理的能力。特别要指出的是，中国在国际货币基金组织中的特别提款权份额在不断提高，且中国倡导设立了亚洲基础设施投资银行，中国证券市场中的 A 股被纳入 MSCI（Morgan Stanley Capital International）指数，中国融入国际金融市场和国际金融组织、参与国际金融治理的能力在不断提高。

要加快推进亚洲地区经贸一体化，充分鼓励人民币国际化和区域化，尤其在东亚、东南亚自贸区建设中充分发挥人民币的国际结算优势。经过 8 年的艰苦谈判，囊括中国、日本、韩国、澳大利亚、新西兰以及东盟十国的世界最大自贸区的贸易协定——RCEP（《区域全面经济伙伴关系协定》，Regional Comprehensive Economic Partnership）成功达成，西太平洋自贸区成为推动亚洲地区经贸一体化的主要驱动力。为推动地区自由贸易、提高结算效率，亚洲地区货币一体化进程也将加速，这对于推进人民币国际化和区域化无疑是重大历史契机。近年来，关于中日韩自贸区和亚元的呼声日高，这成为东亚经济一体化的重要驱动力。就目前中国在亚洲地区的经贸规模和影响力而言，人民币从地区结算的角度看可以满足亚元的功能属性。实际上，这可以追溯到布雷顿森林体系构建过程中的凯恩斯方案和怀特方案。当时，美国的国家经济能力奠定了其在世界经济金融体系中的地位，美元直接和黄金挂钩，奠定了美元全球货币的地位。与之相似，中国在亚洲地区的经济实力和经贸影响力足以奠定人民币在区域自由贸易市场中的结算功能。当然，这势必涉及具体的国际政治力量博弈。

要强化中国国际金融中心的吸引力，进一步提升香港、上海和深圳作为国际金融中心的活力，完善高效便捷的现代金融体系建设，大力促进资本衍生品创新。荷兰成为全球"海上马车夫"得益于阿姆斯特丹的股票市场，英国"日不落帝国"的建立塑造了伦敦金融城的国际地位，美国华尔街成就了美国发达的现代金融体系。中国提高国际金融治理能力很重要的一点是，中国也要拥有伦敦金融城和纽约华尔街那样的国际金融中心，建立发达的全球资本市场体系，为全球企业提供直接融资平台，为全球投资者提供价值实现高地。香港、上海和深圳都具备成为国际金融中心的良好基础，在新的历史契机下，这种优势要通过深化制度性改革进一步加深，吸引全球资本涌入。

可以依托这三大金融交易中心打造中国开放资本账户的政策试点，满足全球资本对中国金融市场的需求，在全球资本的管理浪潮中提升中国参与国际金融治理，尤其是化解金融风险的能力。

要积极推进国际金融市场机构和国际金融组织专业人才培养，为中国提高全球金融治理能力做好扎实的人才储备。国内金融系统人才培养要强化市场实务能力，使其熟悉金融交易系统和规则，培育一流的投资银行家和基金经理。伴随着新一轮金融市场开放，大量国际金融机构到中国国内开展市场业务，这势必会扩大国内金融从业人员的就业选择，这是加强国际市场学习的好机会，能够从管理、服务、理念等全方位提升国内金融机构的国际化水平。要加强国际金融市场交流，鼓励更多的国内金融从业人员到国际金融市场机构工作，真正在全球金融市场激烈的搏杀竞争中脱颖而出。要为金融系统职能部门的监管者创造更多的国际学习和交流的渠道，推荐他们到国际金融组织中工作，学习国际金融治理的规则，提升自身工作能力。全面提升中国参与国际金融治理的能力是一个系统性的工程，要不断深入，开创出更多创造性渠道和路径。

第四节　丰富防控资本外流的政策工具包

系统性整理涉及防控资本外流的"一篮子政策工具"，根据目前中央对于外资管理的最新要求，要着重加强对资本出口端的管制。从目前的监管经验看，国际成熟的做法是针对资本外流行为和重点目标主体的管制。这些行为集中于汇兑、支付、洗钱等领域，而重点目标主体则涉及大型企业、金控集团以及居民个人。需要特别注意的是，我国一方面缺乏资本流出交易费用的市场化机制设计，另一方面缺乏资本流出预警、分层级的行为干涉机制。这就造成了执行中的政策僵化，出现了"一棍子打死""一刀切"等现象，也会轻易地授人以柄。可以考虑按照"资本项管理—必要监管—资本管制"三个层级对个人和企业建立全面的信用记录账户，并统一按照规定的信用记录得分实行动态化涉汇管理制度。在这套管理体系中，建立连续性标记制度，即通过信用记录账户得分标记绿色（可行）、黄色（审批）和红色（禁止），便于企业和个人自查以及窗口人员的他查。这样做的意义在于精准监管，保护正常涉汇需求，遏制风险性资本外流，打击非法洗钱行为。

借鉴宏观审慎管理的思维，按照头寸、资金流量、流动方向、用途、个人综合记录等建立个人和企业一一对应的涉汇信用记录账户。在涉及具体的计量评估指标中要综合考虑企业和个人的资金实力、偿付能力、国际收支平衡程度、功能用途等，这是对其信用记录进行评分的依据，也是对资金外流风险等级的研判依据所在。更进一步地，对每个账户的得分状况和模块内容分布进行系统性分析，建立全面的精准识别和动态监测系统，并对不同颜色系统设置详细的标准。这套涉汇信用记录一旦启用，将为国内银行、保险、信托、理财机构等金融机构所共享，提高恶意资本外流或国际热钱扰动正常市场秩序的成本和惩戒力度。

具体而言，涉汇信用记录账户显示绿色，意味着个人或企业存在正常的购汇需要，比如海外求学费用支出、参加海外学术交流参观访问、家庭必要的海外资产配置、企业正常海外贸易结算、企业海外投资并购行为等，可以在汇兑业务窗口正常办理。这也避免了一些不必要的扭曲行为，如企业在海外建立离岸账户、"蚂蚁搬家式"转移国内资金、个人借用亲朋好友账户进行换汇额度积累等。如果涉汇信用记录账户显示黄色，则意味着存在一定的资本外流风险，这就需要配合监管部门的调查和资料审批，具体根据政策调控的要求予以办理。如果涉汇信用记录账户显示红色，则启动反洗钱调查，并禁止窗口予以办理相关业务。

要针对三种颜色分别设计具体的防控工具予以精准处置。满足精准防控的功能性要求，则需要考虑当个人或企业信用账户的颜色标记变化及相互转化时的救济机制和惩戒机制，以此满足动态监管的要求。诸如，账户记录从绿色转变为红色时如何惩戒，以及账户记录如何通过合理救济机制由红色转变为绿色等。随着正常涉汇需要频次增加、额度提升、用途多样所带来的限制转变，以及国际环境发生重大变化、国内政策松紧程度变更等，都要求及时进行必要的动态监管修复。对于这些具体的要求，通过理性的制度设计是可以满足政策工具包的系统性要求的。

完整的政策工具包还需强化激励—惩戒机制。作为激励机制，涉汇信用记录的良好运行将为个人或企业在办理其他金融服务，乃至社会保障、公共服务、职业发展和市场拓展等方面提供有力支持；而作为惩戒机制，涉汇信用记录持续恶化的个人或企业则应承担相应的处罚和制裁，严重者将取消其账户资格，将其驱逐出该管理体系。此外，要特别重视金融应急管理处置机制建设，为可能的重大金融风险提前做好应急处置预案，并做好演练，以便及时化解重大系统性、区域性金融风险。

第五节　强化数字货币创新应用，破除人民币困境

破除美元霸权是捍卫人民币主权安全的根本之策。在传统金融学框架下，货币的核心职能是价值储藏和交易工具。从人类货币发展历史看，无论是最早期的贝壳，还是以金银币为代表的金属货币，以及此后的金汇兑本位制和布雷顿森林体系之后的美元本位制，核心都是在寻找一种具备内生稳定价值的货币。而从汇兑本位制开始，这种价格的信用秩序已经建立在对于某一个政府政权的信用之上：具备更强信用基础的政府发行的货币往往能够替代信用恶化的政府发行的货币，成为新的锚定货币。这也是即便布雷顿森林体系崩溃，美元依然是全球最主要货币的根本原因。

但随着2000年以来全球货币量化宽松政策的推行，美元凭借全球最主要货币的绝对优势，向全球、尤其是发展中国家过度攫取铸币税，美元霸权成为危及发展中国家经济金融安全的最主要的不稳定因素。随着全球货币量化宽松的深入，通货膨胀突然高企，政府的借债成本大幅飙升，迅速陷入"财政扩张—恶性通胀—借债成本飙升—财政进一步恶化"的负向循环。如果一个经济体长期通过货币化的方式处理赤字，完全忽视财政纪律与货币纪律，最终将持续削弱货币持有人的信心，进而抛弃这种货币。2008年全球金融危

机爆发后，对中央银行独立性的怀疑与财政缺口货币化带来通货膨胀的担忧，催生了数字货币的诞生，尤其是比特币的骤然兴起。数字货币的兴起为人民币破除美元霸权提供了契机。

中国人民银行抢先抓住了数字货币创新的机遇。2014 年中国人民银行成立法定数字货币专门研究小组；2016 年在原小组基础上设立数字货币研究所；2018 年 6 月，成立深圳金融科技有限公司；2019 年 8 月，中共中央、国务院发布《关于支持深圳建设中国特色社会主义先行示范区的意见》，提出在深圳开展数字货币研究和移动支付试点。2019 年 9 月，时任中国人民银行行长的易纲表示，央行的数字货币将替代部分现金。DCEP（Digital Currency Electronic Payment，数字货币和电子支付工具）在设计上具有"世界货币"的独特优势，具体表现在：DCEP 与人民币可以 1∶1 自由兑换，支持连接中央银行；DCEP 采用商业银行和中央银行的双层制度，适应国际上各主权国家现有的货币体系；DCEP 是主权货币，是纸质人民币的替代，可以确保现有货币理论体系依然发挥作用；DCEP 可以基于特殊设计，可以不依赖网络进行点对点的交易。

目前深圳正在推进人民币国际化和数字货币先行示范区。中国人民银行的政策意图在于：在试行中发现问题、解决隐患，确保 DCEP 在作为世界货币的流通中，放得出、看得见、管得住。DCEP 的意义在于它不是现有货币的数字化，而是 M0 的代替，使交易环节对账户的依赖程度大为降低，有利于人民币的流通和国际化；同时 DCEP 可以实现货币创造、记账、流动等对数据的实时采集，为货币的投放、货币政策的制定与实施提供有益的参考。

中国人民银行发行的法定数字货币在维护金融安全和保密性上具有突出的技术优势。

首先，有利于加强货币监管和保障金融安全。私人数字货币是存在于现行货币体系之外的"影子货币"，对现行货币体系带来了较大的冲击。中央银行发行的法定数字货币则不同，其完全处于中央银行的视野和监管之下，能够更好地保障金融安全稳定运行。并且法定数字货币充分运用区块链、云计算、大数据等技术，为货币政策的制定提供了更加充分而准确的依据，其点对点支付结算的特性能够加快货币流通速度、提高市场流动性、平滑利率期限结构，从而提高货币政策的传导效率。

其次，有利于更加精准的金融监管。当前的小额支付主要是借助第三方支付工具，因此，大量有效的支付数据都被第三方支付公司所掌握，而中央银行对这部分支付流量的走向和具体情况一无所知。使用法定数字货币则能够改变这一局面，因为数字货币的流通和交易数据完全在中央银行的掌控之下。这些支付和交易数据真实不可伪造，数据维度也更加丰富，金融宏观数据的统计也会更加方便、及时并且准确度更高，能够更加方便地计算货币总量、分析货币结构，为中央银行货币政策的制定和宏观调控提供更准确的支付数据，使之实现更精准的金融监管。

最后，有利于交易信息更加透明、完整。由于私人数字货币不由国家掌控且使用加密算法，大量的交易信息得不到有效监管，这让犯罪分子有了可乘之机。法定数字货币则不同，其交易数据完全处于中央银行的监管之下，并且由于区块链、分布式账本技术的特性，其能完整记录每一次交易信息，最大限度地保持交易信息完整、透明，且这些交易信息真实准确、不易篡改，可以随时进行查询。这十分有利于监测资金流向、用途，打击经济犯罪、职务犯罪、洗钱等，追踪各类非法交易。

数字货币技术创新为中国捍卫金融安全提供了新思路。应当清晰地看到，2008 年全球金融危机并未撼动美元的霸权地位。危机之后，美元的国际地位不降反升，人民币的国际地位虽有提高，但仍然处在一个与中国综合经济实力不相匹配的低水平。当前美元在全球跨境支付中的占比为 41%，在全球外汇交易中的占比达到 43%，在全球储备资产中的占比达到 62%。在全球结算体系中，美国的环球同业银行金融电信协会（Society for Worldwide Interbank Financial Telecommunications，SWIFT）系统和纽约清算所银行同业支付系统（Clearing House Interbank Payment System，CHIPS）依旧处于绝对霸权地位。

SWIFT 和 CHIPS 正逐渐沦为美国行使全球霸权、进行长臂管辖的金融工具。SWIFT 成立于 1973 年，为金融机构提供安全报文交换服务与接口软件，覆盖 200 余个国家，拥有近万家直接与间接会员，SWIFT 系统每日结算额达到 5 万亿至 6 万亿美元，全年结算额约 2 000 万亿美元；CHIPS 是全球最大的私营支付清算系统之一，于 1970 年建立，由纽约清算所协会经营，主要进行跨国美元交易的清算，处理全球九成以上的国际美元交易。

在大数据平台、区块链技术的驱动之下，构建一个新的清算网络已经成为当前许多国家的共识。日本、俄罗斯以及欧盟等正在研究建设类似 SWIFT 的国际加密货币支付网络来取代 SWIFT，越来越多的金融机构和区块链平台正在通过区块链试水跨境支付，用实际行动绕开 SWIFT 和 CHIPS。中国在数字货币技术上的创新运用激发了各国数字货币创新研究的热情，中国也在依靠数字货币技术创新切实捍卫中国的经济与金融安全，打破美元的霸权和威胁。目前中国数字货币已进入政策试点阶段，中国积极拥抱数字货币技术创新，随着数字货币使用规模的扩大，实现人民币国际化的"弯道超车"未尝不可。

诚然，数字货币日益受到中央金融监管部门的重视和社会的关注，但数字货币与货币理论所描述的本质还不能完全对应。数字货币能否替代主权货币成为世界货币、能否起到最后支付手段的作用以及数字货币的安全性等，还需要在发行和使用的实践中逐步摸索、逐步完善。数字人民币的探索使货币的本质在数字货币形态上真正体现出来，将在全球经济金融稳定运行中发挥作用。

第三篇

系统性风险的产生机理及预警体系

从广义而言，系统性风险指由整体政治、经济、社会等环境因素而引发的金融风险，主要包括政策风险、经济周期性波动风险、利率风险、购买力风险、汇率风险等。而系统性金融风险则指由单个或少数几个金融机构的破产或巨额损失导致的整个金融系统崩溃的风险，以及对实体经济产生严重的负面效应的可能性。系统性金融风险具有明显的负外部性、蔓延性和传染性等风险特征。系统性金融风险可以分为横向维度和纵向维度。横向维度的风险衡量的是某一时点金融系统内累计的风险；纵向维度的风险衡量的是隐藏在系统内部、在某一时点爆发的风险。

系统重要性金融机构出现危机极有可能导致系统性金融风险。系统重要性金融机构是指业务规模较大、业务复杂程度高，一旦发生风险事件将给地区或全球金融体系带来冲击的金融机构。

习近平总书记多次强调，准确判断风险隐患是保障金融安全的前提，维护金融稳定，防范系统性金融风险，切实维护宏观经济稳定和国家金融安全，具有十分重要的意义。当前，金融体系面临的内外部环境复杂多变，存在诸多不确定性。急需对我国系统性金融风险的表现形态、产生机理进行梳理和研究，在此基础上，借鉴国外成熟经验，构建我国系统性金融风险的预警体系，服务我国"防范和化解金融风险，守住不发生系统性金融风险的底线"的攻坚战。

本篇首先对全球主要金融强国及国际金融监管组织对金融系统性风险的监测进行简要的对比分析，总结其成功的经验。其次，对宏观风险、市场风险、信用风险、偿债风险、流动性和融资风险、杠杆风险、系统性风险等风险的影响因子、监测指标、计算方法等进行详细的分析与评价。在前述基础上，对金融系统性风险的动态演进机制、产生机理等进行系统分析，并就金融网络与金融风险的度量工具及方法进行简要介绍和分析。最后，就我国建立系统性金融风险监测与预警平台提出详细的建议。我国系统性金融风险应从宏观经济、市场情况、不同部门的杠杆率、流动性风险、脆弱性五个维度指标进行监测及综合评判，从金融市场有效性、金融市场强度、金融市场可控性、金融压力指数构建我国系统性金融风险综合指数。系统性金融风险预警平台的框架应包括风险识别、风险度量、风险预警、系统修正等维度，并通过相应指数、驱动因素及模型的精准计量，实现准确预警。

第七章

金融稳定的内涵

1997年爆发的亚洲金融危机，2008年次贷危机触发的全球经济危机，2018年美联储紧缩流动性触发的新一轮阿根廷、土耳其、俄罗斯、委内瑞拉等国的金融危机，充分说明了局部金融风险在金融全球化背景下，会冲击金融系统的稳定性，并可能触发全球性的金融危机。促进金融稳定、识别金融部门的系统性风险、监控本国金融风险成为当代各国政府经济金融工作的重中之重。

第一节 金融稳定的内涵

国际组织、各国中央银行和学者们对金融稳定的定义展开了深入的探讨，多角度地提出了金融稳定的定义。

瑞典中央银行最早于1998年在《金融稳定报告》中把金融稳定直接定义为"支付体系的安全与高效运转"。

美联储在其2019年的年度报告中对金融"稳定"与"不稳定"进行了对比，其定义如下：一个稳定的金融体系，在受到不利事件或"冲击"的打击时，将继续满足家庭和企业对金融服务的需求，如信贷提供和支付服务；相比之下，在一个不稳定的体系中，同样的冲击可能产生更大的影响，扰乱信贷活动，导致就业和经济活动下降。美国财政部下属的金融研究办公室（Office of Financial Research，OFR）将金融稳定定义为金融体系在压力下仍能发挥基本功能的能力。美国金融稳定监督委员会（Financial Stability Oversight Council，FSOC）则认为一个稳定的金融体系可以继续提供金融服务，同时吸收一系列冲击；稳定的金融体系不应成为冲击的源头，也不应放大冲击的影响。

欧洲认为，金融稳定即由金融中介机构、市场和市场基础设施组成的金融体系能够承受冲击和金融失衡。英格兰银行（Bank of England）认为，一个稳定的金融体系是一个能够在经济繁荣和萧条时期为家庭和企业提供关键服务的金融体系。瑞典中央银行与挪威中央银行认为金融稳定意味着没有危机发生，金融部门在面对冲击时运转良好。欧洲央行前总裁维姆·德伊森贝赫（Wim Duisenberg）认为，货币稳定的定义是物价在一般水平上保持平稳，没有通货紧缩和通货膨胀。而金融稳定并没有简单的或被普遍接受的定义。

日本中央银行认为金融稳定是指金融体系正常运行、参与者（如公司和个人）对该体系有信心的状态。澳大利亚中央银行认为金融稳定是指金融机构、市场和市场基础设施可以促进资金在储户和投资者之间的顺畅流动，促进经济活动的增长。俄罗斯中央银行认为金融稳定可以定义为金融体系抵御冲击的能力、金融体系的不间断和有效运作以及金融服务的提供。

国际货币基金组织的经济学家盖瑞·希纳斯（Garry Schinas）在《金融稳定的定义》（Defining Financial Stability）的报告中指出：金融稳定是指其促进和加强经济进程、管理风险和吸收冲击的能力；金融稳定被认为是连续统一的事物，它是连续的、时变的，随着金融体系构成要素的改变而改变。国际清算银行前总裁安浩德（Andrew Crockett）将金融稳定定义为构成金融系统的机构和市场保持稳定。一方面，各机构可以在冲击下履行其合同中规定的义务；另一方面，市场价格仍能反映基本面情况而非短时间的剧烈波动。哥伦比亚大学教授弗雷德里克·米什金（Frederick Mishkin）定义了金融不稳定，他认为金融不稳定的发生源于对金融体系的冲击干扰了信息传递，进而导致金融体系不能正常运作。

综上，我们可以得到一些共识，即金融稳定是指金融系统的关键部门运行平稳。金融风险是金融不稳定的基本要素。金融系统内部不同部门自身的不确定性在一定的条件下转化为现实的金融风险，金融风险的累积增加了金融的脆弱性，成为影响金融稳定的直接原因。

第二节　金融稳定的判断方法

一、定量模型

国际货币基金组织和世界银行于 1999 年联合制定了"金融部门评估规划"（Financial Sector Assessment Program，FSAP），通过一系列量化指标对金融稳定予以界定，评估各国金融体系的稳健性（脆弱性），其中包括宏观审慎指标如经济增长、通货膨胀、利率等，综合微观审慎指标如资本充足性、盈利能力、资产质量等指标，以此加强对成员国和地区金融脆弱性的评估与监测，减少金融危机发生的可能性。中国于 2008 年宣布加入国际货币基金组织的金融部门评估规划，并于 2009 年 8 月正式启动 FSAP 评估。

FSAP 评估以宏观审慎监测为核心，以金融市场监测、宏观金融联系分析、宏观经济监测为补充。宏观审慎监测旨在识别影响金融体系整体稳定性的风险，评估金融体系健康状况及其脆弱性。其定量分析方法主要采用金融稳健指标（Financial Soundness Indicators，FSIs）分析和压力测试，同时也运用一些定性分析，如对监管质量和金融基础设施健全性的评估。金融市场监测是指评估金融部门受某一特定冲击或一组冲击时的风险，以早期预警系统（Early Warning Systems，EWSs）模型为基础；宏观金融联系分析是指研究因为非金融部门对金融部门中介作用的依赖，使得单个冲击产生的风险如何通过金融体系传染到整体经济金融系统；宏观经济监测是指监测金融体系对宏观经济的总体影响。

二、定性描述

定性描述金融稳定主要通过两个方面：正面与反面。正面的描述是指列举一系列的条件，例如币值稳定、自然失业率、资产相对价格变化不影响币值稳定和就业等。反面的描述是指描述金融不稳定时的情形，倘若没有出现描述中的情形，则可认为金融系统是稳定的。其中价格稳定是金融稳定的必要条件，银行稳定是金融稳定的核心。金融稳定涉及金融安全，是国家安全的重要组成部分，金融不稳定将使一国付出巨大的经济与社会成本。

第三节 金融稳定的边界与金融安全

从前述有关金融稳定的定义中可以看出，金融系统是一个复杂的开放的巨系统，金融稳定的机制是极其复杂的，具有连续性、时变性，金融不稳定对宏观经济运行会产生负面影响，金融体系的任一部门的不稳定冲击都有可能引发金融系统性风险。在金融系统运行的过程中，金融交易活动每时每刻都在进行，每一笔金融交易都有可能引发微观金融风险。某一随机因素出现产生的金融冲击，都有可能被进一步放大从而导致金融不稳定情况，产生蝴蝶效应，触发金融危机。

金融系统的复杂性，使得系统内经常处于非平衡的波动状态，金融系统内部的微小扰动很可能在非线性机制的传导下引发巨大的金融系统性风险。2007 年美国次贷危机引发的全球金融危机、2010 年棘手的欧盟主权债务危机以及 20 世纪一系列重大金融风险事件的发生，均突出体现了局部金融风险在高度关联依赖的全球金融系统中的迅速蔓延传导，蝴蝶效应十分显著。一国金融市场的突发性事件往往会对其他国家乃至全球经济造成极大扰动，一系列重大金融风险传染事件和金融危机都提示我们研究金融系统的复杂性与风险传染机制的重要性。

在 2007 年美国次贷危机引发的金融危机中，一些重要的大型银行机构与其他金融机构的关联性导致某个金融机构的危机演变成整个金融系统乃至全球市场的危机。这场金融危机形象地展示了一种典型的金融系统性风险和风险传染的级联效应。

在这种背景下，需要拟用系统科学的方法结合大数据分析方法和现代统计方法，探讨金融市场的各类风险与评价指标，对金融系统的各个子市场的风险传染机制进行分析，分类研究金融风险在系统中的扩散、金融机构和资产之间的风险传递作用，形成综合性的子市场的风险评判指标。

第八章

金融稳定监管机制

第一节 国际金融稳定监管机构

一、国际组织

国际货币基金组织和世界银行联合开展了"金融部门评估规划",并对一国金融稳定的状况进行判断和评估。国际货币基金组织从 2002 年起在每年春季年会和秋季年会期间分别发布上下半年的《全球金融稳定报告》。

国际清算银行于 1999 年发起成立了"金融稳定论坛"。2008 年 11 月 15 日,在全球爆发金融危机的局面下,国际社会意识到加强金融监管的重要性。为了保障全球金融体系的稳定,20 国集团(G20)峰会与会者一致认为,该金融稳定论坛的成员应扩大到包括新兴经济体,如中国、巴西、印度等,并决议设立一个全球性的金融监管体系。2009 年 4 月初,伦敦 G20 峰会决议设立一个全球的金融监管体系,即金融稳定委员会(FSB),又称"20 国集团金融稳定委员会",以取代金融稳定论坛。也有人称之为"全球央行"。2009 年 6 月 26 日至 27 日,金融稳定委员会成立大会在瑞士巴塞尔举行;6 月 27 日,金融稳定委员会正式开始运作。金融稳定委员会的使命是与国际货币基金组织一道协力"识别并报告宏观经济和金融风险以及应对这些风险所需的措施",其主要任务就是在主权国家之外,建立一套包括新兴国家和发展中国家、涵盖主要经济体的制度和机制,加强国际监管的协调与合作。

二、各国央行的金融稳定报告

英格兰银行自 1996 年起每半年发布《金融稳定报告（评估）》,是最早发布金融稳定报告的中央银行。瑞典银行是世界上第一家设置金融稳定部门的中央银行,于 1998 年发布《金融稳定报告》,此后每半年发布一次,分别在 6 月和 11 月。

美国财政部下属的金融稳定监督委员会自 2011 年起发布年度报告,描述重要的金融市场和监管发展,分析潜在的威胁,并提出某些建议。同时,美联储理事会自 2014 年开始,在其向国会做出的年度报告中加入了金融稳定性一章,并从 2018 年下半年开始发布《金融稳定报告》。欧洲中央银行的《金融稳定报告》从 2004 年开始发布,每半年一次。

挪威中央银行自 2000 年开始每年发布一次《金融稳定报告》。加拿大中央银行自 2002 年开始发布《金融稳定报告》。德国中央银行自 2003 年开始每年发布一次《金融稳定报告》。澳大利亚中央银行自 2004 年 3 月开始每半年发布一次《金融稳定报告》。日本中央银行自 2011 年 10 月开始每半年发布一次《金融稳定报告》。俄罗斯中央银行自 2012 年 12 月开始每季度发布一次。

中国人民银行于 2005 年推出首期《中国金融稳定报告》,此后每年年底发布。

三、欧洲金融稳定机制

2009 年年底希腊主权债务危机爆发,葡萄牙、意大利、冰岛、希腊、西班牙先后陷入债务危机,欧洲面临着战后最严重的经济困难。欧盟携手欧洲央行和国际货币基金组织在危机初期成立了欧洲金融稳定机制（European Financial Stability Mechanism,EFSM）和欧洲金融稳定基金（European Financial Stability Facility,EFSF）,对希腊、葡萄牙、西班牙实施救助,但并没有提供欧债危机的根本性解决方案。2011年3月，欧盟理事会终于通过了一揽子应对欧债危机的全面解决方案，其中包括建立永久性机构——欧洲稳定机制（European Stability Mechanism，ESM）来维护欧元区的金融稳定。ESM的建立是欧债危机的转折点，有效阻遏了危机的蔓延。

ESM的任务是向面临严重融资问题或受到严重融资问题威胁的欧元区国家提供财政援助。只有当问题被证明足以威胁到整个欧元区和ESM成员国的金融稳定时，ESM才会给予这种援助。

四、美国金融稳定监督委员会

为更有效地监测、分析和控制金融市场的系统性风险，维护金融稳定，美国于2010年7月21日通过《多德-弗兰克华尔街改革和消费者保护法》（简称《多德-弗兰克法案》），该法案多达800多页，改革措施涉及美国金融业的方方面面。《多德-弗兰克法案》授权组建金融稳定监督委员会（FSOC）。作为一个跨部门的系统性风险监测和监管协调机构，该机构直接向国会负责，以促进监管协调，强化宏观审慎监管，更加有效地识别和监测系统性金融风险，维护金融稳定并防范系统性金融危机的发生。

FSOC具有三大法定职责：一是识别影响美国金融稳定的风险，这些风险可能源于重大的财务危机或财务破产事件、大型且高度关联的银行控股公司或非银行金融公司的业务经营活动，也可能源于金融服务市场之外的其他领域。二是培育市场纪律，消除股东、债权人等利益相关者对于政府救助行为的不当期待。三是对危及美国金融体系稳定性的潜在风险进行积极应对。FSOC在组织结构上采取多层次委员会模式。

五、英国金融行为监管局

英国最早的金融监管机构是1985年由英国财政大臣尼格尔·劳森（Nigel Lawson）成立的证券投资委员会（Securities and Investments Board，SIB）。布莱尔（Anthony Blair）首相在1997年上台后便将SIB改组为英国金融服务管理局（Financial Service Authority，FSA），1998年银行监管职能由英格兰银行转向 FSA。2013 年 4 月，FSA 被英国政府废止，其职能被金融行为监管局（Financial Conduct Authority，FCA）和审慎金融监管局（Prudential Regulation Authority，PRA）两个平行的监管机构所代替。PRA 和 FCA 依法对财政部和国会负责。

PRA 是从属于英格兰银行的监管机构。FCA 是一家对监管公司收取费用而运转的独立机构，不属于英格兰银行，对英国财政部和议会负责。FCA 负责监管银行、保险以及投资业务，对英国的机构和零售外汇交易公司、流动性提供商、金融技术初创企业、机构经纪商和整个客服生态系统进行监管。

第二节　中国的金融稳定专业监管机构

一、国务院金融稳定发展委员会

为贯彻党的十九大精神，落实全国金融工作会议要求，2017 年 7 月 14 日至 15 日，在北京召开的全国金融工作会议上，中共中央、国务院宣布设立国务院金融稳定发展委员会（简称"金融委"），作为国务院统筹协调金融稳定和改革发展重大问题的议事协调机构。其主要职责包括：落实中共中央、国务院关于金融工作的决策部署；审议金融业改革发展重大规划；统筹金融改革发展与监管，协调货币政策与金融监管相关事项，统筹协调金融监管重大事项，协调金融政策与相关财政政策、产业政策等；分析研判国际国内金融形势，做好国际金融风险应对，研究系统性金融风险防范处置和维护金融稳定重大政策；指导地方金融改革发展与监管，对金融管理部门和地方政府进行业务监督和履职问责等。

2017 年 11 月，经中共中央、国务院批准，国务院金融稳定发展委员会成立，并召开了第一次全体会议，学习贯彻党的十九大精神，研究部署相关工作。设立国务院金融稳定发展委员会，是为了强化人民银行宏观审慎管理和系统性风险防范职责，强化金融监管部门监管职责，确保金融安全与稳定发展。

2018 年 7 月 2 日，新一届国务院金融稳定发展委员会成立并召开第一次会议，国务院副总理、金融委主任刘鹤主持会议，金融委副主任兼办公室主任易纲做了汇报，会议分析了当前经济金融形势和金融运行情况，审议了金融委办公室提出的打好防范化解重大风险攻坚战三年行动方案，研究了推进金融改革开放、保持货币政策稳健中性、维护金融市场流动性合理充裕、把握好监管工作节奏和力度、发挥好市场机制在资源配置中的决定性作用等重点工作。

2018 年 8 月 3 日，金融委召开第二次会议，分析了当时的经济金融形势，重点研究了进一步疏通货币政策传导机制、增强服务实体经济能力的问题。

2018 年 9 月 7 日，金融委召开第三次会议，重点研究了下一步的重点工作：把握好稳健中性的货币政策、加大政策支持和部门协调、化解各类金融风险、推进金融领域改革开放、加强产权和知识产权保护以及注重激励机制的有效性。

2019 年 7 月 19 日，金融委召开第六次会议，会议指出，金融系统要按照党中央统一部署，扎实开展"不忘初心、牢记使命"主题教育。会议强调，要继续实施好稳健货币政策，把握好处置风险的力度和节奏，深化金融供给侧结构性改革。

2019 年 8 月 31 日，金融委召开第七次会议，重点研究金融支持实体经济、深化金融体制改革、加强投资者合法权益保护等问题。

2019 年 9 月 27 日，金融委召开第八次会议，研究深化金融体制改革、增强金融服务实体经济能力等问题，重点突出了中小银行补充资本、支持民营和中小微企业的问题。

2019 年 11 月 6 日，金融委召开第九次会议，学习贯彻党的十九届四中全会精神，重点研究深化中小银行改革、防范化解金融风险等问题，强调了中小银行的公司治理、资本补充和风险防范，以及完善金融支持科技创新的政策措施。

2019 年 11 月 28 日，金融委召开第十次会议，研究防范化解重大金融风险攻坚战进展和下一步思路举措等问题，部署近期金融改革开放重点工作，重点提及了私募基金行业的规范健康发展。

2020年1月7日，金融委召开第十四次会议，重点研究缓解中小企业融资难、融资贵问题。会议由刘鹤主持，金融委各成员单位及国务院促进中小企业发展工作领导小组办公室负责同志参加会议。

2020年4月7日，金融委召开第二十五次会议，总结近期金融支持疫情防控和经济社会发展工作进展，部署下一阶段重点任务。金融委按照中共中央、国务院关于统筹推进疫情防控和经济社会发展的决策部署，把支持疫情防控作为当前最重要的工作来抓，确定"稳预期、扩总量、分类抓、重展期、创工具"的工作方针，综合运用多种政策工具保持流动性合理充裕，坚持股票市场正常开市，拓宽企业低成本融资渠道，针对受疫情影响较大的区域、行业和企业提供差异化金融服务，有效防控疫情，支持复工复产，维护经济稳定发展大局。会议强调了信贷资源支持中小微企业，补充中小银行资本，打击欺诈行为和预防境外风险向境内传递。

2020年4月15日，金融委召开第二十六次会议，会议认为，目前外部风险大于内部风险，宏观风险大于微观风险，关键在于加大逆周期调节力度，从总量和结构同时入手，在供给和需求两端发力，支持实体经济尤其是中小微企业发展。会议专题研究了加强资本市场投资者保护、打击欺诈、提高上市公司质量等问题。

2020年5月4日，金融委召开第二十八次会议，听取支持经济复苏、加快中小银行改革发展、打击资本市场造假行为等工作进展情况汇报。会议指出，要高度重视当前国际商品市场价格波动所带来的部分金融产品风险问题，增强风险意识，强化风险管控，保护投资者合法利益。

2020年7月11日，金融委召开第三十六次会议，研究全面落实对资本市场违法犯罪行为"零容忍"工作要求。会议要求，严厉查处重大违法犯罪案件，强化民事赔偿和刑事追责力度，深化退市制度改革，由中国证监会会同相关部门建立"打击资本市场违法活动协调工作小组"，加强舆论引导，全力维护资本市场健康稳定和良好生态。

2020年11月21日,金融委召开第四十三次会议,研究规范债券市场发展、维护债券市场稳定工作。会议认为,近期违约个案有所增加,是周期性、体制性、行为性因素相互叠加的结果。会议要求:一是提高政治站位,切实履行责任;二是秉持"零容忍"态度,维护市场公平和秩序;三是加强行业自律和监督,强化市场约束机制;四是加强部门协调合作,健全风险预防、发现、预警、处置机制;五是继续深化改革,要建立健全市场制度,完善市场结构,丰富产品服务。

2021年4月8日,金融委召开第五十次会议,研究加强地方金融机构微观治理和金融监管等工作。会议要求,要引导地方金融机构专注主业,立足本地。金融管理部门要加强对股东和实际控制人、风险集中度、关联交易、数据真实性等的监管。地方金融机构要完善公司治理,加强风险管理,强化审慎经营,不过度追求规模扩张和发展速度。进一步厘清政府和市场的边界,纠正不当干预行为。

2021年5月21日,金融委召开第五十一次会议,会议要求:继续实施直达实体经济的货币政策工具,大力支持普惠小微、乡村振兴、制造业、科技创新和绿色转型发展。推动中小金融机构改革化险,着力降低信用风险,强化平台企业金融活动监管,打击比特币挖矿和交易行为严厉打击证券违法行为,严惩金融违法犯罪活动。严密防范外部风险冲击。推动利率汇率市场化改革,加快资本市场改革,推动债券市场高质量发展,深化金融机构改革,继续扩大高水平金融开放。

2021年7月6日,金融委召开第五十三次会议,深入学习贯彻习近平总书记在庆祝中国共产党成立一百周年大会上的重要讲话精神,研究未来一段时期金融领域的重点问题,部署深化政策性金融机构改革工作。

二、中国人民银行金融稳定局

中国人民银行金融稳定局负责综合分析和评估系统性金融风险,提出防范和化解系统性金融风险的政策建议;评估重大金融并购活动对国家金融安全的影响并提出政策建议;承担会同有关方面研究拟订金融控股公司的监管规则和交叉性金融业务的标准、规范的工作；负责金融控股公司和交叉性金融工具的监测；承办涉及运用中央银行最终支付手段的金融企业重组方案的论证和审查工作；管理中国人民银行与金融风险处置或金融重组有关的资产；承担对因化解金融风险而使用中央银行资金机构的行为的检查监督工作，参与有关机构市场退出的清算或机构重组工作。金融稳定局下设机构有综合处、金融体制改革处、金融稳定评估处、金融部门评估规划秘书处、银行业风险监测和评估处、证券业风险监测和评估处、保险业风险监测和评估处、金融控股公司风险监测和评估处、中央银行资产处、存款保险制度处。

中国人民银行金融稳定局自 2005 年开始定期发布《中国金融稳定报告》。每年的报告都会对我国金融业所面临的国际宏观经济金融环境，以及国内经济金融的运行进行概括性的总结。

第九章
金融系统性风险相关理论

第一节 金融系统性风险的内涵

2008年金融危机后,国际组织把系统性风险定义为金融系统的整体或部分减值而产生的、可能给实体经济造成潜在负面经济后果的金融行业崩溃的风险。

2009年欧洲中央银行定义系统性风险为一种可能性:因某一个机构未能履行义务导致其他参与者的违约,从而产生流动性和信贷危机,造成更广泛的影响,最终危及金融体系的稳定。欧洲央行认为,系统性风险事件会对一些具有系统重要性的中介机构或市场(包括潜在相关的基础设施)产生不利影响。Summer (2003) 的研究表明,全世界对系统性金融风险并没有一个通用的定义。De-Bandt等(2000)认为,任何系统性金融风险的概念都应该包括银行和金融部门以及支付和结算系统中广泛传播的事件。"风险传染"是这个概念的核心,它还应包括在总体冲击之后出现的金融不稳定。Lehar (2005) 将系统性金融风险定义为某一事件的发生潜力,该事件意味着一定数量的金融机构同时破产。Adrian等(2010)认为,系统性金融风险与机构的过度扩张和对实体资产经济的信贷和资本供应的紊乱有关。Billio等(2012)

认为，系统性风险的表现与经济周期有关，因为经济通常会在经济扩张时的低波动性和经济收缩时的高波动性之间波动。Abdymomunov（2013）认为，系统性风险可以被视为由负面冲击导致的风险，严重影响整个金融系统和实体经济。这种冲击可能有不同的原因和触发因素，如宏观经济冲击、由于系统内紧密的相互联系而影响到整个系统的单个市场参与者的违约或破产所造成的冲击，或者由金融市场信息中断所造成的冲击。Patro等（2013）将系统性风险描述为整个金融体系同时面临某种压力导致的信贷和流动性危机。Zhang等（2020）认为系统性风险是金融体系和实体经济遭受大规模冲击而无法有效运行的可能性。这些冲击可能来自政治、宏观或微观经济事件。因此，系统性风险是一种受多种因素影响的动态、连续的市场风险。

由此可以看出，尽管人们对金融系统性风险的定义不尽相同，但是存在着一些共识：第一，系统性风险是整个系统功能受到影响而非单一机构、市场受到影响。第二，系统性风险会使得那些原本与风险不直接相关的部分也被卷入危机。第三，系统性风险有着传染性和放大损失的能力，个别风险若不加防范可能会升级为系统性风险，破坏金融的稳定。

第二节　金融系统性风险的成因

2008年G20峰会探究了全球金融危机的根源：一方面，由于长时间经济稳定而产生的高风险偏好导致各市场主体追求高收益，放松了风险管理；另一方面，越来越复杂的金融衍生产品使信息的不透明性不断叠加。这些原因共同作用造成了全球金融危机的爆发。

从金融系统的内部看，市场参与主体的有限理性和资产价格的正反馈机制，以及各主体间的复杂而紧密的关联导致了内在不稳定性。Minsky（1978）提出的"金融不稳定假说"、Diamond等（1983）提出的D-D模型、Kregel（1997）的"安全边界假说"以及Stiglitz等（1981）对信贷市场信息不对称的研究等，奠定了金融脆弱性理论的基础。具体而言，资产价格波动、信息不对称、金融自由化(以金融创新、利率汇率市场化、资本自由流动、金融混业经营为主要内容)都是金融脆弱性的根源。市场参与者对工具的过度创新以及金融交易中杠杆工具的过度运用,加剧了市场信息的不透明,增大了监管难度,致使风险聚集。而金融机构之间的业务及资产负债关联性,又使得风险具有强大的传染能力。Liu 等(2020)通过建立内生性的银行资产负债表连接网络并与实际网络进行比较证实了这一点。除此之外,"影子银行"也增加了风险爆发的可能性,并且助推了系统性风险的传染。另一个值得注意的方面是金融体系内部广泛存在的道德风险。Corsetti 等(1999)建立了货币危机的道德风险模型,提出金融机构由于缺乏必要的监管,特别是得到政府直接或隐性担保时的道德风险问题,将导致金融机构过度承担风险。

金融系统内部存在着一些系统重要性金融机构,它们的个体风险具有影响全局并演变为系统性金融风险的可能。金融稳定委员会将由于规模、复杂性和系统关联性等原因导致经营失败,进而会给整个金融系统乃至实体经济带来显著破坏的金融机构定义为系统重要性银行(Systemically Important Banks,SIBs)。系统重要性银行是金融体系网络内的重要节点,一旦系统重要性银行出现风险,将通过这种密切关联对相关金融机构造成风险传染,直至扩大到整个金融市场。

从外部因素看,经济周期和政策干预是系统性金融风险的两个长期主要来源。经济周期会影响企业和个人的财务状况,进而影响金融体系中的资产质量,并且金融行业在资本充足率监管、贷款损失拨备、公允价值会计原则等方面具有顺周期性,在某些时候,监管非但不能消除系统性金融危机,反而加剧了它的传播。而政府干预导致系统性金融风险的原理是,宏观经济有运行的内在规律,政府干预可以在短期内平滑经济的周期性波动,但长期看却干扰了经济的自发调节机制,反而可能积累更大的系统性风险。"泰勒规则"的创立者,美国经济学家约翰·泰勒(John Tyler)认为,2007 年次贷危机正是美国联邦政府的政策和干预行动造成和延长的。总之,金融危机往往是金融体系的内在脆弱性和外部因素相互作用、共同演化的最终结果。

第十章

系统性风险的动态演化机制

第一节　金融系统性风险的动态演进

金融系统性风险的演进是一个长时间积累的过程，往往由一个不起眼的偶然事件引发一系列连锁反应，演变成波涛汹涌的金融海啸。关于金融系统性风险的演化机制，可以将其动态分为三个阶段：第一阶段是系统内部风险的聚集；第二阶段是偶然事件发生后触发金融危机；第三阶段是危机通过整个金融网络相互传染引发系统性的金融危机。

一、风险的聚集

通常，市场环境会因为监管松弛、货币政策宽松、经济周期等因素而出现过热的情况，此时市场情绪高涨，微观经济主体风险偏好自动调高，增加投资头寸，风险敞口随之变大，由此带来杠杆率的提升。高杠杆率会加剧金融机构的脆弱性，系统性风险由此不断聚集。金融市场中会涌现出新的参与者，政府及其他投资者的债务不断攀升，资产价格膨胀，出现很多金融产品、金融机构职能的创新。由于金融体系具有顺周期特性，乐观的情绪会随着资产价格的持续高涨而不断加剧，银行也会低估风险，其资本充足率会下降，宏观政策呈现不连续性。

二、由偶然事件触发危机

在市场中泡沫聚集到一定程度的时候，一些偶然的小危机事件或逆风向的政策可能会成为金融危机的导火索，例如某家机构的现金流断裂，某项金融资产价格大跌，货币政策、财政政策或监管政策突然收紧。从这一"明斯基时刻"开始，金融体系内部积累的风险逐渐爆发出来。按照传统的观点，金融危机是由外部冲击导致的，但是在回顾每一次危机时，我们都能看到金融体系内部堆积的风险和泡沫，而某项外部冲击只是将其激发出来。

三、危机通过整个金融网络蔓延

在经历了第一次的负面外部冲击后，市场出现了单个金融机构破产的现象，或出现一些金融机构由于持有共同风险敞口而破产的现象。但这仅是危机的开始，系统性风险主要通过三个渠道扩散。一是通过资产负债表。系统性风险的冲击会先直接作用于金融机构的资产负债表，侵蚀资产和利润；随后切断其对非金融企业的资金支持，特别是高杠杆企业，此时的偿债压力和流动性压力空前增大。对非金融企业来说，其偿债压力加大，资产也在缩水，迫使其从"利润最大化"转为"负债最小化"，这时企业将现金流首先用于偿还债务，非金融企业开始不断缩表。二是通过盯市计价的交易计价规则。在系统性风险爆发时，尽管资产的市场价格已经不能反映其实际价值，但金融机构的市价由于盯市计价仍在不断下跌，只能通过抛售止损，进而陷入价格下跌的恶性循环。三是通过市场心理和信心逐渐崩溃的传导。投资者在面对资产价格大幅下跌时往往会丧失对金融市场和金融机构的信心，加剧市场上的抛售行为并加大流动性兑付压力，最终造成市场信心大面积崩溃。

在危机不断蔓延的同时，监管当局也会实施相应的化解危机的手段，例如启用事前的存款保险；中央银行发挥最后贷款人职能，对系统重要性机构进行流动性支持；实施量化宽松等超宽松货币政策。系统性风险爆发后，由于信贷紧缩和较为持续的不确定性，经济产出和投资会下降，影响整体经济的运转。

第二节　金融系统性风险传染与金融网络

在金融学研究领域，系统性风险是指整个金融系统失效从而发生系统崩溃的风险，而不是某个主体或某一组成部分的风险，这种风险通常是由系统中主体之间的相互联系而造成的（Schwarcz，2008）。随着金融工具的创新，金融衍生品和表外业务不断增加，金融机构之间的关系也愈发错综复杂。一家金融机构的倒闭可能导致整个金融体系崩溃，进而对实体经济造成严重冲击，以雷曼兄弟破产为标志的美国次贷危机正是这一过程的体现。近年来兴起的现代统计与网络分析方法为系统性风险传染问题提供了新的工具。Allen 等（2007）创建了一个重要的金融网络结构模型，其模型指出金融风险传染依赖银行间市场的金融机构的网络关联结构。Schweitzer（2009）在《科学》（*Science*）上发表论文指出由于 2008 年经济危机的新特征，迫切需要一种强调经济网络系统性复杂性的方法，用来修改和扩展经济理论中既定的范式，从而提高经济网络的可靠性，降低爆发全球经济危机的风险。

通过将金融机构视为网络的节点，将金融机构之间的资产负债关系视为网络的连边，网络分析能够直接而形象地刻画出金融机构之间的互动与关联。随后学者在构建的金融机构网络中，不仅考虑了公司资产负债表的负债方，还加入了资产方，完善了金融机构遭受冲击时的风险传染机制（Elliott et al.，2012；Acemoglu et al.，2015；Glasserman et al.，2015）。阐明实体经济和金融机构之间的关联在系统性风险的评估中尤为重要，大多数未考虑网络效应的模型可能会严重低估系统性风险。

Elliott 等（2014）研究了发生级联效应的金融网络的结构特征。Acemoglu 等（2015）研究了在给定冲击大小的情况下，最优的金融网络的结构特征。Gai 等（2011）研究了在金融网络受特殊冲击时网络结构的变化以及资产的流动性对银行系统金融风险传染的影响。李守伟等（2012）研究了银行间市场分别是随机网络、小世界网络和无标度网络时银行间金融风险传递特征和差异。Georg（2013）通过构建动态的银行网络演化模型发现随机网络中的风险传染效应比小世界网络要显著，比无标度网络更显著。Craig 等（2014）研究发现，德国的银行系统具有分层结构。对中国的银行网络的结构特征，巴曙松等（2014）分别对中国不同类别银行、不同地区银行的支付网络的拓扑结构进行了实证分析，研究发现这两个网络不仅具有小世界网络的典型特征，而且前一个网络的边权分布和后一个网络的节点度分布都服从幂律分布。

Elsinger 等（2006）通过奥地利的银行数据构建金融网络，发现银行的资产组合的相关性是系统性风险的主要来源。Krugman（1999）通过分析交叉持股和投资数据来分析 20 世纪 90 年代末的亚洲金融危机。Ahrend 等（2014）运用交叉持股和投资数据分析最近几次金融危机，发现资产组合之间的相关性是违约风险的主要驱动因素。Huang 等（2017）通过资产负债表构建了银行和资产之间的相互依赖的二分网络，研究了其中的风险传染和资产缩水所导致的金融危机，模型的模拟结果成功地预测出了 2008 年经济危机过程中被风险传染的银行的倒闭。Battiston 等（2012）和 Denbee 等（2021）提出了多种衡量金融网络中心性的方法。Bouchaud（2008）强调为了防止发生经济混乱，急需改变金融工程师过分相信未经检验的公理和错误模型的情况。Lux 等（2009）认为经济理论无法预见 2008 年的金融危机，需要考虑异质性金融主体之间的相互传染作用。

第三节　金融系统稳定性与金融系统脆弱性

系统性风险主要来自三个方面：一是宏观经济的变化对金融体系产生的负面冲击；二是金融体系自身演化和逐步累积的风险；三是外部风险溢出及内外风险共振。

IMF 将金融稳定性定义为促进和加强经济过程、管理风险和吸收冲击的能力。金融稳定性是一个范围很广的概念，涉及金融（和金融系统）的基础设施、机构和市场等不同方面。金融稳定不仅意味着金融系统充分发挥其在资源和风险分配，动员储蓄，促进财富积累、发展和增长方面的作用，还意味着整个经济体系的支付系统能够顺利运作（跨官方和私人、零售和批发以及正式和非正式支付机制）。

Nier 等（2007）构建银行间借贷网络，通过改变网络结构的参数分析其对连锁违约可能性及金融稳定性的影响。Carlos 等（2014）研究哥伦比亚主要支付和结算系统的网络结构，发现其呈现无标度结构，且这种结构有利于增强金融系统的稳定性和弹性。Acemoglu 等（2015）通过构建网络发现金融风险传染呈现出一种相变形式：只要影响金融机构的负面冲击足够小，金融网络的连接越密集，金融稳定性越高（对应于更加多元化的银行间负债模式）；然而，超过某一点，密集的连接作为冲击传播的机制，将导致更脆弱的金融体系。Helena 等（2018）计量了全球 20 种货币对美元的波动率和分位数溢出效应，运用尾部溢出估计构成一种全新的外汇市场金融稳定性指数，该指数具有易于建立、不需要日内数据以及比基于传统的波动率溢出效应的指标更能提供有关货币危机和压力的信息的优点。

Martínez-Jaramillo 等（2010）构建银行间网络，跟踪某些风险测度的演变，以评估金融系统的脆弱程度。Sheri（2012）根据 FDIC 呼叫报告对 2007 年和 2008 年第四季度的资产负债表外银行数据进行了实证性的美国信用违约互换网络重建，以研究金融网络的拓扑脆弱性及系统性风险。Stefano（2012）评估了不同网络拓扑结构的金融系统，对比不同程度的外部冲击的弹性及系统脆弱性，发现拓扑结构会影响传染的广度和传染本身的严重程度。Kartik 等（2013）构建了银行和公司组成的网络，基于此探索金融系统的脆弱性，并展示了系统性危机可能是如何发生的。Stefania 等（2016）建立了一个银行和公司间的简明多主体模型，研究了不同互联水平的个体和系统性故障之间的关系，发现在没有财务加速的情况下，连接性使系统更具弹性，脆弱性更低。

对于金融系统性风险，学术界也有很多相关的研究。Acemoglu 等（2015）利用网络结构的方法研究了金融系统性风险和稳定，认为在某些条件下使系统更具弹性的相同特征可能是另一个系统性风险和不稳定性的重要来源。IMF 的研究员 Kose 等（2009）在发表的关于金融全球化是否会促进风险传播的文章中分别用了横截面数据回归、时间序列数据回归和面板数据回归的方法对风险传播的情况进行了研究。

世界银行对系统性金融风险的冲击来源进行了研究。自 20 世纪 70 年代以来，共有 93 个国家先后爆发 117 起系统性银行危机，还有 45 个国家发生了 51 起局部性银行危机。金融冲击难以预防，而系统脆弱性可能放大冲击。美联储开发了一套监测周期性金融脆弱性的策略框架，包括追踪系统性风险的来源的预测监控程序，该程序涉及金融冲击、金融脆弱性、金融外部性以及金融系统风险的整体定价，可以将脆弱性分为四个方面：银行业、影子银行业、资产市场和非金融业。

第十一章

主要发达国家和国际机构监测金融系统性风险的启示

美国、英国、日本以及欧盟等自2008年金融危机以来，都提出了金融监管改革方案，提出要加强宏观审慎监管，恢复中央银行的监管权限，防范系统性风险，注重金融体系的安全。2017年11月，经中共中央、国务院批准，国务院金融稳定发展委员会成立，旨在强化人民银行的宏观审慎管理和系统性风险防范职责，强化金融监管部门的监管职责，确保金融安全与稳定发展。防范化解系统性风险并非易事，准确地度量和监测风险只是科学防范系统性风险的前提，只有对系统性风险做到实时监测和有效预警，早识别、早预警、早处置，才能守住不发生系统性风险的底线，因此，建立金融风险监测和预警平台对维护金融系统的安全稳定具有极其重要的现实意义。

第一节 金融系统性风险监测趋势

目前，国际上对于系统性风险监管大致从两个维度出发：一是需要关注跨行业的风险；二是需要关注跨时期的风险，即在宏观审慎监管框架下进行设想。跨行业的风险监管需要关注在不同金融机构之间相互联系且具有共同风险敞口的情况下的风险分布，在布局范围更广的监管网络下需要对具有系统重要性的机构加大监管力度。而跨时期的风险监管需要关注系统性风险在时间维度上的演进。由于微观审慎对金融机构的顺周期性无能为力，因此宏观审慎监管框架就需要担负起对顺周期性的有效预警和监控。

美联储于 2018 年 11 月 28 日首次发布半年度《金融稳定报告》，该报告旨在对美国金融系统的脆弱性给出评估结果，以便在经济扩张的进程中揭示潜在的风险来源，为美国政府在金融风险监测和金融稳定调控方面给出一定的指导，同时在宏观层面为金融市场的参与者提供对整个市场的分析并给出建议。该报告认为监测金融稳定要聚焦两个问题：一个是对系统的冲击；另外一个是系统本身的脆弱性。对金融系统的冲击具有突发性、不可预测性，但系统本身的脆弱性是可以持续监测并调控的，而报告中对金融系统脆弱性的分析就是以系统性的思维将金融系统视为一个整体，从资产价格、举债杠杆和挤兑风险几个方面通过对相应指标列表、绘图，比较年度数据变化，共同监测金融系统性风险。美国财政部下属的金融稳定监督委员会用等风险权重的方法配权编制了金融压力指数，来度量系统性风险，此外通过呈现包括宏观经济、市场风险、信用、杠杆率和流动性等各方面的风险状况，绘制出热力图来监测金融市场的脆弱性。早在 2008 年，时任美联储主席伯南克就曾经在讲话中表示，面对金融危机，监管机构要以全系统的视野进行监管，他说："监管机构面临的一个关键要素就是其应有的视野。"欧洲中央银行和英国中央银行也在《金融稳定报告》中用系统性思维的方式对金融风险进行监控。欧洲中央银行在报告中主要通过列表、绘图、比较年度数据的方法描绘了风险溢价的无序增加、债务的可持续性、银行中介能力的阻碍，以及投资基金部门的流动性紧缩四种风险。英国中央银行发布的《金融稳定报告》中也提到了金融系统的压力测试，该压力测试通过使用场景分析的方法对未来宏观数据比率进行预测，来反映其金融系统的脆弱性情况。各国家或地区的系统性风险监督机构情况，如表 11-1 所示。

表 11-1 各国家或地区系统性风险监管机构汇总

国家（地区）	机构	职能
—	国际货币基金组织	评估全球金融体系面临的关键风险，强调降低系统性风险的政策

(续表)

国家（地区）	机构		职能
美国	财政部	金融研究办公室（Office of Financial Research, OFR）	对美国金融体系风险进行衡量和分析，将分析结果向金融稳定监督委员会报告
		金融稳定监督委员会	财政部下属机构，向金融研究办公室提供指导，并要求其提供数据和分析以识别风险
	美联储		监测和评估金融稳定，以支持美联储的监管行为
英国	英格兰银行	金融政策委员会	监控英国金融系统稳定性，识别和评估系统性风险；向英格兰银行、财政部、英国金融行为监管局等监管机构提出建议，制作《金融稳定报告》
	金融政策委员会	审慎金融监管局	负责对存款机构、保险公司和系统重要性投资公司等进行审慎监管
	议会	金融行为监管局	对超过56 000家公司进行行为管理，并负责对英国审慎金融监管局监管范围外的18 000家金融机构进行审慎监管
欧洲	欧洲中央银行	欧洲系统性风险委员会（European Systemic Risk Board, ESRB）	负责欧盟金融体系的审慎监管和系统性风险的预防和缓解

第二节 主要发达国家和地区的系统性风险监管机构

一、国际货币基金组织

国际货币基金组织通过《全球金融稳定报告》（The Global Financial Stability Report, GFSR）评估全球金融体系面临的主要风险。报告通过强调可能减轻系统性风险的政策在预防危机方面发挥的作用，帮助实现全球金融稳定和国际货币基金组织成员方的持续经济增长。

GFSR 将金融风险分为四类，包括宏观经济风险、新兴市场风险、信贷风险、市场和流动性风险；将金融状况分为两类，包括货币和财政状况、风险偏好状况；每类变量下面有多个细分指标。

二、美国财政部金融研究办公室

1. 金融系统脆弱性监测平台

美国财政部金融研究办公室的金融系统脆弱性监测平台（Financial System Vulnerabilities Monitor，FSVM）是美国对其金融稳定状况进行监测的起点。该监测平台旨在对美国金融系统的潜在脆弱性提供预警信号（脆弱性是指未来可能破坏金融系统的潜在薄弱环节）。

FSVM 将美国金融体系中 58 个潜在脆弱性指标构建成热力图，指标分为六大类：宏观经济风险（Macroeconomic Risk）、市场风险（Market Risk）、信贷风险（Credit Risk）、偿付/杠杆风险（Solvency/Leverage Risk）、流动性风险（Liquidity Risk）以及传染性风险（Contagion Risk）。每个大类指标下面细分为多个二级和三级指标。这六大风险中的任一环节出现问题都可能对金融稳定性产生冲击。FSVM 的主要作用是对这六大风险进行监测，从而对美国的金融稳定性进行评估。

2. 金融压力指数

美国财政部金融研究办公室编制的金融压力指数（Financial Stress Index，FSI）是全球金融市场压力的每日市场快照。FSI 由 33 个金融市场变量构成，包括收益率差价、估值和利率等。变量所测度的市场分为三个区域：美国、其他发达经济体和新兴市场。

FSI 包括五类指标：信贷（Credit）、股票估值（Equity Valuation）、融资（Funding）、安全资产（Safe Assets）和波动性（Volatility）。当压力水平高于平均值时，FSI 为正；当压力水平低于平均值时，FSI 为负。"信贷"指标度量信贷利差，表示不同征信等级公司的借贷成本差异。在压力时期，当违约风险增加或信贷市场运作中断时，信贷利差可能会扩大。利差扩大可能表明投资者更不愿意持有债务，从而增加了借款人的融资成本。"股票估值"指标度量多个股票市场的估值水平，反映投资者信心和风险偏好。在压力时期，如果投资者不再愿意持有风险资产，股票价值可能会下跌。"融资"指标度量金融机构融资的容易程度。在压力时期，如果参与者发现交易对手的信用风险或流动性风险变大，融资市场可能会被冻结。"安全资产"指标度量有贮藏价值或预期稳定现金流的资产。在压力时期，安全资产的估值更高可能表明投资者正从持有风险资产或非流动性资产转向持有安全资产。"波动性"指标度量股票、信贷、货币和商品市场的波动率和隐含波动率。在压力时期，资产价值或投资者行为的不确定性增加可能导致更高的波动性。

三、欧洲等其他国家和组织的监管机构

除了国际货币基金组织和美国财政部金融研究办公室，欧洲系统性风险委员会、英格兰银行、挪威银行、新西兰储备银行等也有监测国家金融稳定状况的系统，并为相关部门提供政策建议。

本节提到的各国中央银行和国际组织金融稳定监测系统的总体概况如表 11-2 所示。

表 11-2　各国中央银行和国际组织金融稳定监测系统情况

机构	目的	变量	指标
国际货币基金组织	监控和评估全球金融稳定风险	金融风险分为四类，包括宏观经济风险、新兴市场风险、信贷风险、市场和流动性风险；金融状况分为两类，包括货币和财政状况、风险偏好状况	包括 33 个指标，反映经济体收支状况、市场信息和调查信息
美国财政部金融研究办公室	分析对金融稳定的威胁	宏观经济风险、市场风险、信贷风险、偿付/杠杆风险、流动性风险、传染性风险	每个大类风险变量下面包括多个二级和三级指标

（续表）

机构	目的	变量	指标
欧洲系统性风险委员会	监控金融系统的脆弱性	关联性风险、宏观风险、信贷风险、融资和流动性风险、市场风险、盈利和偿付风险	包括41个细分指标
英格兰银行	为各部门资本要求和逆周期资本缓释提供政策建议	银行资产负债表、非银行资产负债表、市场状况	部门资本要求包括22个指标；逆周期资本缓释包括25个指标
挪威银行	向财政部提供关于逆周期资本缓释的政策建议	非金融部门收支失衡、房地产价格和金融机构融资	4个指标：信贷/GDP、房价/收入、商业房地产价格、银行批发融资比率
新西兰储备银行	提供关于核心资本比率、逆周期资本缓释、部门资本要求和贷款价值比限制的政策建议	风险累积程度、压力值和银行系统吸收风险的能力	34个细分指标

第十二章

系统性风险监测指标体系

本章借鉴前述国际组织和各国监管机构的方法和使用指标，综合汇总、选取、设计并分类形成了适合中国国情的系统性风险监测指标体系（见表12-1）。

表 12-1 中国风险监测指标汇总

分类	内容
宏观风险	
通货膨胀	通货膨胀率
	年通货膨胀率的波动率
	消费者通货膨胀预期
财政政策	财政赤字（结余）/GDP
	财政赤字/GDP
	政府债券利息/收入
	政府负债/GDP
失业率	失业率
国际金融	经常账户/GDP
	外汇储备
	政府跨境债务/GDP
	用波罗的海干散货指数（BDI）测算国际贸易量的增速
市场风险	
风险偏好	中债-新综合指数
	对基金经理的风险偏好的问卷调查的3个月移动平均
	投资者信心指数
	新兴市场股票和债券基金的净流入额的13周移动平均

(续表)

分类	内容
波动率	iVIX 指数
	外汇波动率
	A50 波动率
债券市场	2 年期国债利率
	企业债指数
	公司债利率
	同久期的公司债和国债的利差
	公司债的风险溢价/预期损失
	机构贷款利率和 3 个月期 SHIBOR 的差价
风险溢价	商业地产融资成本与 10 年期国债的利差
	10 年期国债期限溢价
	公司债指数
	30 年房贷抵押债券和 10 年期国债的利差
	购买商业地产的贷款利率和 10 年期高收益债券的利差
估值（价格）	住房价格/租金
	住房价格指数/收入指数
	现有住房的名义价格
	住房租售价格比
	重点地区房屋的租售价格比
	1 年之后的收入预期/价格和 10 年期高收益债券的价差
	证券市场的市盈率水平
	股票指数
	商业地产价格指数
	购买商业地产的贷款利率
	购买商业地产的贷款利率和 10 年期高收益债券的利差
	银行中商业地产标准的比重
	10 年期中国国债和美国国债利率的差额
信用风险	
银行贷款政策	银行对非金融企业的贷款政策变化
	银行对家庭部门的贷款政策变化
负债结构	高收益债券中，发行公司的评级低于 CCC 的数量
	大型金融机构的杠杆贷款的分布
贷款保险	商业债券的净发行量
违约率	杠杆借款的违约率
	投资级债券的违约率
	逾期还款比率

（续表）

分类	内容
居民部门	居民部门收入债务比
	居民部门负债/GDP 增长
	居民债务清偿率
	抵押债务/收入
	抵押债务/GDP 增长
	抵押贷款清偿率
非金融企业部门	非金融企业部门负债/GDP
	非金融企业部门负债/GDP 增长
	非金融企业部门资产负债比
	非金融企业部门收入负债比
	非金融企业部门收入/付息
偿债风险	
银行	核心资本充足率中位数
	核心资本充足率总数
	银行稳定指数
	银行盈利能力指标，包括：净资产收益率、资产收益率、毛利率、净利息收入占总运营收入比例、总的风险暴露资产
保险公司	保险公司资产抵押比率
	保险公司盈利能力
	发生的损失与续保费的比值
	养老保险与非养老保险的保费
	保险损失率
流动性和融资风险	
融资	家庭部门从银行贷款的花费
	非金融企业从银行贷款的花费
	3 个月期国债和 3 个月期 SHIBOR 的利差
	商业票据和 3 个月期国债的利差
	银行的流动资产
	银行的短期大规模融资
	投资和金融机构的流动资产/GDP
	本国货币基金
	债券基金
	社保基金的资产
	银行间利率
	中央银行对银行的融资

(续表)

分类	内容
流动性	交易商在国债市场上的持有量
	政府机构在债券市场上的持有量
	国债换手率
	股票换手率
	商业银行存贷比中位数（各个商业银行存贷比的中位数）
	商业银行总存贷比
	持有银行的公司的总融资额中位数
	持有银行的公司的总融资额总值
	持有银行的公司的净融资额中位数
	持有银行的公司的净融资额总值
	贷款存款比值
	保险机构的负债久期和资产久期
	保险机构的流动性比率
杠杆风险	
银行	银行杠杆中位数
	银行杠杆总值
	实体银行的权益资产比重
	银行核心资产比重
	商业和投资贷款的杠杆率
非银行机构	保险公司的杠杆水平
	人寿保险杠杆中位数
	非人寿保险杠杆中位数
	对冲基金的杠杆水平
	做市商的杠杆水平
居民部门	家庭贷款水平
	负资产公司的按揭水平
系统性风险	
金融系统	金融市场有效性
	金融压力指数
	金融市场强度
	金融市场可控性
其他风险	
	衍生品风险
	数字货币风险
	对手方风险
	集中度风险
	监管风险

第一节 宏观风险

一、通货膨胀

通货膨胀风险是宏观经济风险的主要体现方式之一。通货膨胀风险的主要度量指标如下：

（1）通货膨胀率

通货膨胀率＝（现期物价水平－基期物价水平）/基期物价水平

在实际中，一般通过价格指数的增长率来间接表示通货膨胀率。由于消费者价格是反映商品经过流通各环节形成的最终价格，它最全面地反映了商品流通对货币的需要量。因此，消费者价格指数是最能充分、全面反映通货膨胀率的价格指数。世界各国基本上均用消费者价格指数（Consumer Price Index，CPI，我国称居民消费价格指数）来反映通货膨胀的程度。通货膨胀率根据计算周期不同，可以分为年度、季度、月度数据。

（2）年通货膨胀率的波动率

波动率衡量了一个国家物价水平变化的稳定性，一般用标准差来衡量历年通货膨胀率的变化，通常使用月度数据。

（3）消费者通货膨胀预期

通货膨胀预期是衡量下一年消费品和劳动力价格变化百分比的指标（消费者预期的未来通货膨胀），通常使用月度数据。

二、财政政策

财政政策方面的指标用来衡量政府部门对金融系统性风险的影响，包括收支和融资成本方面的数据。

（1）财政赤字（结余）/GDP

财政平衡指一国的财政支出与财政支出相等或大体相等，一般用财政赤字（结余）/GDP 来衡量财政政策的优劣。财政赤字（结余）＝经常收入－经常支出－投资支出。通常使用月度数据。

（2）财政赤字/GDP

将财政赤字数额与 GDP 进行对比，以此来反映财政收支入不敷出的程度和财政稳固状态的区间，一般在 3%—5%。通常使用月度数据。

（3）政府债券利息/收入

用政府当年利息所得除以收入，反映政府收入结构与负债情况。通常使用月度数据。

（4）政府负债/GDP

一国政府年末债务余额与当年 GDP 的比值，是衡量经济总规模对政府债务的承载能力或经济增长对政府举债依赖程度的指标。国际上通常以《马斯特里赫特条约》规定的负债率 60% 作为政府债务风险控制标准参考值。通常使用月度数据。

三、失业率

我国失业率一般指城镇登记失业率，即城镇登记失业人员与城镇单位就业人员（扣除使用的农村劳动力、聘用的离退休人员、港澳台及外方人员）、城镇单位中的不在岗职工、城镇私营业主、个体户主、城镇私营企业和个体就业人员、城镇登记失业人员之和的比值。通常使用月度数据。

四、国际金融

一国的系统性风险需要放到国际视野中进行研究，因此涉及国际收支和国际借贷的数据也需要被考虑进来。

（1）经常账户/GDP

经常账户或称"现金账户"，是一国国际收支的主要组成部分，主要包括商品贸易收支，即有形货物的进出口，及服务贸易收支，诸如旅游、银行及保险等各种服务的往来。通常使用月度数据。

经常账户占 GDP 的比例表示一国经济中外贸的贡献比重有多大。比该例越高，贡献的比重越大，外贸对一国的经济就越重要。

（2）外汇储备

外汇储备是为了应付国际支付的需要，各国的中央银行及其他政府机构所集中掌握并可以随时兑换成外国货币的外汇资产。我国的外汇储备以亿美元来计，通常使用月度数据。

（3）政府跨境债务/GDP

政府跨境债务/GDP指对外金融负债与经济总规模之比，即一国的负债率，用于测度一国经济增长对外债的依赖程度或一国外债的整体风险。国际公认的标准是负债率应该控制在20%以下，即20%是所谓的"警戒线水平"。通常使用月度数据。

（4）用BDI测算国际贸易量的增速

BDI是目前世界上衡量国际海运情况的权威指数，是反映国际间贸易情况的领先指数。如果该指数出现显著的上扬，说明各国经济情况良好，国际贸易火热。通常使用年度数据。

第二节　市场风险

一、金融市场风险偏好

金融市场风险偏好可用以下指标监测：

（1）中债-新综合指数

中债-新综合指数是中央国债登记结算公司专门针对投资性需求开发的、反映中国债券市场走势的核心指数，其在样券选择上和财富指标的计算上都更具备基金跟踪的可投资性。该指数的样本范围包括除资产支持证券、美元债券、可转换债券以及部分特别国债外的所有公开发行的、在上海证券交易所、深圳证券交易所或银行间债券市场流通的债券。

中债-新综合指数可由许多指标值来进行计算，根据中央国债登记结算公司公开的编制方法，可获得按财富、全价、净价指标值计算的公式，在此列出按财富指标值进行计算的公式。

财富指标值：

$$I_T^{\mathrm{TR}} = I_{T-1}^{\mathrm{TR}} \times \sum \left(\frac{R_{i,T}^F + \mathrm{PIN}_{i,T} + \mathrm{INT}_{i,T}}{P_{i,T-1}} \times W_{i,T-1}^F \right)$$

I_T^{TR}：T 日债券指数财富指标值；

$P_{i,T-1}$：$T-1$ 日债券 i 的全价价格；

$\mathrm{PIN}_{i,T}$：T 日债券 i 在百元面值下的本金偿还额；

$\mathrm{INT}_{i,T}$：T 日债券 i 在百元面值下的利息支付额；

$W_{i,T-1}^F$：$T-1$ 日债券 i 的全价市值权重。

（2）对基金经理的风险偏好的问卷调查的 3 个月移动平均

（3）投资者信心指数

投资者信心指数是一个衡量机构投资者信心的指标。该指数利用上周三收盘时收集的数据，根据投资者在投资组合中实际承担的风险水平，报告每月倒数第二个星期二的投资者实际购买的股票和承担的风险。指数为 100 表示中性；从为 100 开始，指数的增加表示投资者增加对风险资产的配置，投资者信心增加；从 100 开始，指数的减少表示投资者对风险资产的长期配置减少，投资者信心下降。

（4）新兴市场股票和债券基金的净流入额的 13 周移动平均

二、波动率

波动率可用以下指标监测：

（1）iVIX 指数

中国波指，简称 iVIX 指数，是由上海证券交易所发布的、用于衡量上证 50ETF 未来 30 日的波动预期的指数。该指数是根据方差互换原理，结合 50ETF 期权的实际运作特点，并通过上海证券交易所交易的 50ETF 期权价格的计算编制而成。iVIX 指数通过反推当前在交易的期权价格中的隐含波动率，反映出未来 30 日标的 50ETF 价格的波动水平。

（2）外汇波动率

外汇波动率是用来描述汇价运行过程中变动的速度和幅度的指标。通过该指标，交易者可以分析外汇市场在某一特定时期的变化，因此外汇波动率指标可以说是一种市场价格分散度或变动状态的度量指标。通常使用月度数据。

外汇波动率＝（计算期汇率－基期汇率）×100%/基期汇率

外汇波动年率＝（计算期汇率－基期汇率）×100%×12/（基期汇率×计算期与基期之间的月数）

（3）A50 波动率

A50 波动率衡量 A50 指数期权的隐含波动率，也被称为"恐惧指数"，代表市场对未来 30 天的市场波动率的预期。

三、债券市场

债券市场风险可用以下指标监测：

（1）2 年期国债利率

2 年期国债由上海证券交易所发行。2 年期是国债收益率曲线中短端的关键期限点，加大 2 年期国债的发行规模和发行频率，将为收益率曲线中短端拟合提供重要的价格信息，并增加相应期限国债的市场流动性，进一步提升收益率曲线编制效率。2 年期国债利率反映了短端收益率的市场状况。

（2）企业债指数

企业债指数（简称企债指数）是上海证券交易所编制的反映中国证券市场企业债整体走势和收益状况的指数，是按照科学客观的方法，从国内交易所上市企业债中挑选满足一定条件的具有代表性的债券组成样本，按照债券发行量加权计算的指数。

企债指数选取在交易所上市交易且符合以下条件的企业债券为成分债券：一是固定利率且不附带转股、优先购买股票权利的企业债券；二是剩余期限在 1 年以上（含 1 年）的企业债券。企债指数的编制借鉴了股票指数的编制方法，采用派氏加权法编制，并采用逐日连锁计算方法进行指数计算。

（3）公司债利率

公司债利率指公司债券票面上载明的债券利息与券面金额之比。债券利率是公司衡量债券筹资成本的基本依据，也成为投资者确定是否投资的客观尺度。

债券利率决策问题综合性强，十分复杂，确定发行债券的利率的总原则是既在发行公司的承受能力之内，尽量降低利率，又能对投资者具有吸引力。

（4）同久期的公司债和国债的利差

相同久期下，公司债和国债的利差反映了公司债的风险溢价，即将国债收益率看作无风险收益率，且因为同久期，所以两者收益率相对于时间而言敏感度一致，那么两者之间的差额反映了公司债比国债需要多支付的利率，即风险溢价。

（5）公司债的风险溢价/预期损失

公司债的风险溢价即为公司债收益率与无风险收益之差；公司债的预期损失可用预期损失率模型来进行估计，包括违约概率和违约后损失率两部分。预期损失反映了公司债隐含的风险。风险溢价除以预期损失为单位风险可带来的溢价收益。

（6）机构贷款利率和 3 个月期 SHIBOR 的差价

机构贷款利率指的是机构从银行取得贷款的利率。此处计算该利率和 3 个月期 SHIBOR 之间的差额。

四、风险溢价

风险溢价可用以下指标监测：

（1）商业地产融资成本与 10 年期国债的利差

（2）10 年期国债期限溢价

根据期限结构理论（预期理论和流动性升水理论），期限长的债券的利率会高于期限短的债券的利率，这是对于债券购买者的补偿。许多文献用 20 天国债回购利率、银行间 20 天的同业拆借利率以及银行定期存款利率作为无风险资产的月度回报率，即

10 年期国债期限溢价＝10 年期国债月度即期利率－无风险资产月度回报率

（3）公司债指数

公司债券指数反映的是债券市场价格的总体走势。和股票指数一样，债

券指数是一个比值，其数值反映了当前市场的平均价格相对于基期市场平均价格的位置。

（4）30年房贷抵押债券和10年期国债的利差

（5）购买商业地产的贷款利率和10年期高收益债券的利差

五、估值

估值风险可用以下指标监测：

（1）住房价格/租金

这一指标的计算方法如下：

$$住房价格/租金 = 每平方米房价/每平方米租金$$

对于房产投资者而言，一般情况下，要满足正常投资回报要求，住房价格/租金为180—240。如果住房价格/租金超过240，那么靠房租需要超过20年才能回收本金，外加房屋折旧、修缮费用，最终回收时间可能超过30年，说明该区域房产投资价值非常小，房价高估泡沫非常严重；如果该比值低于180，说明该区域投资潜力较大。

对于住户而言，这一指标是判断租房还是买房的依据。

（2）住房价格指数/收入指数

这一指标的计算方法如下

$$住房价格指数/收入指数 = 每户住房总价/每户家庭年收入$$

其中，每户住房总价和每户家庭年总收入的计算方法如下：

$$每户住房总价 = 人均住房面积 \times 每户家庭平均人口数 \times 单位面积住宅平均销售价$$

$$每户家庭年收入 = 每户家庭平均人口数 \times 家庭人均全部年收入$$

一般认为，合理的住房价格指数/收入指数的取值范围为4—6。若计算出的住房价格指数/收入指数高于这一范围，则认为其房价偏高，房地产可能存在泡沫，高出越多，则存在泡沫的可能性越大。

（3）现有住房的名义价格

（4）住房租售价格比

（5）重点地区房屋的租售价格比

（6）1年之后的收入预期/价格和10年期高收益债券的价差

（7）证券市场的市盈率水平

市盈率又称股份收益比率或本益比，是股票市价与其每股收益的比值，计算公式如下：

$$市盈率 = 当前每股市场价格/每股税后利润$$

为了反映不同市场或者不同行业股票的价格水平，也可以计算每个市场的整体市盈率或者不同行业上市公司的平均市盈率。用全部上市公司的市价总值除以全部上市公司的税后利润总额，即可得出这些上市公司的平均市盈率。

（8）股票指数

股市指数是由证券交易所或金融服务机构编制的表明股票行市变动的一种供参考的指示数字。投资者据此就可以检验自己投资的效果，并用以预测股票市场的动向。计算公式如下：

$$股票指数 = 报告期股票市价总值/基期股票市价总值 \times 100$$

（9）商业地产价格指数

在我国，可以用房地产价格指数来对商业地产价格进行追踪，实际的房地产价格需要扣除价格因素后得出，即房地产价格/通货膨胀率。

（10）购买商业地产的贷款利率

中国的购房贷款利率是由中国人民银行统一规定的，各个商业银行在执行的时候可以在一定的区间内浮动。

（11）购买商业地产的贷款利率和10年期高收益债券的利差

（12）银行中商业地产标准的比重

（13）10年期中国国债和美国国债利率的差额

第三节 信用风险

一、银行贷款政策

银行贷款政策的变化主要体现在以下两方面：

(1) 银行对非金融企业的贷款政策变化

改革开放以来，我国以小型微型企业为代表的民营经济迅速发展，已经成为社会主义市场经济的重要组成部分。国家目前鼓励和引导金融机构，尤其是商业银行加大对小型微型企业的信贷支持，改善小型微型企业融资环境。国有大型商业银行应当设立普惠金融机构，为小型微型企业提供金融服务。国家也在不断推动其他银行业金融机构设立小型微型企业金融服务专营机构。地区性中小银行应当积极为其所在地的小型微型企业提供金融服务，促进实体经济发展。

(2) 银行对家庭部门的贷款政策变化

目前我国家庭部门债务水平持续攀升，同时伴随对未来房价持续升值的非理性繁荣预期，金融机构可能间接或直接受到影响。

二、负债结构

负债结构的监测指标如下：

(1) 高收益债券中，发行公司的评级低于 CCC 的数量

对于我国企业信用评估的信用等级采用国际通行的"四等十级制"，具体等级分为 AAA、AA、A、BBB、BB、B、CCC、CC、C、D。CCC 级企业的信用很差，几乎没有偿债能力。

(2) 大型金融机构的杠杆贷款的分布

杠杆贷款是指一些私募公司通过向银行、基金等金融机构贷款，以大额举债的方式去收购一些成熟行业中具有稳定资金流的公司。

三、贷款保险

商业债券的净发行量。商业债券指基于商业信用向其他企业发行的商业票据等。商业票据的期限一般在 1 年以下，由信用较高的企业或金融机构开出，可背书转让、承兑、贴现。商业票据是无担保的，因而信用风险较大，利率高于同期限存款利率。

四、违约率

违约率的监测指标如下：

（1）杠杆借款的违约率

杠杆借款的违约率＝本期内杠杆借款违约金额/本期期初杠杆借款总金额×100%。也可使用违约企业户数法或者违约贷款笔数法。

（2）投资级债券的违约率

投资级债券是指达到某一特定债券评级水平的公司债或市政债券，该类债券一般被认为信用级别较高，存在很小的违约风险。被穆迪评级为 Baa 及 Baa 以上或被标准普尔评级为 BBB 及 BBB 以上的债券一般被认为是投资级债券。违约率可用某一时期违约的债券数量除以该时期的总债券发行数量得到。

（3）逾期还款比率

逾期还款比率又称逾期贷款率，指本期贷款余额中逾期贷款余额所占比重。它是反映银行所发放贷款没有按期收回程度的指标。

五、居民部门

居民部门数据反映了居民部门的资产负债情况，是居民部门杠杆率宏观信用风险的重要影响因素。

（1）居民部门收入债务比

计算债务收入比的计算公式为：

债务收入比＝（年度或月度需偿还的债务/同期收入）×100%

（2）居民部门负债/GDP 增长

（3）居民债务清偿率

债务指债权人向债务人提供资金，以获得利息及债务人承诺在未来某一约定日期偿还这些资金的行为。而个人债务利息则是指债权人向债务人提供资金、债务人承诺在未来某一约定日期偿还这些资金及其约定利息的法律行为。

（4）抵押债务/收入

（5）抵押债务/GDP 增长

(6) 抵押贷款清偿率

六、非金融企业部门

非金融企业部门只有年度数据。非金融企业部门信用风险的监测指标如下：

(1) 非金融企业部门负债/GDP

非金融企业部门负债/GDP即通常所说的非金融企业杠杆率，是宏观层面上的概念。目前有两个机构公布的这一指标相对权威：一个是国际清算银行，时间序列从2006年1季度到2018年3季度；另一个是社科院国家资产负债表研究中心，数据最早可以追溯到1995年，但2007年之前只有年度数据，2007年开始公布季度数据。

(2) 非金融企业部门负债/GDP增长

(3) 非金融企业部门资产负债比

非金融企业部门资产负债比＝非金融企业资产总和/非金融企业负债总和

(4) 非金融企业部门收入负债比

非金融企业部门收入负债比＝非金融企业收入总和/非金融企业负债总和

(5) 非金融企业部门收入/付息

第四节　偿债风险

一、银行

银行偿债风险的监测指标如下：

(1) 核心资本充足率中位数

《巴塞尔协议》将银行资本分为两大类：一是核心资本，又称一级资本、产权资本；二是附属资本，又称二级资本。核心资本充足率是指核心资本与加权风险资产总额的比率。根据《巴塞尔协议Ⅲ》，银行核心资本不得低于风险资产总额的6%，其中，核心资本＝实收资本＋资本公积＋盈余公积＋未分配利润＋储务账户＋公开储备，核心资本充足率＝核心资本/风险加权资产。

核心资本充足率中位数是指给定报告期内我国所有银行公布的核心资本充足率数据的中位数。核心资本充足率中位数反映当前大多数银行的核心资本充足率状态，避免了少数银行的极端值造成的统计影响。

（2）核心资本充足率加权平均值

按照银行资产规模对报告期内所有银行的核心资本充足率进行加权，便可得到核心资本充足率加权平均值。核心资本充足率加权平均值指标反映银行系统在报告期核心资本充足率的整体状态。

（3）银行稳定指数

一般而言，银行体系稳定是指在维护良好的金融秩序和银行机构保持稳健经营的同时，银行体系的发展能够适应经济发展对金融资源配置的需求。通常用 BSSI（Banking Sector Stability Index）来测度中国银行体系的稳定性，它用来显示在某一特定时间内一国银行体系的稳定状况。

（4）银行盈利能力指标

①净资产收益率，是净利润与平均股东权益的百分比，是公司税后利润除以净资产得到的百分比率。该指标反映股东权益的收益水平，用以衡量公司运用自有资本的效率。指标值越高，说明投资带来的收益越高。该指标体现了自有资本获得净收益的能力。

$$净资产收益率＝净利润/净资产$$

②资产收益率，又称资产回报率，是用来衡量每单位资产创造多少净利润的指标，衡量的是每一美元资产所带来的利润。

$$资产收益率＝（利润总额＋利息支出）/平均总资产总额$$

③毛利率，是毛利与销售收入（或营业收入）的百分比，其中毛利是收入和与收入相对应的营业成本之间的差额。

$$毛利率＝毛利/营业收入\times100\%$$
$$＝（主营业务收入－主营业务成本）/主营业务收入\times100\%$$

④净利息收入占总运营收入比例，即企业利息收入占运营收入的比例。

$$净利息收入占总运营收入比＝净利息收入/运营收入$$

⑤总的风险暴露资产，指银行在各种、业务活动中容易受到风险因素影响的资产的价值，或者说暴露在风险中的头寸状况。

二、保险公司

保险公司偿债风险的监测指标如下：

(1) 保险公司资产抵押比率

资产抵押是指债务人或者第三人以不转移对法定财产的占有将该财产作为债权的担保。债务人不履行债务时债权人有权依法以该财产折价或者以拍卖、变卖该财产的价款优先受偿。保险公司的资产抵押比率即保险公司的抵押资产占总资产的比率。

(2) 保险公司盈利能力

保险公司盈利能力是指保险公司获取利润的能力，也称为其资金或资本增值的能力，通常表现为一定时期内保险公司收益数额的多少及其水平的高低。

(3) 发生的损失与续保费的比值

即赔偿损失与客户续保费的比值，体现保险公司的偿债风险。

(4) 养老保险与非养老保险的保费

是指属于养老保险的保险费以及不属于养老保险的保险费。

(5) 保险损失率

保险损失率亦称"损失率"或"保险额损失率"，是指保险人支付的赔付款总额占同期保费收入总额的百分比。它是保险人制定保险费率的一个重要依据，亦称"赔付率"，是保险人考核经营成果的一个重要指标。

第五节 流动性和融资风险

一、融资

融资风险的监测指标如下：

(1) 家庭部门从中央银行贷款的花费

(2) 非金融企业从中央银行贷款的花费（即对非金融性企业的债权）

(3) 3 个月期国债和 3 个月期 SHIBOR 的利差

(4) 商业票据和 3 个月期国债的利差

(5) 银行的流动资产

银行的流动资产包括库存现金、在中央银行的存款、在同业的存款、拆借资金、短期贷款、短期投资、1 年内到期的投资以及其他流动资产。

(6) 银行的短期大规模融资

(7) 投资和金融机构的流动资产/GDP

这里选取 M2/GDP 作为指标，通常认为，这一指标比例反映了一个经济的金融深度。但 M2/GDP 的大小、趋势则受到多种不同因素的影响。M2/GDP 实际衡量的是在全部经济交易中，以货币为媒介进行的交易所占的比重。总体上看，它是衡量一国经济金融化的初级指标。通常来说，该比值越大，说明经济货币化的程度越高。

(8) 本国货币基金

货币基金是聚集社会闲散资金，由基金管理人运作，基金托管人保管资金的一种开放式基金，专门投向风险小的货币市场工具，区别于其他类型的开放式基金，具有高安全性、高流动性、收益稳定性，具有"准储蓄"的特征。

(9) 债券基金

债券基金，又称债券型基金，是指专门投资于债券的基金。它通过集中众多投资者的资金，对债券进行组合投资，寻求较为稳定的收益。

(10) 社保基金的资产

全国社会保障基金（以下简称"社保基金"）是指全国社会保障基金理事会（以下简称"理事会"）负责管理的由国有股转持划入资金及股权资产、中央财政拨入资金、经国务院批准以其他方式筹集的资金及其投资收益形成的由中央政府集中的社会保障基金。社保基金是不向个人投资者开放的。社保基金的实际运行中，国家把企事业职工交的养老保险费中的一部分资金交给专业的机构管理，实现保值增值。

(11) 银行间利率

可选取 SHIBOR 作为银行间利率指标。

(12) 中央银行对银行的融资利率

可选取再贴现利率作为中央银行对银行的融资利率指标。

二、流动性

金融机构间的流动性风险的监测指标如下：

(1) 交易商在国债市场上的持有量

(2) 政府机构在债券市场上的持有量

(3) 国债换手率

(4) 股票换手率

二级市场的流动性风险的监测指标如下：

(1) 商业银行存贷比中位数

(2) 商业银行总存贷比

(3) 持有银行的公司的总融资额中位数

(4) 持有银行的公司的总融资额总值

(5) 持有银行的公司的净融资额中位数

(6) 持有银行的公司的净融资额总值

(7) 贷款存款比值

(8) 保险机构的负债久期和资产久期

负债久期是负债的价格对于利率变动的敏感程度；资产久期是资产的价格对于利率变动的敏感程度，根据企业公布数据获取。

(9) 保险机构的流动性比率

流动性比率是最常用的财务指标，用于测量企业偿还短期债务的能力。其计算公式为：

$$流动性比率 = 流动资产 / 流动负债$$

第六节　杠杆风险

杠杆泛指机构的权益资本与资产负债表中总资产的比率。杠杆率是一个衡量公司负债风险的指标，可以从侧面反映出公司的还款能力。

一、银行杠杆

杠杆率是一个衡量公司负债风险的指标，可以从侧面反映出公司的还款能力。银行杠杆风险的监测指标如下：

（1）银行杠杆中位数

银行杠杆中位数指银行权益资本与资产负债表中总资产的比率的中位数。

（2）银行杠杆总值

银行杠杆总值指银行权益资本与资产负债表中总资产的比率。

（3）实体银行的权益资产比重

（4）银行核心资产比重

（5）商业和投资贷款的杠杆率

二、非银行机构杠杆

非银行机构杠杆风险的监测指标如下：

（1）保险公司的杠杆水平

（2）人寿保险杠杆中位数

（3）非人寿保险杠杆中位数

（4）对冲基金的杠杆水平

（5）做市商的杠杆水平

三、居民部门杠杆

居民部门杠杆风险的监测指标如下：

（1）家庭贷款水平

家庭贷款水平指家庭部门从存款货币体系获得的贷款水平。

（2）负资产公司的按揭水平

处于负资产状态的公司以房地产等实物资产或有价证券、契约等为抵押，获得银行贷款并依合同分期付清本息，贷款还清后银行归还抵押物。如果借款人无法还清购买物业所用的款项，贷款人即使把物业没收或者转卖，也不能填补差价，则借款人最终失去物业且依然负债。

第七节　系统性风险

一、金融市场有效性

可用股票超额收益序列进行自相关性分析来检验市场是否弱式有效；可通过检验和公司基本面有关的事件发生时，股价变化有无快速反应来检验市场是否半强式有效；可通过检验基金或有可能获得内幕消息人士的投资绩效评价是否超过市场来检验市场是否强式有效。

二、金融压力指数

金融压力指数是由一系列反映金融体系各个子系统压力状况的指标合成的综合性指数，可以通过因子分析法、信用权重法等方法构建。

三、金融市场强度

衡量金融市场功能强弱的主要方法是测量价格形成机制是否顺利、合理。金融体系通过提供价格信号实现对社会的信息供给功能，帮助协调不同经济部门的非集中化决策。一个良好的金融系统应当具备顺畅、灵敏、准确的价格形成能力。通过对资产的合理定价，金融系统对每个市场参与者的决策形成指导，从而优化资源的配置。衡量价格形成能力的指标应当是能够反映不同商品间比价的合理性、价格的波动程度等的动态指标。

四、金融市场可控性

金融市场可控性是指中央银行对货币政策中介目标的可控性。我国的货币政策工具包括常规性工具如存贷款基准利率、公开市场操作、再贷款、再贴现、法定存款准备金等，也包括创新型工具如常备借贷便利、中期借贷便利、抵押补充贷款等。这些货币政策工具的最终目的在于调控宏观经济增长、维持物价稳定使得国内充分就业、国际收支平衡。为实现最终的目标，中央银行需要通过一定的中介目标来实现。这些中介目标包括：调控货币供应量、信贷规模、社会融资规模、市场利率等。金融市场可控性反映了中央银行货币政策工具对中介目标的影响力（如图12-1所示）。

图 12-1　金融市场可控性：货币政策工具对中介目标的影响力

第八节　其他风险

一、衍生品风险

衍生品风险可以细分为市场风险、信用风险、流动性风险、营运风险和法律风险等。度量衍生品风险有很多种方法，其中主要的方法有灵敏度分析法和VaR方法。

1. 灵敏度分析法

灵敏度分析法测量衍生品或其组合价值对其市场因子的敏感程度。该方法因直观和容易操作而被广泛应用。设衍生品价值 f 是 s、σ 和 t 的函数，Δf 的泰勒展开如下：

$$\Delta f = \frac{\partial f}{\partial s}\Delta s + \frac{\partial f}{\partial \sigma}\Delta \sigma + \frac{\partial f}{\partial t}\Delta t + \frac{1}{2}\frac{\partial^2 f}{\partial s^2}\Delta s^2 + \frac{1}{2}\frac{\partial^2 f}{\partial s^2}\Delta \sigma^2 + \cdots$$

其中 f 代表衍生品价值，s 代表标的资产价格，σ 代表资产价格的波动率，t 代表时间，Δf、Δs 和 $\Delta \sigma$ 分别代表在时间间隔 Δt 内 f、s 和 σ 的变化量。

Delta 等于 0 说明在短时间内衍生工具价格免受标的资产价格的微小变动的影响；Gamma 接近于 0 可使衍生工具组合价值对标的资产价格的较大变动不敏感。它们分别代表衍生工具价值对标的资产价格变化的线性和非线性风险度量——敏感性。

2. VaR 方法

VaR 亦称在险价值，常用于金融机构的风险管理，于 1993 年被提出。用公式表示如下：

$$P(\Delta P \times \Delta t \leqslant \text{VaR}) = a$$

其中，P 为资产价值损失小于可能损失上限的概率；ΔP 表示某一金融资产在一定持有期 Δt 内的价值损失额；VaR 表示给定置信水平 a 下的在险价值，即可能的损失上限；a 表示给定的置信水平。

VaR 从统计的意义上讲，本身是个数字，是指面临"正常"的市场波动时"处于风险状态的价值"，即在给定的置信水平和一定的持有期限内，预期的最大损失量（可以是绝对值，也可以是相对值）。例如，某一投资公司持有的证券组合在未来 24 小时内，置信度为 95%，在证券市场正常波动的情况下，VaR 值为 520 万元，其含义是指，该公司的证券组合在一天（24 小时）内，由于市场价格变化而带来的最大损失超过 520 万元的概率为 5%，平均 20 个交易日才可能出现一次这种情况；或者说有 95% 的把握判断该投资公司在下一个交易日内的损失在 520 万元以内。5% 的概率反映了金融资产管理者的风险厌恶程度，可根据不同的投资者对风险的偏好程度和承受能力来确定。

二、数字货币风险

中央银行发行法定数字货币现阶段仍然面临一些风险和挑战。尤其在技术、法律和金融制度层面，目前还没有完善的配套。

数字货币的风险主要有三方面。一是数字货币发行和交易中的安全性问题。数字货币发行、流通和结算均是通过计算机网络来完成的，从产生到交易都依靠现代科技力量，非常依赖于网络安全、计算机技术。现有的数字货币尽管采用严密的密码学体系，但遭受攻击威胁的可能性依然存在，数字货币交易平台遭受黑客攻击以及用户账号被盗等事件时有发生。

二是监管缺失的风险。当前适用于电子货币的监管制度也可用于规范数字货币，但现行电子货币相关法律、法规不够完善，监管效力较为有限，数字货币的监管缺失可能引发风险事件，其主要表现如下：一是数字货币具有较高的被用于洗钱或者被恐怖分子用于集资的风险。数字货币交易参与各方的权利和义务尚未有专门监管的法律制度来明确，参与者权益难以得到充分保障。二是数字货币具有价格剧烈波动的风险。过往充当价格尺度和交易媒介的稀有金属、铸造货币、纸币等都已被广泛认可，其主权担保等特征保证了其价值尺度的稳定性。但数字货币在这方面具有先天的不足，因此存在价格剧烈波动的风险。

三是法律上的风险。从法律方面来看，现阶段我国暂未制定与央行发行数字货币相关的法律政策，现行的规定都是以传统实物货币为参照物的。但由于数字货币自身带有明显的虚拟性特征，而且对网络具有很强的依赖性，与实物货币的发行、流通等存在本质性差异，现行法律条例的很多规定并不适用，因此，不能继续采用之前的法律政策对数字货币进行管理。

三、对手方信用风险

对手方信用风险是指交易对手在一笔交易的现金流最后结算之前违约的风险。与违约交易对手的交易或组合具有正的经济价值时，经济损失将会发生。对手方信用风险是双向的，而且交易的市场价值会随时变化。对手方信用风险主要涉及的业务类型包括场外衍生产品交易、回购业务以及与中央交易对手的交易等。

对手方信用风险计量的最特别之处就在于违约风险敞口的计量，也就是风险敞口的大小。巴塞尔委员会在 2014 年 3 月出台了《测算交易对手风险敞口的标准法》，详细规定了交易对手风险敞口的计量方法。计算交易对手风险敞口需考虑当前估值引发的当前风险敞口，即重置成本，还需考虑未来估值变化所引发的潜在风险敞口。交易对手风险敞口（EAD）计算公式如下：

$$EAD = 1.4 \times (RC + PFE)$$

其中，RC 为重置成本，代表当前风险敞口；PFE 为潜在风险敞口。

潜在风险敞口的计算公式如下：

$$PFE = Multiplier \times AddOn^{aggregate}$$

其中，Multiplier 为认可超值抵押或负盯市价值的乘数因子；$AddOn^{aggregate}$ 为全部衍生品交易的总附加敞口。

乘数因子计算公式为：

$$Multiplier = \min\left\{1, Floor + (1-Floor) \times \exp\left(\frac{v-c}{2 \times (1-Floor) \times AddOn^{aggregate}}\right)\right\}$$

其中，floor 为 5%；v 为净额结算组合衍生品的盯市价值；c 为银行持有的抵质押品净额（收到的抵质押品扣除提交的抵质押品）经折扣调整后的价值。

四、集中度风险

行业集中度是决定市场结构最基本、最重要的因素，集中体现了市场的竞争和垄断程度。经常使用的集中度计量指标有：行业集中率、赫芬达尔-赫希曼指数（Herfindahl-Hirschman Index，HHI，以下简称赫希曼指数）、洛仑兹曲线、基尼系数、逆指数和熵指数等，其中行业集中率与赫希曼指数两个指标经常被运用在反垄断经济分析之中。

五、监管风险

金融监管风险是由于主客观原因使金融监管人员判断失误，做出的监管评价与结论偏离实际，低估了危机发生的可能性，导致领导层决策偏差或被监管单位受到不应有的经济或行政处罚，危及宏观决策和中央银行权威性的可能性。基于此，更需要有一个全面综合的金融系统风险监测与预警平台，辅助宏观监管决策。

第九节　金融系统性风险监测与预警

一、金融系统性风险监测与预警的理论依据与测度

2007 年次贷危机引发的国际金融危机、2010 年的欧盟主权债务危机以及 20 世纪一系列重大金融风险事件的频繁发生，均突出体现了局部金融风险在高度关联的全球金融系统中的蔓延传导，蝴蝶效应十分显著。一国金融市场的突发性事件往往会对其他国家乃至全球经济造成极大扰动，一系列重大金融风险传染事件和金融危机形象地展示了金融系统性风险形成和风险传染的级联效应。各国中央银行都以全面的视野、系统性的视角对金融系统进行监测。这是由于现实的金融市场不是简单、线性、有序的，而是开放、复杂、混乱的；金融系统的复杂性比我们想象的更高，金融风险的形成和传染比我们想象的更复杂。中美贸易摩擦带来国际国内金融体系的不稳定，由此而引发人民币汇率危机、国际金融市场信贷危机、"股债双杀"等一系列乱象，因此我们需要全面监测相关的经济金融数据、指标和现象，对整个金融系统进行监控。

除传统的构建指数、压力测试等检测系统性风险的方法外，近来兴起的现代统计与网络分析方法为分析系统性风险传染机制提供了新的工具。金融网络建模可以模拟冲击对实体部门的影响，模拟金融风险通过金融网络的传染过程和系统性风险的形成机制。网络结构在风险的传染过程中发挥了主要作用，可以减弱或者放大来自实际部门的冲击。通过监测网络结构的变化可以有效地分析与评估金融系统的稳定性与风险水平。交叉持股、投资数据、资产组合之间的相关性等作为金融网络的特征变量，可以用于有效分析 20 世

纪90年代以来的几次金融危机。

如前文所述，金融系统性风险主要来自三个方面：一是宏观经济的变化对金融体系产生的负面冲击；二是金融体系自身演化和逐步累积的风险；三是外部风险溢出及内外风险共振。三个方面的风险可以分别通过金融系统传染网络模型和金融系统压力测试，用金融稳定性、金融系统脆弱性、金融系统有效性指标来评估与预警。

二、金融系统性风险监测与预警平台的功能实现

1. 金融系统性风险监测对象

我国应借鉴美联储、国际货币基金组织、欧洲中央银行等对金融系统性风险的研究成果，从多个维度全面监测金融风险指标，如宏观经济、市场风险、信用风险、杠杆率、流动性、挤兑风险、风险溢价、债务的可持续性、银行中介能力等金融风险因子，建立适合中国国情的度量金融系统性风险的金融稳定综合指标和相关预警指标，对整个金融体系的各项指标进行监测并提前预警，守住中国金融系统不发生系统性风险的底线。

2. 构建中国金融系统性风险指数

金融系统性风险从不是一两个单独的指标能够简单描述的，单一指标对于经济金融形势的描述是僵硬且无力的。需将系统性风险的形成和传导机制与我国金融体系的现状相结合，建立多维度的综合指数。建议从四个维度，即金融系统有效性、金融系统脆弱性、金融系统稳定性、金融压力指数分别描述金融系统的不同方面，并进一步基于主成分分析筛选、尾部溢出估计、相关性赋权，构建中国金融系统性风险指数（China Financial Systematic Risk Index，CFSRI）。随着金融体系的不断完善，需要对指数进行更新与修正，新的观测数据可能会被加入指数构建体系，可以借鉴股票指数的设计方案，采取"分段映射法"，以保持中国金融系统性风险指数的连续性。

3. 平台的监测与预警功能

功能一：风险度量与全面监测。风险度量即对有关的风险因子进行测度

和处理，选择市场风险、宏观风险、信用风险、流动性风险、融资风险、偿债风险和杠杆风险等构建金融风险因子指标体系。平台应全面监测和展示各类金融风险因子的数据与变化，通过对相应指标列表、绘图，比较年度数据变化，共同识别与监测金融系统内的各类风险。

功能二：风险识别。风险识别即对可能发生的风险进行量化，一方面识别每一类金融风险因子的变化数值与速度；另一方面绘制出热力图来观测金融系统有效性、金融系统脆弱性、金融系统稳定性、金融压力指数，对系统性风险进行度量。

功能三：风险预警。风险预警即基于以上指标体系和中国金融系统性风险指数建立模型，对未来的风险指数进行预测；当风险预测的结果达到某一个预警界限的时候，输出相应的预警信号，并进行对应的风险类型与状态评估、风险传导路径的识别，同时采取必要的应对措施。

未来可从不同角度对金融风险预警系统进行进一步完善，可从宏观和微观角度将金融风险预警系统分层，如分为系统性风险预警、区域性金融风险预警与单个金融机构的风险预警，并在指标的选取、预警模型的选择和预警信号的输出等方面加以区分，分别建立不同的预警系统。

第四篇

新时代国家金融安全的边界和构建

金融安全是国家安全的重要组成部分，运用习近平新时代中国特色社会主义思想和理论来研究和解决金融安全问题是我们面临的一项重大任务。其中金融安全边界的构建显得尤为重要。国家金融安全边界指一个国家所拥有的所有金融价值及其金融价值基础不被威胁和不受威胁状态的边界。国家金融安全边界有两层含义：第一层含义是国家金融安全边界的内容应包括一个国家的金融体系、体制、机制、机构等金融价值及粮食、能源、实体企业等金融价值基础；第二层含义是一个国家的金融价值及其金融价值基础要处于一种什么状态或在哪些标准范围内或阈值内才是安全的，这样的一种状态或标准或阈值就是国家金融安全的边界。按照马克思唯物主义辩证法，安全的获得应该包括防御和攻击；金融安全同样可以通过防御和攻击获得。国家金融安全边界具有相对稳定性、动态性、包容性、原则性、操作性、体系化和优先级等特征。

本篇章节安排如下：第十三章对新时代国家金融安全边界的概念、内涵、特征等进行分析界定，并阐明新时代国家金融安全边界构建的理论依据及国家金融安全边界的组成要素及其影响机理。第十四章分析总结金融强国构建国家金融安全边界的经验启示，主要从欧美成功的经验启示和日本及阿根廷失败的经验教训正反两个方面进行分析。第十五章分析我国构建金融安全边界的历史经验、现状及存在的问题。第十六章分析阐明新时代构建我国金融安全边界的几个主要的必要性。第十七章在前面四章分析的基础上，针对我国金融安全边界构建的现状、存在的问题及原因，借鉴金融强国构建国家金融安全边界的经验，提出构建我国国家金融安全边界的对策建议。

构建我国国家金融安全边界，从短期来看，要认真贯彻好新发展理念、新发展格局，坚定以渐进式方式深化改革开放；从长期来看，要在新发展理念和新发展格局的指引下，明确金融价值及金融价值基础的主要内容，厘清各类金融价值及各类金融价值基础间的边界关系，确定金融价值及金融价值基础的安全边界或标准或阈值，以及构建金融安全边界的具体举措。

构建金融安全边界，避免"修昔底德陷阱"，可从以下方面进行：一是坚持国家独立主权，以金融安全为底线，推进金融开放；二是以参与国际大循环为出发点，以开放的金融市场培育金融业核心竞争力；三是坚持金融供给侧结构性改革，从金融去杠杆、货币、汇率等方面稳定金融业，避免金融损耗。

应完善"宏观审慎＋微观监管"双位一体管理框架。要进一步完善"一委一行两会"及各派出机构、各省市金融监管机构的监管体系体制机制部门、监管政策体系及其政策本身，银行、保险、基金、证券、期货等银行及非银行金融机构，金融法律体系及法律文件本身，金融业自律性组织，金融业教育体系，粮食、石油、有色金属、黄金、稀有矿产等储备体系等。从国内与国外金融安全边界、国家金融安全边界（宏观、中观、微观）、国家金融安全的监管边界等方面厘清我国国家金融安全的各类金融价值及金融价值基础之间的关系。

国家金融安全边界由许多核心的点组成，监管体制机制、金融机构、政策法律、自律性组织、粮食等是其核心的点，应以核心点的安全构建边界的安全。银行机构是我国金融机构的关键，应从关联度、复杂性、可替代性、不良率、流动性、集中度、资本充足率、准备金等指标重点明确系统重要性银行、国有商业银行和股份制商业银行的安全边界；其他银行机构则根据各自的特征参照上述三类银行机构的安全指标构建它们的安全边界指标，其安全边界指标值可适当低于上述三类银行机构的安全边界指标值。如对于政策性银行，可以在不良率指标基础上进一步放宽要求，且进出口银行要重点关注汇率等安全指标；农村商业银行应进一步明确定位，根据最新发展形势及时修订监管办法和风险监测指标，严格限制发展业务类型，聚焦于当地"三农"服务。

对于保险机构安全边界，可从关联性、可替代性、资产变现、资本质量、公司治理、流动性、集中度、准备金、偿付能力、杠杆率等指标构建保险机构的安全边界，并可根据目前保险机构整个行业的实际情况，进行压力测试，进一步确定各指标值范围。

对于证券机构安全边界，可从规模、关联性、综合化程度、流动性覆盖率、表内外资产余额、风险资本准备金、集中度、杠杆率等指标构建保险机构的安全边界，并可根据证券机构的实际情况，进行压力测试，进一步确定各指标值范围。基金、信托等机构可参照保险和证券机构的指标。

金融市场主要考虑股票市场、债券市场和外汇市场三大市场。对于股票市场的安全边界：稳定是安全的前提，因此可以借鉴国内外成熟证券交易市场的管理经验，设置股票市场稳定与安全机制，如涨跌幅机制［非首日上市证券涨跌幅、首日上市证券涨跌幅、最大报价档位（有效申报）］，技术性停牌、临时停市、交易监控和异常交易情况报告机制，大宗交易、盘后定价交易、"冰山委托"等特殊的交易机制，熔断、"价格笼子"、交易箍等制度和机制。对于债券市场的安全边界：债券市场主要考虑国债、金融债和企业债，这三者占债券市场的份额较大，且要重点关注外资在这三者中的占比，占比过高将直接影响三者的安全，进而危害债券市场的安全边界。对于外汇市场的安全边界：外汇市场主要由外汇储备、汇率和外汇衍生品市场组成。对于外汇储备要重点关注资本项目的影响；汇率的浮动没有统一标准，可将目前3%的管制放宽至5%，即汇率波动若至5%则会影响外汇市场的安全；外汇衍生品市场可以从市场准入、集中交易、行为监管、信息披露等方面进行安全边界的构建。

对于金融法律体系的安全边界，应制定国家金融发展战略、专门的金融法、金融安全投资法、金融控股公司管理办法、金融科技监管条例等法律法规；修订《公司法》和《国有资产法》，增加对于金融企业的相关规定。

关于金融自律性组织的安全边界，应进一步扩大自律性备案管理范围，完善自律性管理机制，制定金融业自律性组织管理办法，对金融业自律性组织进行统一管理，明确管理标准，规范其运作，发挥其作用。

关于金融教育体系的安全边界，可进一步明确各机构应承担的职责（如每年针对消费者的金融教育人数、大中小学开设课程要求等）进而保障安全；金融机构内设的教育机构或部门，可定期开展相关教育培训，增加针对消费者的教育；建议增加相应监管部门的职能，依法增加市场营利性教育培训机构，并进行统一监管。

经济政策、货币政策和进出口政策是国家金融价值。一是要在投资、消费、进出口等方面保持一定的增速，确保GDP保持合理增长（如"十四五"期间保持5%—6%的增速），以吸纳新增就业人口，保持社会稳定；二是M2供给要保持与GDP的合理配速，并结合汇率变动，保持与外汇储备相比有适当的增长量；三是要保持货币供给、外汇储备、进出口三者的协调性。

对于金融价值基础的安全边界，除国家已明晰的安全边界外，应确保粮食安全可以主动作为：一是从法律法规上明确外资对国内农业的准入范围；二是培育种子、粮食生产重点企业，积极对外投资，与全球主要产量区保持良好合作；三是以大宗商品交易所建设为突破口，积极参与大宗商品价格制定，提升定价话语权，提高大豆、玉米等的储备及掌控能力；四是完善农业保险大灾风险分散机制，加快设立中国农业再保险公司，提升农业防灾和降损能力。确保石油安全可以主动作为：一是培育石油生产与供给重点企业，积极对外投资，与全球主要产区保持良好合作；二是建设国内外油气管道，增加战略储备；三是与全球核心港口保持良好合作，有机会时可收购石油运输关键节点上的港口，提高石油运输渠道掌控能力；四是参与石油、天然气等大宗商品的价格制定，提升石油、天然气等的储备及掌控能力。对于稀土和黄金，可从生产水平、供需水平和储备水平角度保障黄金和稀土的基本应用，再加上法规制度的建设，从技术和法规制度上保证黄金和稀土的安全边界。

国家金融安全边界可以通过主动防御和攻击获得。一是要以"一带一路"倡议为核心，加快推进建设人民币离岸结算体系、加快人民币国际化政策体系建设、提升人民币（特别提款权）权重，同时以人民币支付结算基础设施建设加快构建金融安全的攻防体系、完善项目可兑换机制等。二是要以渐进式市场化手段推动我国金融的开放进程，坚持金融双向对等开放，将主动权掌握在自己手中，根据经济和金融发展的实际情况设计金融开放路径和节奏。三是以渐进式市场化手段从健全货币政策体制机制、完善宏观审慎调控体系及机制、完善金融基础设施建设、健全国家金融安全审查机制、健全国家金融安全预警机制、健全国家金融安全应急处置机制、健全国家金融安全教育体系及机制七个方面构建国家金融安全防控体系。

第十三章

构建国家金融安全边界的理论基础

第一节 国家金融安全边界的内涵

一、国家金融安全的概念及特征

1. 国家金融安全的概念

国际政治关系学者阿诺德·沃尔弗斯认为:"所谓安全,从客观意义上讲,是指所拥有的价值不存在现实的威胁;从主观意义来看,指不存在价值受到攻击的恐惧感。"由此定义理解,国家安全是指一个国家所拥有的价值不受威胁及它不会因担心价值受到攻击而产生恐惧感。价值是自然与人类社会中普遍存在的数量性事物、存在或事实。金融价值是组成金融本身的数量性事物、规则和事实等,主要表现为金融机构、金融基础设施等实物及金融运行规则等。而金融价值基础则是支撑金融价值存在和运行的事物、规则和事实等,主要表现为粮食、能源等及其运行的规则和事实。

关于国家金融安全的概念目前尚未形成共识,从不同的角度理解有不同的定义。王元龙(1998)认为,国家金融安全是指在金融全球化条件下,一国在其金融发展过程中具备抵御国内外各种威胁、侵袭的能力,确保金融体系、金融主权不受侵害，使金融体系保持正常运行与发展的一种态势；梁勇（1999）则认为，国家金融安全是指一国能够抵御国内外冲击，保持金融制度和金融体系正常运行与发展，即使受到冲击也能保持本国金融及经济不受重大损害。而我们则认为，国家金融安全是指一个国家所拥有的金融价值及其金融价值基础不被威胁和不受威胁的一种状态；具体指一个国家的金融体系、体制机制、机构等金融价值及粮食、能源、实体企业等金融价值基础不被威胁和不受威胁的一种状态。

2. 国家金融安全的特征

（1）动态性

国家金融安全不是静态的，而是会根据国际、国家等情况的变化而变化的，国家金融安全的内容是动态变化的。如原来中小银行的安全不至于会影响到国家金融安全，但随着资产和负债规模、贷款余额等的不断增加，中小银行的安全会影响到国家金融安全；随着第三方支付和结算平台的发展，其在国家支付和结算系统中的重要性不断上升，对国家金融安全的重要性也随之上升。

（2）全球性

国家之间或区域之间的经贸往来在2000多年前就已开始，如始于汉朝的"丝绸之路"就是很好的证明。随着经济、贸易、金融等的全球一体化的不断推进，一个国家的金融安全逐渐成为一个全球性问题。主要经济体是全球金融系统的重要组成部分，会相互影响，互联互通已成为金融新时代的鲜明特征。1997年亚洲金融危机、2007年美国次贷危机对全球各经济体的影响就是很好的例证。按照国家金融安全的定义，要放在全球范围内看才能得到一个国家的金融是否安全的结论。

（3）政治性

可粗略地认为，一个国家主要由领土、人民（民族、居民）、文化和政府四个要素组成。从广义的角度理解，国家是指拥有共同的语言、文化、种族、血统、领土、政府或者历史的社会群体；从狭义的角度理解，国家是一定范围内的人群所形成的共同体形式。因此，政府是一个国家的要素之一，政府是政治属性的具体表征。政治属性是一个国家的典型属性，国家金融安全自然而然也具有政治属性。

（4）独立性

国家金融安全的独立性是相对于国家的独立性而言的。独立对于一个主权国家而言至关重要。一个主权完整的国家应该具有独立性，不受外部干涉。国家金融安全的前提是国家拥有独立的主权。若一个国家连基本的主权都没有，其国家金融安全也就无从谈起。我国对外开放和外交政策的基本原则就是独立自主，这也应成为我国国家金融安全的基本原则。

（5）完整性

国家金融安全的完整性可以从其政治性和独立性两个特征去理解，指一个国家的政治性和主权独立性应该是完整的。政治性或主权独立性不完整，金融安全也就无法保障。20世纪七八十年代阿根廷的金融危机、八九十年代日本的金融危机就是由国家政治性和主权的完整性无法得到保证而引发的。

（6）脆弱性

由于信息不对称的存在，国家金融安全往往具有脆弱性。需求是金融存在的唯一理由，也是金融创新的最大动力，但需求也会随时变化，它会引起金融流动性、资产价格等的变动，加上信息不对称，会进一步放大金融安全的脆弱性。此外，国家金融安全的脆弱性可结合它的全球性特征去理解。由于金融的全球性和交叉传染性，国家金融安全的脆弱性特征会更明显。

二、国家金融安全边界的概念及特征

1. 国家金融安全边界的概念

如前所述，我们认为，国家金融安全指一个国家所拥有的金融价值及其金融价值基础不被威胁和不受威胁的一种状态；具体指一个国家的金融体系、体制机制、机构等金融价值及粮食、能源、实体企业等金融价值基础不被威胁和不受威胁的一种状态。由此推断，国家金融安全边界应指一个国家所拥有的金融价值及其金融价值基础不被威胁和不受威胁状态的边界。国家金融安全边界有两层含义：第一层含义是国家金融安全边界的内容应包括一个国家的金融体系、体制机制、机构等金融价值及粮食、能源、实体企业等金融价值基础；第二层含义是一个国家的金融价值及其金融价值基础要处于一种什么状态或在哪些标准范围内或阈值内才是安全的，这样的一种状态或标准或阈值就是国家金融安全的边界。按照马克思唯物主义辩证法，安全的获得应该包括防御和攻击；金融安全同样可以通过防御和攻击获得，金融安全边界可以通过防御和攻击进行构建。

2. 国家金融安全边界的特征

（1）稳定性和动态性

稳定和动态从字面上看是一对矛盾体，但若放在国家金融安全边界的应用领域来看，它们是辩证统一的。前面提到，边界是一种状态，虽然这种状态时刻在发生变化，但它在一定的时间内却保持相对稳定，所以国家金融安全边界具有稳定性特征。国家金融安全边界比较宏观，在中短期具有较强的稳定性。国家金融安全边界的动态性是相对其稳定性而言的。安全边界由很多点组成，这些点也在时刻变化，由点的安全确保边界的安全。例如，一个国家的金融开放程度是国家金融安全边界的一个点，而这个开放程度是可以调整的，即金融市场开放到什么程度、金融机构中外资占有多大的比重等，这些是动态的、可调整的，同时，对其风险的管理也是动态的、可调整的。

（2）包容性

金融安全边界的包容性或模糊性是指边界是模糊的，或者是包容的。金融安全边界有很多维度，每个维度也有很多的点，金融安全边界应该包含这些维度和点的安全，但这些维度和点是动态的、可调整的，且维度和点在一定程度上或范围内很难说不安全，使安全边界表现出模糊性，例如，银行金融机构的安全边界中的一个指标——不良贷款率。一般认为大型商业银行的不良贷款率达到2%，它就处于不安全的边界，但并不是说不良贷款率达到2%就一定会发生危机，它只是安全边界的一个维度或点。

（3）原则性和操作性

习近平总书记在党的十九大报告中强调："健全金融监管体系，守住不发生系统性金融风险的底线。"不发生系统性金融风险是新时代国家金融安全的底线和目标，确保不发生系统性金融风险是国家金融安全的基本原则。2018年7月20日，中国人民银行发布了《关于进一步明确规范金融机构资产管理业务指导意见有关事项的通知》，对2018年4月27日发布实施的《关于规范金融机构资产管理业务的指导意见》进一步细化。这是国家防范化解金融风险的重要举措，且可以不断修订，增加可操作性，也是构建国家金融安全边界的可操作性举措。2019年7月20日，国务院金融稳定发展委员会办公室宣布了11条金融业进一步对外开放的政策措施，包括允许外资机构在华开展信用评级业务，允许境外投资者持有保险资产管理公司股份超过25%，将原定于2021年取消证券公司、基金管理公司和期货公司外资股比限制的时点提前到2020年等。这些开放措施如何循序渐进地逐步落实到位？这些措施既要有可操作性，又要在对外开放的同时确保国家金融安全。

（4）体系化和优先级

从理论上讲，边界是一条线，线是由点组成的。国家金融安全指一个国家所拥有的金融体系、体制机制、机构等金融价值及粮食、能源、实体企业等金融价值基础不被威胁和不受威胁的一种状态。这些金融体系、体制机制、机构等就是国家金融安全边界的点，这些点组成了国家金融安全边界。要确保边界对整个金融的覆盖，包括对机构、市场、科技、基础设施等的全覆盖。这些组成边界的点会有一个体系，边界呈现体系特征。此外，这些点对边界的安全影响程度不同，有些点一出问题，会对整个边界产生毁灭性冲击，如系统重要性金融机构。因此，在构建国家金融安全边界时要优先面向关键地方、薄弱环节。

三、国家金融安全与金融稳定的关系

1. 金融稳定是金融安全的应有之义

中国人民银行发布的《中国金融稳定报告（2005）》认为金融稳定是金融体系处于能够有效发挥其关键功能的状态。据此定义，金融稳定是指宏观经济、货币、财政、金融机构、金融市场、金融基础设施等在受到内外部因素冲击时能够发挥其关键功能的状态。金融不稳定往往会直接冲击金融安全，金融危机发生的前兆是金融不稳定。金融机构、金融系统等是金融市场的参与主体，它们的不稳定直接威胁到金融安全。金融安全指金融价值及其金融价值基础不被威胁和不受威胁的一种状态，具体指金融价值及粮食、能源、实体企业等金融价值基础不被威胁和不受威胁的一种状态。由此可知，金融稳定应为金融安全的应有之义。

2. 金融稳定是金融安全的前提，金融安全是金融稳定的底线

金融稳定是金融体系发挥效率的重要保障，金融稳定既可以应对内外部金融市场剧烈波动、金融体系改革压力等冲击，又可以为经济发展提供稳定的环境，奠定金融安全的基础。王洪章在《中国金融安全与风险通论》一书中把金融稳定与金融安全的关系延伸到金融风险的生成，认为金融不稳定的重要表现是金融风险的生成，进而影响到金融安全；从理论上讲，它包括金融机构内在脆弱性、信息的不对称、金融资产的价格波动，这三个方面对金融稳定会造成伤害。1997 年的亚洲金融危机中，首先受到冲击的是泰国的货币市场，进而波及中国香港地区的股票市场，进一步对其他银行、信托等金融机构形成一定冲击；2007 年美国次贷危机爆发，美国的投资银行雷曼兄弟、储蓄及贷款银行华盛顿互惠等倒闭，另有数十家小银行倒闭。亚洲金融危机和美国次贷危机的发生，究其原因是内部金融机构不稳定，无法应对外部因素的冲击，进而造成外部危机因素的进一步输入，导致金融机构安全边界的损毁。

四、国家金融安全与经济安全的关系

金融是经济的"血脉"，金融安全是国家经济安全的重要组成部分，经济安全是金融安全的基础，金融安全是经济安全的保障。全球经济一体化使金融机构之间成为一个高度互联的体系，使得风险可以通过交叉持有的金融资产进行直接或间接传递，从而加剧风险传染的速度和冲击程度，进一步危害经济安全。因此，金融安全与经济安全又是相互影响的。金融是稳定的，经济的核心部分就是稳定的。经济是金融赖以生存的土壤，经济的稳定和可持续发展也是金融安全的基础。金融稳定可以为金融安全边界的构建争取时间

和空间，进而为经济安全边界的构建提供足够的时间和空间。

金融安全边界是经济安全边界的重要部分，金融安全是经济安全的底线。从宏观上来看，金融具有为实体经济提供融资、为社会提供风险分散机制、为社会提供财富组合机制三大功能。金融为实体经济提供融资的实质是通过金融体系对实体经济所需要的资源进行优化配置，实体经济发展所需要的资金流、信息流、物流、人流等均可以通过金融体系进行配置。美国具有发达的金融体系，其金融的核心作用在哪里？就是通过美元霸权体系进行全球资源配置，甚至通过金融体系转移危机，向全球输出通货膨胀或紧缩等。如2007年美国次贷危机爆发对全球金融体系和经济体的冲击主要是通过其金融体系和美元霸权体系输出危机，其实质也是通过构建金融安全边界构建其经济安全边界，使美国经济实现"软着陆"，随后通过实施量化宽松货币政策，向全球输出通货膨胀，推动全球资源流向美国，实现经济增长。我们要充分认识到金融在全球资源配置中的战略作用，尤其是全球分散风险的战略价值。

五、构建我国金融安全边界的理论选择

习近平新时代中国特色社会主义思想以及国家安全观是构建我国金融安全边界理论的重要遵循。传统国家安全主要围绕军事安全、政治安全、领土安全等方面，而新时代国家安全除军事安全、政治安全、领土安全等外，更强调经济安全、文化安全、科技安全、信息安全、资源安全等。习近平总书记在中央国家安全委员会第一次全体会议召开时指出："必须坚持总体国家安全观，以人民安全为宗旨，以政治安全为根本，以经济安全为基础，以军事、文化、社会安全为保障，以促进国际安全为依托，走出一条中国特色国家安全道路。"2013年，习近平总书记提出了集政治、国土、军事、经济、文化、社会、科技、信息、生态、资源、核安全等于一体的国家安全体系。2019年习近平总书记在中共中央政治局第十三次集体学习会议上强调："金融活，经济活；金融稳，经济稳""经济兴，金融兴；经济强，金融强""经济是肌体，金融是血脉，两者共生共荣"。金融与经济的辩证关系，使新时代国家金融安全理论范畴更为准确和宽泛，奠定了新时代国家安全观，是指导我国金融安全边界构建的重要基础。

渐进式市场化改革是新时代构建我国金融安全边界的理论工具和实践基础。金融在市场化改革中也不断经受着金融风险的侵蚀与影响，伴随我国几十年经济周期的波动，金融安全边界不断受损。例如，金融脱实向虚、资本空转，导致非金融机构的杠杆率过高，严重影响金融安全的基础资产配置；实体经济萎缩、房地产资产泡沫化、互联网金融等无序发展，导致违约事件频发；银行金融机构、民营金融控股公司等机构负债规模急速增加，"大而不能倒""系统性金融风险"增加的危险因素，严重影响我国金融主体安全。

2015年供给侧结构性改革序幕拉开，由此，金融的供给侧结构性改革不断深入。这种改革坚持以市场化改革为目标，坚持从中国实际出发的渐进式改革取向。2019年习近平总书记在中共中央政治局举行的主题为"完善金融服务、防范金融风险"的第十三次集体学习时强调，要深化金融供给侧结构性改革，平衡好稳增长和防风险的关系。2017年中央金融工作会议强调，要扩大和推动金融对外开放，加快建立完善有利于保护金融消费者权益、有利于增强金融有序竞争、有利于防范金融风险的机制。习近平总书记在2018年博鳌论坛上宣布，中国将大幅放宽市场准入。2018年政府工作报告提出，要有序开放银行卡清算等市场，放开外资保险经纪公司经营范围限制，放宽或取消银行、证券、基金管理、期货、金融资产管理公司等外资股比限制，统一中外资银行市场准入标准。2019年7月20日，国务院金融稳定发展委员会宣布，按照"宜快不宜慢、宜早不宜迟"的原则，推出11条金融业对外开放措施，包括人身险外资股比限制从51%提高至100%的过渡期由2021年提前到2020年，将2021年取消证券公司、基金管理公司和期货公司外资股比限制的时点提前到2020年。

我国金融业对外开放的历程明显地表现出金融业渐进式的市场化改革方式。大幅度对外开放，一方面我国金融机构将进一步融入全球金融体系和市场，有机会和空间借鉴学习更多新经验、新技术，促进金融效率的提升；另一方面我国金融机构产权制度、利率和汇率制度、金融混业经营和管理制度等将面临较大冲击。因此，金融业渐进式市场化改革符合中国金融实际。

第二节　新时代我国金融安全边界的
组成要素及安全影响机理

中国金融机构体系关联度呈周期性变化，且2014年以来一直处于高位。规模较小的金融机构由于与其他金融机构存在高度关联性，可能成为引发系统性金融风险的重要诱因（李绍芳 等，2018）。

一、金融机构对国家金融安全边界的影响机理

银行业、保险业、证券业、信托业、基金业是金融体系的主要组成部分，也是经营范围最广的一个领域。随着综合性经营的发展，一个机构同时经营多项业务，在金融业被称为金融超市。基金业经过近30年的发展，已发展到较大规模。这五个行业占据我国金融业的绝大部分，对国家金融安全影响巨大。

1. 银行业金融机构对国家金融安全边界的影响机理

2020年年末，我国银行业金融机构本外币资产为319.7万亿元，总负债为260.79万亿元。其中，大型商业银行本外币资产为128.4万亿元，占比为40.2%；股份制商业银行本外币资产为57.8万亿元，占比为18.1%。本外币贷款余额为155.58万亿元，人民币贷款余额为149.92万亿元。银行业金融机构用于小微企业的贷款余额为42.7万亿元，其中单户授信总额为1 000万元及以下的普惠型小微企业贷款余额为15.3万亿元。商业银行（法人口径）不良贷款余额为2.7万亿元，商业银行不良贷款率为1.84%。商业银行正常贷款余额为144万亿元，其中正常类贷款余额为140万亿元，关注类贷款余额为3.8万亿元。

中国银保监会公布的数据及各大商业银行的年报数据显示，2020年五大国有商业银行总资产规模及总负债规模在银行业金融机构中的占比分别达到了40.2%和40.2%，股份制商业银行总资产规模及总负债规模在银行业金融

机构中的占比分别达到了 18.1% 和 18.2%；城市商业银行总资产规模及总负债规模在银行业金融机构中的占比分别达到了 12.8% 和 13.0%；农村金融机构总资产规模及总负债规模在银行业金融机构中的占比分别达到了 13.0% 和 13.1%；其他金融机构总资产规模及总负债规模在银行业金融机构中的占比分别达到了 15.9% 和 15.5%。

我国实行的是事实上的金融业混业经营和分业监管，这在提高金融体系效率的同时加剧了其关联性风险。银行部门是与保险部门联系最紧密的金融部门，且与其他所有金融机构都有联系或发生业务。有研究表明，银行同业业务会通过同业网络传递风险，杠杆率高、同业资产占比高、同业银行集中度高的银行更容易发生风险传染（廉永辉，2019）。在我国，除人民银行外，金融源头应该可以认为是银行，银行除了与金融机构发生业务联系，几乎与所有同金钱打交道的机构产生联系。基于此，银行机构对国家金融安全的影响最为重要。

2. 保险机构对国家金融安全边界的影响机理

2020 年年末，保险公司总资产为 23.3 万亿元。其中，产险公司总资产为 2.3 万亿元，人身险公司总资产为 20 万亿元，再保险公司总资产为 4 956 亿元，资产管理公司总资产为 761 亿元。保险公司原保险保费收入为 4.5 万亿元，赔款与给付支出为 1.4 万亿元，全年新增保单件数 526 亿件。2013 年 7 月，中国平安保险公司入选首批 9 家全球系统重要性保险机构（Global Systemically Important Insurers，G-SII），我国保险机构的系统重要性问题引起社会各界的高度关注。2016 年 5 月 26 日，中国人民保险集团股份有限公司、中国人寿保险（集团）公司、中国太平保险集团有限责任公司、中国再保险（集团）股份有限公司等 16 家保险机构入选国内系统重要性保险机构（Domestic Systemically Important Insurers，D-SII），《国内系统重要性保险机构监管暂行办法（征求意见稿）》印发。《国内系统重要性保险机构监管暂行办法（征求意见稿）》针对 D-SII 提出额外监管要求，重点关注可能引发系统性风险的保险机构的公司治理、外部关联性、非传统保险业务活动、可替代性等方面。

很多研究显示，金融机构是相互关联的，且它们之间的关联性使金融机构间的风险具有传染性，关联性越强、越复杂，风险的传染性越强。Billio 等（2012）认为，系统性风险是金融系统中流动性不足、偿付能力不足和损失通过业务联系快速传播导致的风险。苗文龙（2013）对比了中、美、德三国金融部门间的风险传递网络和金融各市场间的风险传染机制，发现中国某些金融市场之间的传染效应高于美国和德国，金融市场之间的传染冲击使不同金融市场的波动周期趋于同步，而这又强化了金融市场之间的风险传染。在我国，保险机构与银行、信托、担保、证券等金融机构均有业务往来。以中国平安等大型保险集团为例，其业务横跨保险、银行、证券等多个领域，故其股票持有者因其他金融机构的股价下跌或上升而抛售或购买中国平安等公司股票的概率就相对较大，因而一旦发生股票市场的"羊群效应"，违约风险会在这些机构间传染。反之，业务经营领域单一的金融机构遇上此类事件的概率相对较小，风险会较低。

3. 证券机构对国家金融安全边界的影响机理

2020 年年末，基金管理公司及其子公司、证券公司、期货公司、私募基金管理机构的资产管理业务总规模约为 58.99 万亿元（剔除了私募基金顾问管理类产品与私募资管计划的重复部分）；其中，公募基金规模为 19.89 万亿元，证券公司及其子公司私募资产管理业务规模为 8.55 万亿元（不含证券公司管理的养老金），基金管理公司及其子公司私募资产管理业务规模为 8.06 万亿元，基金公司管理的养老金规模为 3.36 万亿元（此处养老金包括基金管理公司管理的社保基金、基本养老金、企业年金和职业年金，不包括境外养老金），期货公司及其子公司私募资产管理业务规模约为 2 197 亿元，私募基金规模为 16.96 万亿元，资产支持专项计划规模为 2.11 万亿元。

有研究表明，我国证券机构的系统重要性低于银行和保险机构，证券机构的系统脆弱性则高于银行和保险机构；资产规模和杠杆率分别是机构系统重要性与脆弱性的重要影响因素，证券公司的融资融券规模对其系统脆弱性有显著的正向影响（李政 等，2019）。由上述数据可知，我国证券及基金机构的资产管理规模极大。证券机构及其这么大体量的资产管理规模对我国金融系统的脆弱性会产生重要影响。

根据 Wind 数据库，2017 年我国证券机构的平均资本杠杆率是 3.5，最高是 6.67。在 2015 年股市泡沫之前，许多证券机构的杠杆率一度超过 10，自营、"两融"和股权质押等重资本业务的资本杠杆率尤其高。2015 年股市泡沫的一个重要原因就是各证券机构及其散户把资本杠杆运用到了极致。由高杠杆率导致的风险严重冲击了我国股票市场及其他金融机构，再加上近年的股票质押风险，时至今日，股市仍处于风险的释放期。新修订的《证券公司风险控制指标管理办法》中，"资本杠杆率"作为证券公司核心风控指标，取代此前的"净资产/负债""净资本/净资产"指标，成为制约证券机构经营杠杆的首要指标。因此，证券机构通过影响金融系统的脆弱性，进而影响股票市场，影响着整个国家的金融安全。

4. 信托机构对国家金融安全边界的影响机理

2020 年年末，全国 68 家信托公司受托资产余额为 20.49 万亿元，较 2019 年年末下降 1.12 万亿元，较 2017 年年末的历史峰值下降 5.76 万亿元。这是金融强监管带来的规模下降，尤其是近年极力压降房地产信托规模的效果。资金信托规模合计为 16.31 万亿元（其中，集合资金信托规模为 10.17 万亿元；单一资金信托规模为 6.14 万亿元）。财产管理类信托规模为 4.18 万亿元；事务管理类信托规模为 9.19 万亿元；融资类信托规模为 4.86 万亿元；投资类信托规模为 6.45 万亿元。

截至 2020 年第一季度，信托行业风险项目为 1 626 个，较 2019 年年末增加 79 个；信托行业风险资产规模为 6 431.03 亿元，较 2019 年年末增加 660.56 亿元。在严监管、强监管的政策措施下，信托资产风险率持续推高，风险资产规模持续增加。从不良资产规模看，共有 11 家信托公司的不良资产规模超过了 10 亿元，另有 10 家信托公司的不良资产规模不到 1 亿元。中国人民银行发布的《中国金融稳定报告（2020）》中提到，少数信托公司已劣变为高风险机构，需要予以高度关注。2019 年 5 月份《关于开展"巩固治乱象成果 促进合规建设"工作的通知（银保监发〔2019〕23 号）》发布，7 月份直接对多家信托公司采取窗口指导，8 月份《中国银保监会信托部关于进一步做好下半年信托监管工作的通知（信托函〔2019〕64号）》发布，这些监管文件和动作直指信托机构的房地产和通道业务规范开展问题。资管新规实施以来，信托行业风险持续暴露，2019年年初至今已有中泰信托、安信信托、华宝信托等机构出现房地产业务违约。用益信托统计数据显示，2019年至少有包括华宸信托、中粮信托等在内的6家信托公司的固有资产不良率超过20%。安信信托、华宸信托、中粮信托的该项指标较高，分别达到了82.40%、39.26%和35.48%；有8家信托公司的该指标在10%至20%之间；另有29家信托公司在0至10%之间，其中有21家信托公司该项指标为0。

  信托机构是重要的金融体系之一，信托业能够横跨信贷市场、资本市场及实体经济的金融行业，具备"全能性"的天然牌照优势。这个天然的牌照优势使信托机构与信贷市场、资本市场及实体经济之间存在着庞大复杂的关联网络，信托机构可以开展同业、投贷联动、债转股、并购基金等业务。信托贷款一直是除银行外新增贷款和社会融资的主要来源，更是地方政府和房地产市场主要的融资渠道。Wind数据库显示，剔除财产类信托，截至2020年年末，投向工商企业的信托资金余额达4.96万亿元，在资金信托中占比为30.41%，投向工商企业的信托资金保持稳定。这表明信托行业在服务实体经济，尤其在纾困民营小微企业、助力节能环保和支持高技术制造业方面正在积极行动。截至2020年年末，投向金融机构的信托资金余额为1.98万亿元，同比减少20.76%，主动压降金融同业通道规模效果显著；投向基础产业的信托资金余额为2.47万亿元，投向房地产的信托资金余额为2.26万亿元，同比下降15.75%，充分表明遏制房地产信托的规模增长，防范风险过度积累效果显著。

  这些都是在去杠杆、强监管、资管新规实施产生效果的情况下的数据，在这之前的数据可能会更高。由此可以看出，信托机构与许多行业都有业务关联，尤其与许多实体企业都有业务关联。如果信托机构发生风险，那么它的风险传导路径非常多，破坏性较大，一方面会影响银行、金融租赁等国家金融价值，另一方面会影响实体经济等国家金融价值基础，进而危害国家金融安全。

5. 基金机构对国家金融安全边界的影响机理

截至 2020 年年末，基金管理公司及其子公司、证券公司、期货公司、私募基金管理机构资产管理业务总规模约为 58.99 万亿元（总规模中剔除了私募基金顾问管理类产品与私募资管计划的重复部分）；其中，公募基金规模为 19.89 万亿元，证券公司及其子公司私募资产管理业务规模为 8.55 万亿元（不含证券公司管理的养老金），基金管理公司及其子公司私募资产管理业务规模为 8.06 万亿元，基金管理公司管理的养老金规模为 3.36 万亿元（此处养老金包括基金管理公司管理的社保基金、基本养老金、企业年金和职业年金，不包括境外养老金），期货公司及其子公司私募资产管理业务规模约为 0.22 万亿元，私募基金规模为 16.96 万亿元，资产支持专项计划规模为 2.11 万亿元。

排除证券机构和期货机构，基金机构资产管理规模达 50.22 万亿元，相当于 2020 年 GDP 的 49.43%，相当于 2020 年年末国内银行业总资产的 15.71%。

中国证券投资基金业协会（简称"中基协"）的数据显示，截至 2020 年年末，在中基协存续的私募基金管理人有 24 561 家，存续的私募基金有 96 852 只，管理基金规模为 15.97 万亿元。中基协已登记私募股权、创业投资基金管理人有 14 986 家，管理私募基金达到 40 261 只，管理基金规模为 11.64 万亿元。有实际管理规模的私募证券投资基金管理人为 7 904 家，其中管理规模在 5 000 万元以下的机构数量占比为 61.1%；管理规模在百亿元以上的机构为 72 家，管理基金规模为 2.23 万亿元，占全行业管理基金规模的 51.7%。在管理基金的私募股权、创业投资基金管理人中，51.9% 的管理人管理的基金规模在 1 亿元以下；管理基金规模在 5 亿元以下的私募股权、创业投资基金管理人有 10 063 家，占比达 63.6%。

在我国申请银行、信托、证券、期货、基金等金融机构牌照具有极严格的门槛，对公司规模、业务规模、人员素质及内部控制都有明确的要求，但私募基金机构的情况则相反，近乎"零门槛"，大部分机构和具有民事行为能力的个人都可以申请开展私募基金业务。在我国信用体系不健全的情况下，少数不法私募基金管理人表面上在开展私募基金业务，实际上在从事非法集资、民间借贷、配资业务和小额理财等业务。虽然私募基金的投资者都是符合规定的合格投资者，具有一定专业分析能力与自我保护能力，且要求风险自担，但合格投资者应该承担的是市场风险，而不是道德风险和法律风险。在信息不对称的情况下，投资者被骗却无法对欺诈机构追责的事件时有发生。近几年网贷等平台的迅速发展更是放大了私募基金机构的违规、违法风险，造成大量投资者被骗，甚至造成社会危机事件。

除此之外的公募基金、证券基金等基金机构，虽然有严格的监管，但它们以标准化的产品向社会公开发售，其产品在一定意义上具备了银行理财产品的性质，不同的是产品的风险更高、收益更大。此外，随着基金业的大幅度对外开放（如基金管理公司允许外资持股比例达到51%，证券投资基金管理公司的外资持股比例不超过51%，三年后取消外资持股比例限制），基金机构的外资持股比例会越来越高，这进一步增加了基金机构与国际金融市场的关联性。虽然基金机构对外开放有助于吸收外资的先进经验，完善公司治理，提升产品创新和客户服务水平，但是外资股东"快速盈利"的要求，甚至非法监管套利行为等会进一步积聚风险。同时，对外开放所带来的竞争会冲击国内基金机构。外资机构凭借丰富的经验、稳健的经营风格、强大的资本和人才实力等，可能大量收购、控制基金机构，进一步控制基金行业；如果此时再以资产减值、机构破产清算等手段扰乱国内金融市场，将严重损害国家金融安全。

二、金融市场对国家金融安全边界的影响机理

有学者通过研究中、美、德三个国家的金融市场间的风险传染机制发现，金融部门通过同业拆借市场、证券市场、外汇市场等相互持有资产负债，建立了千丝万缕的关系网络，同时也形成了灵敏的传染路径，风险事件通过网络传染路径迅速流转，造成金融部门连锁反应和金融市场之间显著的传染冲击效应（苗文龙，2013）。简言之，金融市场的各个参与主体通过市场规则建立了复杂的关系网络，其中一个主体若发生风险则会通过复杂的网络把风险

传导至其他主体，进而导致金融市场崩溃，引发系统性风险。

1. 股票市场对国家金融安全边界的影响机理

我国股票市场从20世纪80年代末开市至今已有30余年时间，目前已形成主板、创业板、"新三板"、科创板、区域股权交易中心等多层次资本交易市场，上市的证券品种已涵盖了股票（A股、B股、H股、N股）及其存托凭证、证券投资基金（封闭式证券投资基金、上市开放式基金、交易型开放式指数基金、开放式证券投资基金）、债券（国债、公司债券、金融债券、可转换公司债券）、权证（认购权证、认沽权证）、资产支持证券（专项资产收益计划、收费资产支持受益凭证）等。

截至2020年年末，A股上市公司总计4 104家，A股总市值近80万亿元，2020年GDP总量为101.6万亿元，市值相当于GDP的78.74%。中国证券化率不断提高，随着我国资产证券化工作的持续推进，未来股市市值将会持续提高。

我国股票市场虽然经过30余年的快速发展，但尚未成熟。比较明显的一个特征是，投资者多以个人投资者为主，机构投资者较少。这样极易造成股票市场的"羊群效应"。股票市场的规律说明，机构投资者主导市场，个人投资者盲目跟进。大量研究也表明，由于信息不透明、信息不对称、个体经济理性等的存在，股票市场的个别投资机构行为或某些个人投资者群体行为发生异常，往往会造成大量的个人投资者跟随，引发股市动荡。因此，股票市场对国家金融安全的第一个传导机理是个人投资者或机构投资者的某些投资行为引起的"羊群效应"，导致股票市场的流动性危机。这可以从两个角度来理解：一是投资者加杠杆增加或减少股票投资，影响股市流动性；二是由投资而引起的其他社会生产部门、生活部门的流动性问题。所以，我国规定股市涨跌不超过10%、科创板涨跌不超过20%。

能在A股上市的企业均是优质企业，其成为GDP、工业体系、就业吸纳、税收等的顶梁柱。但股票市场是流通性最强的市场，一定额度内的股票可以自由买卖。一方面，专业的股票炒作机构和企图不良的机构投机者，会通过频繁短线操作和集散股成为大股东，以达到控制股票或企业而获利的目的，如万科股权争夺的案例。另一方面，很多上市企业为了扩张，或企业控制人为达到个人目的，往往通过股票质押、增资扩股等方式进行套现，一旦出现扩张受阻或资金链断裂，企业会面临裁员、破产清算等风险，甚至引发社会动荡。因此，股票市场对国家金融安全的第二个传导机理是上市企业的市值管理、股票管理等出现问题，导致企业发生减产、停产、裁员、破产清算等危机，影响工业体系、就业、税收等，员工较多的企业一旦倒闭，将产生大量失业人口，影响社会安定。所以，影响民生、经济安全的企业不能突然倒闭。

2. 债券市场对国家金融安全边界的影响机理

债券融资是我国企业的第三大融资渠道，2018年债券融资占当期社融存量的比重为10%。近年来，我国债券市场迅速发展，规模、交易量、流动性等方面不断提升，2018年年末我国债券余额达到86.4万亿元，接近GDP总量，位列全球第三。2018年，银行间债券市场发行债券37.8万亿元，发行国债3.5万亿元，发行地方政府债4.2万亿元，发行金融债5.3万亿元，发行政府支持机构债券2 530亿元，发行资产支持证券1.8万亿元，发行同业存单21.1万亿元，发行公司信用类债券7.3万亿元。

由上述数据可知，债券市场结构不均衡问题较为严重。一是各类债券占比不均衡，国债、地方政府债和金融债占比较高，而公司信用类债券占比相对较低；二是信用债存在信用等级分布不均衡，以国企、上市公司、城投公司等发行的高等级债券为主，与中小企业相对应的高收益债和私募债缺乏。2018年，我国评级为AA-及以下的债券发行总量为7 145亿元，占信用债发行总量的比重仅为6.6%；私募债发行总量为6 465亿元，占比仅为6%。这会直接导致风险过于集中，且债券支持民营企业、中小企业的功能没有发挥出来，从而导致企业融资难、融资贵，威胁国家金融价值基础的安全。

刘超等（2018）采用我国2007—2009年金融危机时期的相关数据对金融风险跨市场传导机制进行实证分析发现，金融危机期间我国金融市场内部各子市场间的关联程度显著加强；股票、债券、房地产和外汇市场是系统重要性市场。上述研究均表明，债券市场、股票市场、外汇市场、房地产市场具有关联性。一方面，债券市场的风险因杠杆率过高、无法到期兑付、再融资压力等，会传导至股票市场、外汇市场、房地产市场；另一方面，股票市场、外汇市场、房地产市场的风险，因市场价格波动、上市公司经营风险、政策风险、汇率冲击、房地产泡沫等，也会传导至债券市场。因此，债券市场会通过与其他金融市场的相互影响，威胁国家金融价值，进而危害国家金融安全及其边界。

3. 外汇市场对国家金融安全边界的影响机理

从广义来讲，外汇市场是指经营外币和以外币计价的票据等有价证券买卖的市场，是金融市场的主要组成部分。我国的外汇市场由两个层次构成：第一个层次是客户与外汇指定银行之间的零售市场，又称银行结售汇市场；第二个层次是银行之间买卖外汇的同业市场，又称银行间外汇市场，包括银行与银行相互之间的交易，以及外汇指定银行与中央银行之间的交易。

我国的外汇市场从监管体制上主要由中国人民银行、国家外汇管理局管理。外汇管理主要是指企业结汇和个人售汇，结汇是指企业和个人通过银行或其他交易中介卖出外汇换取本币，售汇是指企业和个人通过银行和其他交易中介用本币买入外汇。

自我国实行强制结汇后，外汇储备一直上升，最高上升到4万多亿美元。虽然我国已是世界第一大进出口贸易国，但外汇储备已远超过日常的国际收支的需要，并逐渐演变成为货币投放的主渠道。我国外汇收入以及人民币的投放，不仅取决于国家自身经济运转的货币需要，而且是进出口能力的一个反映，是参与全球贸易能力的反映。结汇产生和积累了大量外汇储备，发行了大量的基础货币。货币的发行与储备，一是经济发展的需要，二是进出口货物贸易的需要，三是抵御外部金融冲击的需要。因此，外汇市场对国家金融安全的第一个传导机理是通过影响货币供给量影响其他金融市场的流动性、金融机构的流动性，进而影响其他生产、服务部门的流动性，金融基础价值的安全状况又反过来影响国家金融安全。第二个传导机理是通过影响汇率影响进出口货物的价格、本币与外币的流动机制、外部金融价值及金融价值布局，进而影响金融价值基础及对外防御边界安全，从而影响国家金融安全。

例如，截至 2018 年年底，我国 7.3 万亿美元资产中的一半以上以美元形态存在，一旦汇率发生大的变动，将严重影响这些资产的价值。

为预防这两个传导机理的反作用，我国的外汇管理分为经常项目管理和资本项目管理，资本项目是严格管控的，即严格管控外汇占款；经常项目实行可兑换，但进行限额管理。2018 年全年中国外汇市场累计成交 29.07 万亿美元，其中，银行对客户市场成交 2.46 万亿元人民币（等值 3 577 亿美元），银行间市场成交 18.56 万亿元人民币（等值 2.7 万亿美元）。这么大额度的外汇交易是要进行严格管控的，其中一个重要方面就是要严防洗钱和资本外流，近年来集中打击洗钱犯罪就是较好的例子。

此外，为了防止汇率浮动过大影响外汇市场、进口贸易、资金流动等，我国实行以市场供求为基础、参考一篮子货币进行调节的浮动汇率制度。自 2014 年 3 月 17 日起，银行间即期外汇市场人民币兑美元交易价浮动幅度由 1% 扩大至 2%，即每日银行间即期外汇市场人民币兑美元的交易价可在中国外汇交易中心对外公布的当日人民币兑美元中间价上下 2% 的幅度内浮动。外汇指定银行为客户提供当日美元最高现汇卖出价与最低现汇买入价之差不得超过当日汇率中间价的幅度由 2% 扩大至 3%。

三、金融监管对国家金融安全边界的影响机理

1. 金融监管机构对国家金融安全边界的影响机理

从监管主体来看，2007 年美国次贷危机产生的原因是美国金融监管机构对当时金融衍生品市场的监管不足。主流观点均认为，监管缺失是导致此次危机爆发的重要原因之一，危机后的监管改革也遵循这一思路。我国的金融监管实行分业监管，其监管体制机制一直在改革以适应市场需求和监管需要，目前已形成"一委一行两会"的监管体制。"一行两会"下设各地方金融监管局，按照功能对各地金融市场进行监管。

中央银行有三大职能：一是作为唯一的货币发行机构，集中与垄断货币发行的特权；二是制定和执行货币政策，制定和实施宏观信贷指导政策，包括制定和实施人民币汇率政策、维护国际收支平衡、实施外汇管理；三是与

商业银行和其他金融机构进行存、放、汇等业务上的往来,并居于领导地位。从中央银行的三大职能我们可以看到,中央银行通过货币管控、汇率管控、金融业运行规则管控三大法宝来维护国家金融的安全与稳定。

银保监会则负责制定银行和保险机构的运行规则、监管制度、监管法规,对银行和保险机构的准入、公司治理、风险管理、内部控制、资本充足状况、偿付能力等进行管理,维护银行业和保险业的稳定。同样地,证监会则负责制定证券期货行业及其机构的运行规则、监管制度、监管法规,对企业进入资本市场融资进行准入管理,对股票市场进入进行监管等,维护资本市场的稳定与安全。

2. 金融监管政策对国家金融安全边界的影响机理

金融监管政策与金融监管法律法规有几个区别:一是金融监管政策较为宏观;二是金融监管政策自由裁量权较大;三是金融监管政策的法律效力较低;四是金融监管政策稳定性较差,即它变化较快。金融监管政策包括国家、各部门、各级政府等的行业发展规划,甚至包括各会议报告、讲话精神等。金融行业的定位、发展、与实体经济的关系、风险防范等关系国家金融价值及金融价值基础的重大问题往往会在监管政策里确定。

从广义和宏观来看,金融监管政策可包括货币政策和财政政策。货币管控是金融安全的三大法宝之一。《2019年第三季度中国货币政策执行报告》指出:围绕服务实体经济、防控金融风险、深化金融改革三项任务,继续保持稳健货币政策的定力,把握好政策力度和节奏,加强逆周期调节,加强结构调整,妥善应对经济短期下行压力,坚决不搞"大水漫灌",保持广义货币M2和社会融资规模增速与名义GDP增速相匹配;协调好本外币政策,处理好内部均衡和外部均衡之间的平衡,保持人民币汇率在合理均衡水平上的基本稳定;健全具有高度适应性、竞争力、普惠性的现代金融体系,形成供给体系、需求体系和金融体系之间的三角良性循环。基于此,金融监管政策应紧紧围绕整个金融业的金融价值及金融价值基础的稳定与安全发挥作用。

从狭义来看,金融监管政策包括中央银行、银保监会、证监会、行业协会等出台的监管政策,具体对某些金融现象、金融活动等进行监管与规范。

例如，中国银保监会《关于规范整顿"现金贷"业务的通知》《关于规范金融机构资产管理业务的指导意见》《关于进一步支持商业银行资本工具创新的意见》《关于进一步深化整治银行业市场乱象的通知》等。这些监管政策会直接对金融机构的行为产生影响，对金融市场的流动性产生影响，从而影响国家金融稳定与安全。

3. 金融法律法规对国家金融安全边界的影响机理

"无规矩不成方圆"，法律法规是社会运行的基本准则之一，也是保障社会运行的底线规则。2017年4月，习近平总书记在中央政治局第十三次集体学习会议上提出了底线思维的要求。而金融领域的底线，则可以认为是金融法律法规规定的、不能触犯的行为底线，这也是本部分指出的金融安全边界。

我国实行的是社会主义市场经济体制，金融的稳定与安全需要明晰与稳定的法律法规。一方面，金融法律法规可以给市场参与者一个预期，理论上讲，这个预期越久越好，如金融法律法规创造出一个长期稳定的金融环境，这样可促使市场参与者做更多的长期投资，有助于夯实金融价值基础。例如，对企业的股权投资，一般都是3—7年的投资周期，甚至更长，金融的长期投资能对一个国家的实体企业发展产生较大的促进作用，而实体企业的繁荣发展反过来又可以促进金融价值基础的稳固。另一方面，金融法律法规会给市场参与者一个警醒，给其市场行为画一条红线，告诉参与者哪些是可以做的、哪些是不能做的。过去发生了许多金融乱象，一个重要原因是法律法规缺失或者违法成本太低，违法犯罪分子钻法律法规的空子。法律法规缺失会造成违法行为泛滥，扰乱金融市场，严重破坏遵法守法的市场环境；违法成本低或执法不严，将会导致金融投机行为增加，助长风险蔓延。这些都会危害金融价值及金融价值基础，进而危害国家金融安全。

4. 金融业自律性组织对国家金融安全边界的影响机理

广义的金融监管还包括金融同业自律性组织的监管、社会中介组织的监管等内容。金融行业是高度自律的行业，行业自律是金融监管的重要补充。美国、加拿大、英国、日本以及欧盟等发达经济体的金融自律性组织比较多，而且承担了很多诸如现场检查、行业标准制定、市场准入资格审查等与监管有密切关系的职责。国际证券交易所联盟（International Federation of Stock Exchanges，FIBV）1992年白皮书中有一句话："自律是并且一直是对金融市场进行管理的第一步。"这是对自"梧桐树协议"（Buttonwood Agreement）以来国际金融市场自律管理300多年实践经验的总结，强调自律是金融市场基础性制度的不可或缺。

信息不对称永远存在，金融行业是属于有一定中介属性的行业，金融机构就是处在投资者和融资者之间的服务者。金融机构在一定程度上掌握了投资者、融资者、监管者等的信息，具有信息优势。金融机构与其他市场主体存在复杂的关联网络，使金融风险具有较大的负外部性，而金融风险往往由信息不对称所造成，金融行业自律性组织最大的作用是降低金融活动参与各方的信息不对称程度和它们获取信息的成本，这使融资和投资的盲目性大大降低，也使监管的针对性大大提高。此外，金融自律性组织对金融行业的监管与指导往往比较专业，反应比较及时。因此，金融自律性组织通过增加信息对称性、行业透明度、行业规范性等措施，纠正金融业发展中的违规行为和无序竞争，有利于国家金融稳定与金融安全。

从我国的实践来看，目前我国的金融业自律性组织主要包括：第一，中国证券业协会。《中华人民共和国证券法》第八条规定："在国家对证券发行、交易活动实行集中统一监督管理的前提下，依法设立证券业协会，实行自律性管理。"中国证券业协会是依据《中华人民共和国证券法》和《社会团体登记管理条例》的有关规定于1991年8月28日设立的证券业自律性组织，属于非营利性社会团体法人，接受中国证监会和民政部的业务指导和监督管理。第二，中国银行间市场交易商协会。中国银行间市场交易商协会经国务院同意、民政部批准于2007年9月3日成立，为全国性的非营利性社会团体法人，其业务主管部门为中国人民银行。第三，中国互联网金融协会。其是由中国人民银行会同银保监会、证监会等有关部门于2016年3月成立的国家级互联网金融行业自律组织。第四，中国证券投资基金业协会。其成立于2012年6月6日，是依据《中华人民共和国证券投资基金法》和《社会团体登记管理条例》，经国务院批准，在民政部登记的社会团体法人，是证券投资基金行业的自律性组织，接受中国证监会和民政部的业务指导和监督管理。第五，中国保险行业协会。其成立于2001年2月23日，是经中国原保监会审查同意并在民政部登记注册的中国保险业的全国性自律组织，是自愿结成的非营利性社会团体法人，接受业务主管单位中国银行保险监督管理委员会和社团登记管理机关民政部的业务指导和监督管理。第六，中国银行业协会。其成立于2000年，经中国人民银行批准并在民政部登记注册，是我国银行业的自律组织，由中华人民共和国境内注册的各商业银行、政策性银行自愿结成的非营利性社会团体，协会及其业务接受中国银行保险监督管理委员会的指导、监督和国家的管理。这些协会切实履行"自律、服务、传导"三大职能，在推进行业自律管理、反映行业意见建议、改善行业发展环境等方面做了很多工作，对我国金融业的稳定发展发挥了作用。

5. 金融业教育机构对国家金融安全边界的影响机理

从宏观经济层面来看，一国金融业发展的深度和广度受该国公民金融教育水平的制约，金融教育的低水平和金融知识的缺乏，将从根本上削弱一国金融体系的安全（关伟 等，2013）。《2018年金融市场运行情况》数据显示，截至2018年年末，银行间债券市场各类参与主体共计20 763家，其中，境内法人类共计2 842家，境内非法人类共计16 735家。2015年我国股市由5 000多点降到3 000多点，中国结算的数据显示，持仓的自然人多达4 930.79万户，占99.85%，而机构投资者只有7.2万户，即散户数量约为机构投资者数量的685倍。其中持有A股流通市值在1亿元以上的有4 680户，仅占万分之一；47.92%的股民所持市值为1万至10万元，占比最高；24.37%的投资者持有1万元以下；所持市值在10万至50万元之间的投资者，占21.32%。最近几年我国金融产品创新空前丰富，以P2P平台为代表的金融产品可谓飞速发展，短短几年时间成立了数千家P2P平台，其投融资规模达数万亿元。但其中许多平台发生非法集资、自筹、套利、欺诈等风险事件，投融资规模巨大，受害的消费者以数百万计，曾一度引起社会群体性集体维权事件，影响社会安定。

上述数据说明一个问题：我国金融市场参与者数量庞大，从数量上看，自然人是金融市场的主要参与者；消费者金融知识缺乏，金融欺诈防范意识非常薄弱。截至2015年，全球已有大约60个经济体正在实施金融教育的国家战略。经济合作与发展组织（Organization for Economic Cooperation and Development，OECD）是推动国民金融知识教育的先驱者。早在2002年OECD就推出了全面的金融教育项目，以提高金融消费者对金融产品的理解能力和识别金融风险的技能。国际货币基金组织（IMF）、二十国集团（G20）等全球性或地区性经济组织也是金融教育的推动者，美国、英国、日本、澳大利亚、印度等都有专门的委员会和部门去推动和实施金融教育国家战略。

2013年中国人民银行会同原银监会、证监会、原保监会研究制定了《中国金融教育国家战略》，明确了我国金融教育的治理机制、工作目标及实施措施，并发布在2013年G20轮值主席国俄罗斯和OECD联合出版的《推进金融教育国家战略》（Advancing National Strategies for Financial Education）一书中。2015年发布的《国务院办公厅关于加强金融消费者权益保护工作的指导意见》明确要求：教育部要将金融知识普及教育纳入国民教育体系，切实提高国民金融素养。但从目前进展情况看，将金融知识教育纳入国民教育体系的要求尚未落地实施。

金融机构可以组织针对金融从业者、金融市场参与者、金融市场监管者等的教育活动，如监管机构要求金融从业者具备相关的从业知识，考取相关从业资格证才能上岗从业，这就需要教育机构对金融从业者进行教育；金融监管者也同样需要相关的资质和经验才能从事监管工作；投资者是金融市场的参与主体，更需要对其进行相关金融知识的教育和普及。提高金融从业者、金融监管者、金融投资者的金融知识水平和风险意识，对国家金融稳定与安全将起着基础作用。

四、金融价值基础对国家金融安全边界的影响机理

粮食安全、能源安全与金融安全，是国家安全的重要基础。美国前国务卿基辛格（Henry Alfred Kissinger）曾说过："你控制了石油，就控制了所有的国家；控制了粮食，就控制了人类。"2013年12月习近平总书记在中央农

村会议上指出："洪范八政，食为政首……手中有粮，心中不慌"。

粮食是一个国家的根本。联合国粮食及农业组织（Food and Agriculture Organization，FAO）给出的"世界粮食安全系数"，即粮食库存结转量占下年度粮食消费量的比例，以17%—18%为安全临界点。对一个国家而言，一般认为"粮食自给率"在100%以上属于完全自给；在95%至100%之间属于基本自给；在90%至95%之间是可以接受的水平。2008年，我国国务院发布《国家粮食安全中长期规划纲要（2008—2020年）》，确认"粮食自给率"要稳定在95%以上才能确保国家粮食安全。国家统计局数据显示，2017年我国的"粮食自给率"已经降到了82.3%左右（已经低于世界安全标准的90%），谷物自给率降到了95%左右。我国海关的数据显示，2017年我国粮食累计进口1.3亿吨，而2018年我国粮食进口量共计1.15亿吨；2018年全年，我国粮食累积出口共计366万吨。尽管粮食进口量同比下降了，但相较于出口数量来说，进口数量仍然是巨大的。我国的大豆、玉米仍较大程度地依赖进口；我国人均耕地面积不足世界平均水平的40%，仅为美国的14%；我国农业劳动力人均耕地情况为6亩/人，美国则为1 120亩/人，我国约为美国的0.5%。我国粮食安全仍然处于危险边缘，粮食无法实现自给自足，会进一步威胁国家主权安全，金融主权与安全也就无从谈起。从国外进口粮食会导致以下困境：一是粮食贸易需要外汇储备，大量的外汇储备会严重影响货币供给，会进一步威胁国家经济安全。二是粮食一般属于大宗商品，大宗商品价格的变动极易造成国内物价波动，影响货币购买力，增加通货膨胀或紧缩的风险。三是粮食严重依赖进口，容易被国际游资炒作，进行价格控制（如2019年上半年国际游资炒作中国苹果期货，导致水果大幅度涨价，扰乱了市场），进而影响国内金融安全。

根据中石油研究院发布的《行业发展陈述》，2018年我国石油消费量达6.25亿吨，全年石油净进口量约4.4亿吨，对石油进口依靠度达70%，而在1999年，我国对外的石油依靠度仅为27%。根据国际能源署的标准，石油储备的安全标准是储备量要达到90天的消费量。石油安全涉及我国金融价值及金融价值基础的安全，影响到国家金融安全边界的构建。有研究表明，国际能源市场与美国、中国股市之间存在显著的传染效应。目前，美元占全球贸易结算货币量的 40% 以上，美国可以通过"石油美元"冲击他国的金融安全。一方面，美国可以通过控制石油供给去影响各国的贸易顺差、货币供给进而影响金融市场；另一方面，美国可以通过控制石油价格打击其他国家的金融价值基础。20 世纪 80 年代美国千方百计地压低国际石油价格，使苏联承受了重大的能源损失。我国是石油进口大国，经济的发展严重依赖进口石油。虽然我国拥有充足的外汇储备，能应对石油美元的冲击，但如果石油供给受到影响，将严重打击我国金融价值基础。

电子信息制造业是研制和生产电子设备及各种电子元件、器件等的工业，由通信导航设备、雷达设备、电子计算机、电子元器件和其他电子专用设备等生产行业组成，几乎涉及所有的信息通信基础设备，是工业体系的根基行业，也是军工产业的根基。因此，电子信息制造业直接关系到国家安全，关系到国家主权独立性及核心利益的维护。同时，信息通信产业是我国数字经济的主要贡献者，2018 年我国数字经济总量达到 31.3 万亿元，占 GDP 的比重达到 34.8%，对 GDP 增长的贡献率达到 67.9%，超越部分发达国家水平，数字经济成为带动我国国民经济发展的关键因素，并成为吸纳就业人口的主要力量。从电子信息制造业对 GDP、就业等的贡献可知，它直接关系到国家工业体系建设、数据经济发展、社会安定等，而工业、数字经济等都是国家金融的价值基础，影响国家金融安全。

此外，黄金、稀土等战略性矿产资源同样可以冲击一个国家的金融安全边界。黄金是一种稀缺性矿产，自古至今均是各国财富的象征及避险的储备性战略资源。虽然黄金已与美元脱钩，但黄金依然是维系人们对金融市场信心的重要手段、对抗信用货币体系风险的重要工具、国际支付的最后手段和国家储备的最后形式。财政部曾组织过相关课题研究，研究结果显示美国的货币发行量是影响黄金价格的重要因素，它与黄金价格高度正相关。黄金会通过影响货币发行量、货币价值、工业指数、外汇市场等传导对金融的影响。而稀土则是不可再生资源，是重要的战略资源，素有"工业维生素"的美称。稀土元素由于原子的结构特殊，电子能级异常丰富，具有许多优异的光、电、磁、核等特性，能与其他材料组成性能各异、品种繁多的新型材料，大幅度提高其他产品的质量和性能，是诸多高科技产品的润滑剂，在石油、化工、冶金、军工、高新材料等领域得到了广泛应用。如果稀土断供，则与其相关的产业将受到极大影响，甚至导致有些材料无法生产，从而动摇整个工业体系，动摇国家金融安全的根基。

五、金融科技对国家金融安全边界的影响机理

近年来对于金融科技的研究与应用非常多。2016年3月，金融稳定委员会在《金融科技的全景描述与分析框架报告》中对金融科技做了比较全面的界定：金融科技是指由技术创造的金融创新，它通过变革业务模式、流程、应用或产品，以创新金融机构、金融市场或金融服务的方式提供。2019年9月6日，中国人民银行正式印发《金融科技发展规划（2019—2021年）》并指出，金融科技是技术驱动的金融创新。

金融科技的快速发展和广泛应用，极大地改变了国家货币、金融市场基础设施等的运行模式和形态，使市场参与者迅速增加。一方面，提高了服务质量和效率；另一方面，使市场"碎片化"，增加了市场"噪声"，提高了监管成本，放大了风险。

1. 金融科技影响国家金融主权的安全

如前所述，货币管控是一个国家金融安全的重要内容。数字货币是近年金融科技创新出来的一个应用项目，目前全球使用范围最广的数字货币是比特币，但其匿名、去中心化、瞬时结算等特性与许多主权国家货币监管的思维与逻辑矛盾，目前并没有获得主流国家的认可。我国在2017年取缔了比特币，禁止其在我国生产与流通交易。2019年6月18日，Facebook宣布于2020年发行加密数字货币Libra，锚定一篮子主权货币，以维持币值稳定。Libra旨在建立一套简单的、无国界的货币和为数十亿人服务的金融基础设施。这对一个国家的金融安全有两大方面影响：一是对一个国家主权货币的影响；二是对一个国家货币运行、金融运行等基础设施的影响。Libra若能实施成功，一方面，它实质是"主权数字货币非核心功能的商业化"；另一方

面，Facebook 在全球范围内覆盖的用户数量约为 23 亿，其货币锚定作用非常明显。这两方面都将进一步增强其美元国际货币的地位，对全球汇率、金融市场都有较大影响，对现有的金融体系结算、清算和交换效率等更是一个大的挑战。

凭借 Facebook 强大的生态圈和庞大的用户群，Libra 会改变货币的"生态圈"，重塑美元"全球货币"信任机制和价值机制，同时对其他法币构成挑战。虽然美国国会于 2019 年 7 月 3 日叫停了 Libra 项目，但是由于 INSTEX 结算机制、"金砖支付"体系等的不断出现，美国极有可能重新批准 Libra 项目，并控制 Libra 项目，进一步强化"美元霸权"。2020 年 4 月 16 日，Libra2.0 白皮书发布，在合法合规方面做了重要更新修改，主要包括：引入单货币稳定币，并将单货币稳定币组合成一篮子稳定币；放弃向无许可系统的过渡；提高 Libra 支付系统的安全性，并在 Libra 储备的设计中加入强大的保护措施。从这几点更新修改来看，Libra 在极力争取获得监管批准，是否能在短期内获批发行，或有条件地允许交易，尚不可知，但无论怎样，若允许 Libra 在市场上公开出现，将动摇全球的主权货币机制，将造成对国家金融主权的挑战。

2. 金融科技影响国家金融基础设施的安全

巴塞尔委员会认为，在金融科技所覆盖的范围与领域方面，"存贷款与融资服务""支付与清结算服务""投资管理服务""市场基础设施服务"是其四个核心应用领域。"存贷款与融资服务"和"投资管理服务"主要是对金融业务的效率提升，而"支付与清结算服务"和"市场基础设施服务"却可以从基础上确保国家金融安全。2020 年 3 月 5 日，人民银行、财政部、银保监会等六部委联合印发的《统筹监管金融基础设施工作方案》指出，我国金融基础设施统筹监管范围包括金融资产登记托管系统、清算结算系统（包括开展集中清算业务的中央对手方）、交易设施、交易报告库、重要支付系统、基础征信系统六类设施及其运营机构。对于国家金融安全而言，其中最重要的就是支付与清结算系统。

支付与清结算是全球贸易、金融市场、资本流通等重要的基础服务之一，金融科技在其中的应用越来越多。从国际来看，目前全球支付与清结算体系由美国为首的西方发达国家主导，全球外汇结算、贸易结算等以美元为主，支付与清结算中心以欧洲为主。从国内来看，2017年中国第三方移动支付的规模已达202.93万亿元人民币，近五年平均增速高达181%。随着"一带一路"倡议的推进，中国的移动支付技术也逐渐推广至其他国家，"技术出海"越来越普遍。短短两三年，中国的移动支付技术已经惠及全球超过8.7亿人。移动支付在快速发展的同时，也越来越暴露出其固有的矛盾和问题。《中国区域金融运行报告（2017）》指出，互联网金融领域的风险点包括证照不全、违规经营、风险管控不足、市场无序竞争、信息缺乏保护等。部分互联网金融产品已具有系统重要性，需要防范顺周期波动和风险的跨市场传染，需将其纳入宏观审慎评估体系（Macro Prudential Assessment，MPA）。目前，我国已把金融科技纳入金融监管范畴。

市场基础设施服务是金融科技发挥作用的基础，也是金融市场运行的硬件基础。在市场基础设施服务方面，我国已跻身全球前列，与美国、英国、加拿大等金融发达国家处于同一行列。如华为生产的通信基础硬件设施，百度、阿里、腾讯、京东、苏宁以电商为应用场景，围绕支付、交易结算等的金融市场基础设施建设已取得部分优势。同时，它们为金融机构输出大量的技术方案，运用金融科技建设金融基础设施。但是，作为金融市场基础设施的主要部分——支付和结算系统，目前SWIFT和CHIPS仍占据全球市场基础设施服务的主要地位。

目前金融基础设施的监管办法、管理操作指引等均未出台，金融基础设施各主体缺乏参照指引，面临无规可循的尴尬境地。2020年6月，美国运通（American Express）公司获批我国银行卡清算业务许可证，我国金融基础设施已开始对外开放。如何保障在开放过程中金融基础设施的安全？在政策制度上，需要监管办法和系列监管指引的指引；在硬件和技术上，需要各参与主体的安全系统，需要构建金融基础设施各主体间的风险防火墙，尤其是构建各主体与国外金融基础设施对接的防火墙，避免受到严重攻击。此外，随着金融基础设施的发展完善，相关从业人员会增加，需要对金融基础设施的从业人员进行从业资格认证，或设置一定的资格限制，防止因相关人员操作不当而导致金融基础数据损失或设施损毁，造成严重金融风险和安全事件。

3. 金融科技影响金融市场的安全

金融科技使收集大量个人金融数据变得极为便利，容易为非法买卖、精准营销、暴力催收等提供数据支持，导致不公平竞争，扰乱金融市场秩序，危害消费者财产安全。近年来，部分金融科技机构不考虑消费者的还款能力，利用互联网金融过度借贷，造成很多贷款无法按期偿还，甚至引发暴力催收等恶性事件。此外，P2P 网络平台违规募资、放贷、挪用资金等导致的暴雷造成数百万投资者遭受投资损失，部分投资者为维权而引发市场挤兑行为，给经济发展带来不确定因素，给社会稳定带来压力。互联网金融涉及金融机构业务系统、支付结算系统、征信系统等金融基础设施。据网贷天眼研究院的不完全统计，截至 2019 年 10 月 31 日，我国 P2P 网贷平台数量累计达 6 698 家，其中问题平台有 5 795 家，在运营平台有 903 家。出现的问题主要有平台失联、平台清盘、提现困难、暂停运营等；涉及资金逾万亿元，涉及投资者数百万人。2019 年 9 月的国务院金融稳定发展委员会会议指出：地方政府要强化属地风险处置责任和维稳第一责任，有效打击各类非法金融活动，防止发生群体性事件。在中国裁判文书网通过"暴力催收"关键字查询，共检索到 1 541 篇文书，再在这 1 541 篇文书中通过"科技"关键字查询，共检索到 162 篇文书。这从另外一个角度说明互联网金融的暴力催收案件仍处于高发阶段。这些均会给国家金融安全和社会安全带来较大冲击。

4. 金融科技影响国家金融监管体制的安全

区块链作为金融科技的典型技术，得到飞速发展和应用。区块链是一种由多方共同维护，使用密码学保证传输和访问安全，能够实现数据一致存储、难以篡改、防止抵赖的记账技术，也被称为分布式账本技术。其典型应用就是数字货币。而数字货币最关键的底层技术为区块链技术，但区块链技术在金融领域的应用尚未成熟，区块链去中心化的特点与监管中心化和统一化的逻辑之间存在矛盾。截至 2019 年 8 月，由全球各国政府推动的区块链项目数量达 154 项，主要涉及金融业、政府档案、数字资产管理、投票、政府采购、土地认证/不动产登记、医疗健康等领域。我国及全球其他主要经济体的这些实践均说明区块链技术在数字货币领域得到了加速应用。

然而，目前全球各国监管部门对区块链的发展与应用持谨慎态度，多数国家重视区块链技术在实体经济中的应用，认为其发展尚未成熟，在金融领域的应用有可能会产生新的风险和放大原有的风险。少数国家对区块链及加密货币持"积极拥抱"的态度，部分国家对加密货币明确了监管政策。例如，澳大利亚、韩国、德国、荷兰、塞浦路斯、阿联酋、马耳他等国积极发展区块链产业，制定了产业总体发展战略；美国、中国、韩国、英国、澳大利亚及欧盟重视区块链技术研究与应用探索；与此同时，中国及澳大利亚、法国、瑞士、芬兰、列支敦士登等国家已经陆续制定了区块链监管方面的法规。金融科技的无国界、开放性、多元性等特征与金融风险、全球治理风险等交错、复合，使金融科技风险更具危害性、全球性。目前，欧盟就 GDPR（General Data Protection Regulation，通用数据保护案例）与日本的跨境机制进行了安排，但在金融科技风险防范上尚无任何全球性合作机制的安排，全球金融科技风险防范处于"群龙无首"的状态。金融科技的开放性、多元性等特征带来的潜在风险对全球金融系统是一个巨大挑战。

目前金融科技行业及监管标准缺失，监管数据共享难，给违法犯罪行为可乘之机。例如，违法犯罪分子利用瞬时到账、区块链等技术躲避金融监管，进行洗钱、毒品等非法交易。人工智能、区块链、云计算和大数据等金融科技的基础技术在金融体系应用的风险尚未得到充分认识和揭示，甚至关于它们的定义、内涵和特征等也尚未取得共识，更难以在短时间内制定有前瞻性的行业标准及监管标准。这导致金融科技无法得到有效监管，严重危害国家金融安全。2019 年 12 月在北京率先启动的金融科技"监管沙盒"计划，目前已有数十个项目"入盒"试验运行，其最大的目的就是确立行业及监管标准。我国实行的是金融业分业监管，监管数据的共享困难是制约监管有效性与及时性的最大困难之一。不断对金融体制机制进行改革，其目的之一就是加强统一监管，强化监管的协调性。2019 年 9 月中国人民银行印发的《金融科技发展规划（2019—2021 年）》明确提出，要突破部门障碍，打通金融业数据融合应用通道，破除不同金融业态的数据壁垒。然而，目前针对该规划的系列配套细则并未出台，没有统一和强有力的组织保障及专责部门负责推进，金融科技的有效监管步履维艰。

六、货币政策对国家金融安全边界的影响机理

中央银行普遍以维护物价稳定和金融稳定为主要目标，然而事实上，货币政策失误所导致的金融失衡是全局性和系统性的，因此货币政策不仅需要对金融稳定负责，还需要在其制定规则的过程中考虑对金融稳定的影响（周小川，2012）。货币政策通过影响银行储备和信贷的规模，影响银行资本充足率和流动性，进一步影响银行的稳定与安全。银行流动性风险是引发系统性金融危机的主要根源之一。中央银行是最后贷款人，其往往会通过货币政策去调节银行的流动性，进而发挥货币政策的效果。有研究表明，紧缩性货币政策通过降低银行净利息收益率来限制其贷款增长速度，进而稳定银行体系和金融市场。但是，过度的紧缩货币政策容易加大银行业成本，影响资产负债结构及其配置效率，产生流动性风险；宽松的货币政策容易引起金融机构过度承担风险的行为，进而影响金融稳定，过度扩张的货币政策是美国次贷危机爆发的重要原因。例如，扩张性货币政策会增加银行流动性，一定程度上降低同业业务风险，润滑银行与其他机构的交易关系，降低流动性风险；但流动性的提高会增加银行的风险偏好和风险承担意愿，刺激其他金融机构对高风险资产的配置，推高金融市场系统性风险，并容易引发道德风险。

从股票市场来看，货币政策会通过利率的变化影响股票市场价格。美国联邦基金利率受到负向冲击会导致股票市场价格上涨，股票市场受到正向冲击时也会推高美国联邦基金利率；货币政策通过利率和货币供给量两个中介目标影响股票市场。

从货币政策溢出效应来看，货币政策会通过贸易、金融等体系和制度产生溢出效应。关于货币政策的溢出效应，最为明显的案例是美国的货币政策对全球的影响，美国为了快速从次贷危机中走出来，从2008年到2014年实行量化宽松政策，全球主要经济体受其影响均实现经济回暖；自2014年起，

美国通过四次加息使美元回流美国，直接影响全球流动性，全球经济持续下行，至 2018 年年底，全球主要经济体受其影响，经济下行严重；进入 2019 年，美国又通过降息影响全球流动性，许多经济体也跟随美国降息步伐，采取降息措施以稳定经济并盼"止跌上涨"。许多研究都证实货币政策存在强溢出效应。例如，Sousa 等（2007）研究发现，美国货币政策调整引发全球流动性发生变化，促使欧盟汇率的短暂上升和产出增加；Scrimgeour（2010）通过分析美国货币政策外溢性对智利、墨西哥、加拿大和哥伦比亚的冲击发现，美国紧缩性货币政策对这四国的产出水平产生消极影响；Bluedorn 等（2011）运用 VaR 模型研究美国货币政策对 G7 国家的影响时发现，美国利率水平的上升在短期内促进 G7 国家利率水平的上升，长期却会使其下降；Miranda 等（2015）通过研究证实，美国货币政策调整会通过风险溢价、杠杆水平以及信贷增长等对其他经济体产生溢出效应。

七、产业政策对国家金融安全边界的影响机理

金融业实质上是一种产业，产业安全与金融安全相互关联。产业政策是一个国家为了实现一定的经济和社会目标而对产业的形成与发展进行干预的各种政策的总和，通过各种政策，引导国家产业发展方向，引导推动产业结构升级，协调国家产业结构，使国民经济实现健康可持续发展。因此，产业政策包括经济计划、产业结构调整计划、产业扶持计划、财政政策、货币政策、金融政策等。实体企业是经济的细胞，产业是经济的躯干，金融是经济的血脉，有了血脉，细胞和躯干才能正常运作、发挥作用。银行作为金融业的主要实体，它诞生的土壤是贸易经济、实体经济的融资需求。因此，从诞生的第一天起，银行的使命就是服务经济，为实体经济和产业提供"输血"（融资）服务。金融对产业的扶持政策往往是通过银行、保险、证券、基金等金融机构向产业的实体企业提供信贷、融资、投资等服务，从"专业经营、主业突出"的严格意义上来讲，除金融产业外，其他产业的资金均由金融提供。因此，所有产业均与金融产生关联，关联度越高，产业的金融属性越高，进而导致产业的安全直接影响金融安全。如 1997 年的亚洲金融危机、2007 年

的美国次贷危机均由房地产行业危机引起。我国房地产行业的金融属性已位居全球前列，近两年国家对金融和房地产的协调性宏观调控政策就是降低房地产金融属性的重要手段，这也说明了产业安全与金融安全的相互关联。

金融安全是产业发展的润滑剂。各产业会在发展过程中出现不同的经济类型、不同规模的企业，它们对资金和金融服务的需求，在种类、规模、风险程度上都有一定的区别。若金融机构仅以利率或抵押率为风险防控的指标，则许多小微企业或可抵押物较少的企业将难以获得金融服务，这就是小微企业、农业企业、农户等融资难、贷款难的重要原因。

从产业转型升级来看，单一的金融供给结构或金融服务政策难以满足产业多层次发展的需要，无法适应产业结构和产业组织结构转型升级的要求。美国 20 世纪 90 年代经济持续快速增长的一个主要原因在于能市场提供多层次的风险资金，尤其是以风险投资机构为主提供产业转型升级和创新的风险资金，促进产业的转型升级和企业的创新。所以，风险投资、综合化的金融服务以及以信用为基础的金融服务是满足实体经济多样化需求的选择。

第十四章

国家金融安全边界构建的国际经验

第一节 欧美构建国家金融安全边界的经验启示

一、欧洲构建国家金融安全边界的经验启示

1. 完善的金融基础设施

(1) 发达的交易结算场所

伦敦、巴黎、苏黎世、法兰克福以及卢森堡等城市和国家是欧洲乃至全球知名的金融中心,其金融基础设施非常完善。如伦敦是欧洲最大的经济金融中心,有目前世界上最大的国际外汇市场,交易量约占全球货币交易量的31%;有世界上最大的欧洲美元市场,成交额占全球欧洲美元成交额的1/3以上;是世界上最大的国际保险中心。

(2) 安全高效的支付清算体系

欧盟的支付清算体系是泛欧实时自动清算(The Trans-European Automated Real-Time Gross Settlement Express Transfer,TARGET)系统,它始建于1995年,是为配合欧元诞生和欧元区单一货币政策实施而开发和建设的,于1999年1月4日启用。TARGET系统覆盖欧元区,包括欧盟各国开

发的系统与"共享"系统，并与多个平台兼容，主要用于与央行货币政策操作相关的支付结算、银行间支付结算，与其他支付和证券结算系统（如辅助系统）相关的支付结算。

TARGET 系统治理结构自上而下包含三个层次：最高层为欧洲中央银行委员会，负责 TARGET 系统的指导、管理和控制，拥有最高决策权；第二层是参与 TARGET 系统的各国中央银行，承担辅助管理最高层剩余的问题，并作为顾问团，与欧洲中央银行委员会共同决定 TARGET 系统相关事宜，具有本国事务的决定权；第三层由德国、意大利、法国三国中央银行构成，基于第二层服务水平准则，依据最高层确定的一般框架，开发并管理系统（何健雄 等，2015）。

对于 TARGET 系统的风险管理，欧元体系建立了全面的风险管理框架，将信息安全监测贯穿于 TARGET 系统运行周期的全过程，通过监测风险状况，主动识别环境变化引发的威胁和脆弱性，确保针对风险评估采取安全措施，果断实施风险控制措施，同时监测风险缓释措施执行情况。

2. 金融安全稳定制度及机制

（1）欧洲稳定机制

2010 年 6 月，欧元区成立了欧洲金融稳定基金，目的是为无力从市场融资的成员国政府提供紧急援助。这是一个危机催生的临时性机构，其主要职能被 2012 年成立的永久性机构欧洲稳定机制（European Stability Mechanism，ESM）所取代。ESM 和欧洲稳定基金（European Financial Stability Facility，EFSF）从法律上看是两个独立的机构，但在实际运作过程中，二者的人员和办公地点共享。

（2）欧盟存款保障制度

存款保障制度（也称存款保险制度）是一种维护金融安全的制度，是由相关金融机构或相关政府机构建立的存款保险机构，主要由存款机构作为投保人按一定风险或存款比率向其缴纳保险费，建立存款保险基金。1994 年《欧盟存款保障制度》奠定了欧盟存款保障制度统一的基础；2008 年国际金融危机后《欧盟存款保障制度第 2009/14 号指令》颁布，将存款保险制度所保护的存款范围进一步扩大，为储户存款加强保险保障。

3. 审慎宏观调控体制机制

(1) 欧洲银行管理局

2011年，欧洲银行管理局（European Banking Authority，EBA）成立，全面接管原欧盟银行业监管委员会的所有职能以及权责，负责对欧洲银行进行压力测试，维护欧盟内部银行业的公平、良性竞争，对于监管不利的银行进行干预。

(2) 银行业联盟

欧洲各国的金融业主要以银行金融机构为主，中央银行在金融监管中具有极高的地位。在欧盟委员会的推动下，2012年欧元区各国政府同意筹建银行业联盟（European Banking Union）。2014年4月，银行业联盟建设框架获得欧洲议会通过，主要内容是"三大支柱"：第一大支柱是银行业单一监管机制（Single Supervisory Mechanism，SSM），由欧洲中央银行承担对欧元区大银行（约130家）进行监管的职能，其余小银行仍由各成员国负责监管，两个层面的机制相互配合，共同确保银行业遵守相关规定；第二大支柱是单一清算机制（Single Resolution Mechanism，SRM），其职能是对破产银行进行有序清算，避免风险扩散，并为此建立规模为550亿欧元的"单一清算基金"；第三大支柱是共同存款保险机制（European Deposit Insurance Scheme，EDIS），确保欧元区10万欧元以下的存款受到保护，以增强居民对金融稳定的信心。

(3) 统一的货币体系

统一的货币体系可以使金融体系机制运作畅通；可以构建统一的金融基础设施；可以统一调整外汇储备结构和实行金融资产配置，保障金融价值基础的安全；可以使汇率保持平稳。

二、美国构建国家金融安全边界的经验启示

1. 国家金融安全战略及体系

(1) 明确国家安全战略的法律地位

1986年，《1985年戈德华特-尼科尔斯法》（Goldwater-Nichols Act of

1986）第 603 款明确规定，美国总统应当每年向国会提交一份《国家安全战略报告》，以阐明美国国家安全战略。美国《国家安全战略报告》由美国政府向国会提交，对国际安全环境特别是美国面临的威胁做出判断，阐述美国政府在内政、外交和防务等方面的总体目标和宏观政策。近年来，美国共有 6 位总统、9 届政府向国会提交了 17 份《国家安全战略报告》。2018 年 12 月 18 日，美国发布特朗普政府首份《国家安全战略报告》，强调经济发展攸关国家安全，将银行和金融视为确定和优先考虑的六个关键领域风险之一。

（2）攻守结合的国家金融安全保障体系

一是国家金融安全审查法律体系。美国对外资安全审查制度的法律可追溯到 1917 年即第一次世界大战期间颁布的《敌国贸易法》（Trading with the Enemy Act），它规定美国总统在国家处于战争或其他紧急状态期间有权调整与敌对国家之间的贸易关系，只要总统认为符合美国的国家利益，就有权宣布对其他国家实行经济封锁和贸易禁运。1950 年，美国颁布《国防生产法》（Defense Production Act），明确了"对可能危及国家安全的兼并、收购或接管进行审查"的要求。1975 年，美国组建了美国外国投资委员会（The Committee on Foreign Investment in the United States，CFIUS），专门从事外资安全审查。1988 年通过《国防生产法》第 721 条修正案，即《埃克森-弗罗里奥修正案》（The Exon-Florio Amendment），成为第一个外资国家安全审查的专门法和基本法，授权美国总统和 CFIUS 对外资进行国家安全审查，规定只要有可信证据证明外资的并购交易具有对国家安全的可能威胁，就可依据该法阻止交易。之后，美国对相关法案和其实施细则进行多次修订，包括 2000 年的《伯德修正案》[正式名称是《2000 年持续倾销与补贴抵消法案》（Continued Dumping and Subsidy Offset Act of 2000）]、2007 年的《外国投资与国家安全法案》（The Foreign Investment and National Security Act，FINSA）、2018 年的《外国投资风险评估现代化法案》（The Foreign Investment Risk Review Modernization Act，FIRRMA）。

二是金融机构安全审查制度和机制。金融机构安全审查制度是美国金融安全保障体系的核心制度，它是美国国家安全审查制度的配套制度之一。

2018年8月13日，美国颁布《外国投资风险评估现代化法案》，该法案扩大了美国外国投资审查委员会的审批权限；2018年10月11日，美国外国投资委员会颁布了一项临时法规，旨在执行美国总统特朗普于当年8月签署颁布的《外国投资风险评估现代化法案》中未立即生效的条款，进一步细化FIRRMA的具体执行机制，并启动相关试行计划，试行期至2020年3月或至CFIUS颁布最终规定为止。新法案赋予CFIUS更大的管辖权，对可能影响美国国家安全的外资交易进行更加严格的审查。根据新法案，CFIUS对于涉及"关键技术""关键基础设施"和"美国公民个人信息"的美国企业的投资均拥有审查权。至此，美国外资国家安全审查涵盖包括高端制造、信息技术、科研等27个领域，涉及关键技术、关键元器件、关键材料、计算机生产、广播和无线通信设备生产等方面。目前美国的金融机构安全审查制度由外国投资委员会主导，该委员会由财政部牵头，成员包括财政部、司法部等部门，审查体系和程序包括申报或通报（Notification/Notice）、审查（Review）、调查（Investigation）和总统决定（Presidential Determination）四个阶段，如图14-1所示。

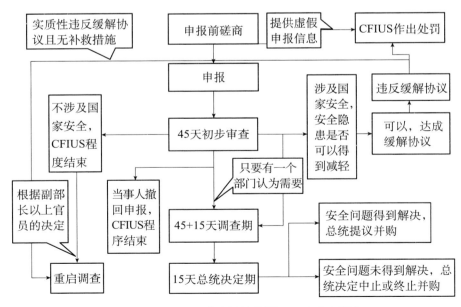

图14-1　FIRRMA法令下的美国CFIUS审查程序

美国的金融安全监测预警体系以银行业安全监测预警体系为主，包括CAMELS监测评级制度、联邦存款保险公司的"扩展监管制度"、联邦住宅贷款银行理事会的"预警模型-评级分析"系统、美联储的"融资比例分析"预警系统、货币监理署的"预警模型-破产预测"系统及国民信用合作社管理局的预警系统。这些相互独立、相互补充的预警制度和系统均以金融机构财务报表的相关资料为基础，借助财务比率指标对金融机构的安全性进行测定和预警。

2. 美国全球金融体系

（1）布雷顿森林体系

1944年，由美国、英国主导建立了布雷顿森林体系，该体系是以美元为中心的国际货币体系，主要包括美元与黄金挂钩、其他国家货币与美元挂钩、确定国际储备资产等主要内容。美国通过该体系获取了大量黄金，并向全球输出大量美元，直接或间接地掌控了国际支付结算体系。该体系成为美国当时国家金融安全防御与攻击的主要武器。

（2）七国集团

1975年，为应对布雷顿森林体系瓦解、"美元危机""石油危机"等困境，由美、英、德、法、日、意、加组成七国集团。美国借助之前建立的金融优势，凭借自己的经济实力，逐步主导了七国集团。美国通过七国集团直接操纵了全球贸易体系、规则，间接掌控了全球金融价值基础（如石油、粮食等）的定价权，进一步巩固了美国的金融安全基础。

（3）支付结算体系

环球同业银行金融电信协会（SWIFT）是国际银行同业间的国际合作组织，成立于1973年。其实质是运营世界级的金融报文交换网络，目前全球绝大多数银行和其他金融机构均通过它与同业交换电文来完成金融交易。SWIFT系统由全球约2 400家银行共同所有，服务于全球11 000多家银行和金融机构，总部设置在比利时的布鲁塞尔。SWIFT系统形式上是中立的，该系统董事会成员中有许多来自美国的银行机构的高管。美国联邦法律允许美国政府对全球的银行和监管机构进行制裁。因此，SWIFT系统有时被作为实施国际制裁的工具。

CHIPS 和 Fedwire 是美国两大核心支付交易系统，前者主导跨国美元交易清算，后者主要负责国内美元结算。目前 CHIPS 已发展成为拥有 12 家会员银行、14 家参加清算银行与众多的非参加清算银行的庞大国际清算支付网络，承担世界上 95% 以上的银行同业美元支付清算与 90% 以上的外汇交易清算。目前各国和地区均有平行于 CHIPS 的交易系统，如欧洲的 TARGET、英国的 CHAPS（Clearing House of Automated Payment System，银行自动清算支付系统）、中国的 CNAPS（China National Advanced Payment System，中国现代化支付系统）均可用于本币或多边货币的清算，但是各国的交易系统仍然依赖 SWIFT 系统进行报文转换。

第二节 日本和阿根廷构建国家金融安全边界的经验教训

一、日本构建国家金融安全边界的经验教训

1. 日本金融自由化改革的失控

1984 年日本开启金融自由化改革，其主要改革内容包括融资自由化、利率自由化及放松金融管制三方面。1984 年 5 月，日本和美国发布的《美元日元委员会最终报告书》指出：①日本金融资本市场自由化，包括利率自由化和日元借款自由化。②放松市场准入，确保外国金融机构能够自由进入日本金融资本市场。外国证券公司可以申请东京证券市场会员权，向外国银行开放日本信托业。③撤销日元兑换管制，创设自由的海外日元交易市场，扩大欧洲日元市场-离岸市场。④日本金融与资本市场自由化，消除外资对日投资障碍。

日本金融自由化使日本 FDI 迅速攀升。1986 年日本 FDI 共 3 196 笔，金额达 223 亿美元，较 1985 年上升 82.7%，其中流入房地产市场的 FDI，占比达 17.9%，较 1985 年提高 8%。房地产价格迅速攀升，房地产泡沫迅速堆

积。外资疯狂涌入股市，股票价格节节攀升。日本为应对股市危机，银行连续加息逼迫外资撤退，1989年年末股市泡沫迅速破裂。

日本金融自由化改革导致新的金融衍生品大量出现，衍生品的资产质量无法穿透管理，风险急剧增加；导致日本企业、金融机构等行为扭曲，大量金融资产过度配置到房地产市场，土地、房地产等生产要素价格过快增长，直接导致房地产泡沫，并使制造业受到严重损害。

2. 应对"广场协议"的失效

20世纪70年代至80年代，日本对美国贸易顺差逐渐增加，美国对日本的不满和批评也逐渐增多，日美贸易摩擦全面爆发。1985年9月22日，美、英、德、法、意五国签订"广场协议"，决定共同干预外汇市场，有计划地下调美元汇率，改善美国对外贸易逆差状况。美元迅速贬值，日元快速升值，日本政府鼓励购买美国国债，同时日元升值刺激了国内消费和投资，大量金融资产流入土地市场和股票市场，进一步刺激了房地产泡沫和资本泡沫，使日本陷入"企业增加投资—土地和股票价格上涨—企业贷款增加（银行土地抵押增多）—企业增加投资"的循环，导致企业和银行杠杆大幅增加，国家金融安全面临崩溃。

二、阿根廷构建国家金融安全边界的经验教训

阿根廷金融价值边界崩溃表现在：金融开放过度且过快，向外资全面开放银行、证券领域，仅短短几年的时间，金融命脉控制权就旁落他人；外债过高、外汇储备过低、资本自由流动，外债规模与外汇储备规模严重失衡，经常账户和资本账户"双赤字"，资金外流严重。阿根廷金融价值基础边界崩溃表现在：私有化程度过高导致战略性实体企业控制权旁落他人，金融价值基础控制权旁落导致金融市场契约边界失效。

1. 金融开放过度且过快导致金融价值边界崩溃

阿根廷的金融开放始于1977年，大致分为20世纪70年代末至80年代初的部分开放和90年代的完全开放两个阶段。阿根廷1977年的金融开放主要

集中在两个方面：一是取消对新的金融机构进入金融市场的限制，即本国和外国的金融机构从事金融业务享有同等待遇；二是扩大银行的业务范围。这一阶段的金融开放由于20世纪80年代的经济危机暂时中断。90年代阿根廷的金融开放步伐加大，主要表现在以下方面：

（1）以银行为主的金融机构开放

1992年，阿根廷82%的银行资产由本国控制，外资控制的银行资产仅占18%；但到了1997年，本国控制的银行资产比重下降至48%，外资控制的银行资产比重则上升至52%，外资银行比重在短短五年中迅速增长了近两倍。1997—2001年，本国控制的银行资产比重进一步下降至33%，外资控制的银行资产比重进一步上升至67%。截至2001年，阿根廷十家最大的银行中，外资控股的银行占了八家，包括花旗银行、纽约银行、波士顿银行等。由于政策鼓励、外资银行服务周到和资本雄厚，阿根廷民众和企业也纷纷将存款转向资本雄厚的外资银行。此外，外资银行能够全面经营阿根廷比索和美元业务，美元流通扩大，存贷款业务不断增长。

（2）外汇市场的开放

第一，实行比索与美元固定汇率。1991年4月阿根廷颁布《兑换法》，确立比索建立在美元储备变动的基础上，即外汇储备每增加1美元，就增加1美元的比索，反之亦然；且确立比索与美元的固定汇率为1∶1。此外，将比索与美元的比价以法律形式确定下来，汇率的变动须通过国会批准，各金融机构对于以外币存入的资金在提取时必须以同一种货币支付，中央银行不得使用这部分资金。《兑换法》确定了阿根廷的货币供给量取决于美元储备的多少，它的实质是美元的合法化。这为外资完全自由进出阿根廷提供了制度上的保障，从而实现了阿根廷外汇市场的完全自由化。

第二，银行美元业务经营开放。阿根廷允许外资银行全面经营比索和美元业务，美元化趋势日益加深，美元流通扩大，存贷款业务不断增长。1990年，美元存款额占阿根廷总存款额的28%，而1991年这一比例迅速增至45%，1995年又增至54%，且存款期限以30天为主。美元在银行贷款中的比重也由1991年的40%增至1994年的58%。此外，汇率比价的稳定并没有引发对本国货币需求的大幅度增加。货币局和联系汇率制削弱了金融主权,阿根廷逐渐丧失了金融调控能力,导致金融杠杆刺激经济发展失效,外债迅速增长,出现了金融失控的局面。

(3) 资本市场的开放

第一,资本项目开放。1991年,阿根廷取消证券交易税,允许企业和银行发行以外币为计价单位的可转让债券及其他商业债券。1992年,阿根廷又颁布了《免税法》,以税收优惠吸引外资进入国内。同时,阿根廷制定了中央银行的新机构法,对中央银行向政府提供国内信贷和最终放款人的职能加以限制。加上《兑换法》的实施和汇率比价固定,经济美元化趋势明显,流入阿根廷的外币急剧增加,且大部分流向阿根廷的证券交易市场。随着这些资本开放措施的出台,阿根廷实现了国际收支资本项目下的完全自由兑换。

第二,投资领域开放。为吸引外资,通过金融参与或通过建立分支机构进行金融中介投资是阿根廷投资领域开放的重要方式。一是银行与非银行金融机构之间界限的消除使资本轻易合并与融合,加快了资本集中的进程;二是极大放松或取消外资金融机构在本国市场建立分支机构的限制,外资在金融市场上的投资显著增加,以兼并和控股为进入方式。例如,汇丰银行收购了阿根廷的罗伯特银行的全部资产,西班牙的桑坦德尔银行收购了阿根廷拉普拉塔河银行资产的50%。通过兼并和控股,阿根廷金融机构的数量从1994年12月的205家减少至1997年12月的138家,其中阿根廷国有银行的数量从1990年的36家减少至1996年的20家。外资银行占阿根廷金融机构总数的比例从1994年的14%增至1997年的21.7%,其银行资产占银行体系总资产的比例从1994年的19%增至1997年的45%。

第三,证券市场开放。1989年,阿根廷颁布《新外国投资制度》,撤销了外国投资形式与性质的所有法律限制,证券市场随之对外开放,证券化率大幅提升。1991年颁布的《兑换法》取消了证券交易税,进一步放开证券市场管制。此外,随着资本项目的自由开放,大量外资流入证券市场,对优质企业资产进行围猎,并加大了证券市场的波动性。

2. 工业实体企业私有化及开放过度、过快导致金融价值基础边界崩溃

(1) 私有化程度过高过快导致战略性实体企业控制权旁落他人

20世纪90年代初,阿根廷通过低价出售、拍卖与租赁等一系列方式,对国有企业进行私有化改革。除国有银行等机构外,阿根廷开放战略性产业的投资,并放弃保护民族工业,加上私有化过程中存在的大量腐败行为,优质工业企业纷纷被外资控制,阿根廷逐步丧失对战略性行业和经济命脉的控制权。

(2) 金融价值基础控制权旁落他人导致金融市场契约边界失效

阿根廷在私有化过程中实施了较多优惠政策,为尽可能地吸引外资参与私有化进程,不惜大量举借外债。截至2001年,阿根廷政府欠了1 000多亿美元外债,国际收支逆差达到215亿美元,而国际储备仅为120亿美元,国际收支严重失衡。私有化程度过高、私有化进程过快,导致工业企业和战略性行业受制于跨国公司,政府丧失税源和经济调控能力,缺少公共财产抵押品,难以获得国际贷款援助。随着外资流入趋缓而经济增长陷入停滞,阿根廷难以通过资本账户盈余弥补贸易逆差,政府税源减少难以应付沉重的外债包袱,金融外汇市场的不稳定因素日益增大,社会失业和经济萧条的阴影不断加深。阿根廷政府因无力偿付到期外债,于2001年12月24日宣布国家停止偿还外债。

第十五章

我国构建国家金融安全边界的经验及存在的问题

第一节 我国构建国家金融安全边界的历史经验

一、金融体制改革与时俱进，金融安全边界逐渐牢固

1978年改革开放前，我国实行"大一统"的金融体制。中国人民银行既开展金融业务，又承担货币政策制定和全国金融监管机构的职能，既是裁"判员"，又是"运动员"。1978年年底改革开放后，四大国有商业银行、中国人民保险公司、中国国际信托投资公司等金融机构相继建立或恢复，中国人民银行负责所有金融机构的监管并把部分商业金融业务转移给其他金融机构。进入20世纪80年代，我国对金融体制实行以引进市场经济金融体系基本架构为主的改革，主要改革措施包括：将中央银行和商业性金融机构划分开来，构建一个双层银行体系。一方面，使中央银行具备宏观经济调控、金融监管和为银行提供支付清算等金融服务的核心功能；另一方面，使商业性金融机构从原有的人民银行体系中独立出来，面向企业和居民提供各种商业性金融服务。这使中央银行的监管职责进一步得到恢复和巩固，能更好地履行宏观

调控职责。各金融机构监管和经营进一步分离，风险得到较好的隔离。

20世纪90年代中期前，我国实行以构建符合市场经济需要的金融机构和金融市场基本框架为主的全面改革，主要改革举措包括：推进专业银行向商业银行的转变；设立上海证券交易所和深圳证券交易所。这段时期，金融体制改革核心是在金融机构和金融市场改革发展的基础上构建新的宏观调控框架，尝试发展以股市为代表的资本市场，银行实行业务经营的多样化。

进入20世纪90年代后期，金融体制改革的重点在于应对亚洲金融危机的冲击，并对金融机构进行整顿，进一步梳理和改革金融体制，修复金融安全边界。主要的改革措施包括：在考虑中央和地方分权的基础上适当调整金融体系结构；强化金融部门对国家经济的支持作用；对银行、信托等金融机构进行整顿，关闭一些资不抵债严重的金融机构，防止风险进一步传染，如关闭海南发展银行、广东省国际信托投资公司。

金融体制、金融机构等金融安全边界帮助中国抵抗住了亚洲金融危机的冲击。进入21世纪，为适应加入WTO的要求，我国金融体制开启了以建设健康化、规范化和专业化金融体系为取向的改革。主要改革措施包括：通过全面实行贷款五级分类制度完善银行体系的风险监管制度；推行银行、保险公司、证券公司等的股份制改革，利用金融市场外部监督机制，倒逼金融机构内部的现代企业制度和公司治理结构的健全和完善；逐步推进和深化农村信用社、股份制商业银行和城市商业银行改革；推动股权分置改革，促进股票市场规范化发展；理清了金融监管和宏观调控之间的区别性责任关系。

上述改革措施使我国金融的安全边界得到夯实，在2008年全球金融危机爆发时，我国成功抵抗住了危机的冲击。2008—2011年的金融体制改革以主动应对全球金融危机为目标，主要包括：实施金融支持政策，全面配合国家为应对全球金融危机冲击而推出的一揽子经济刺激计划政策；为防范和化解金融风险冲击，建立健全宏观审慎管理框架。

经过2008年成功抵御全球金融危机后，我国金融体制改革进入加速阶段，主要以建设市场化、国际化、多元化和现代化金融体系为改革方向。主要改革措施包括：发挥市场在资源配置中的决定性作用，稳步推行利率市场化和汇率市场化改革;逐步推动和实施以人民币国际化、稳步扩大资本项目可兑换、促使人民币加入特别提款权(SDR)等为重点的金融市场化改革;持续创新和完善金融调控政策框架体系,健全现代金融企业制度和完善金融市场体系,推进构建协同性和穿透式的现代金融监管框架;改善间接融资结构,提高直接融资比重,促进多层次资本市场健康发展;健全货币政策和宏观审慎政策的双支柱调控框架,守住不发生系统性金融风险的底线。

二、引入《巴塞尔协议Ⅲ》,构建宏观审慎监管体制,夯实以银行为主的金融安全边界

宏观审慎监管机制通常是一个国家或政府为了预防金融机构风险扩张的顺周期性行为而进行的逆周期性资本监管机制。

1. 2008 年前初步形成国家宏观审慎监管体系

2003 年前,中国人民银行主要履行监管职能和实施货币政策,专业的金融监管体制亟待完善。2003 年中国原银监会的成立形成了以风险控制为核心的新银行业监管模式,商业银行逐步建立了资本充足率、信用风险评估、市场风险评估和资产质量四大监管指标体系。同时,我国完善金融业的相关法律法规,推动以"四大行"为首的商业银行股份制改革,引入机构投资者,丰富股权结构,加快城乡商业银行对小微企业、"三农"的扶持,形成初步的宏观审慎监管框架。

2. 以《巴塞尔协议Ⅲ》助力构建宏观审慎监管机制

2007 年美国次贷危机爆发,各国开始重视金融业的宏观审慎监管。在《巴塞尔协议Ⅲ》的指引下,中国人民银行、原银监会积极构建逆周期宏观审慎监管框架,在维持微观审慎监管的基础上,推行金融体系的宏观审慎监管框架的协调配合,进一步完善资本监管指标体系,加强逆周期资本监督,在此基础上,逐渐形成"一行三会"监管和调控机制。2009 年,国务院发文要求对商业银行建立动态监管机制,动态监管其拨备和资本充足率。2011 年起,中国人民银行实行社会融资总量监控机制,对商业银行的存款准备金实行差

别准备金制度，并根据社融总量进行动态调整；同时，增加流动性覆盖率和净稳定资金比率两个流动性监管指标。

2012年《巴塞尔协议Ⅲ》出台，原银监会为加速相关监管标准在国内金融机构的落地，从资本缓冲、杠杆率、拨备覆盖率和流动性指标四大方面要求系统重要性银行在2018年前达到资本充足率不低于11.5%的标准，要求非系统重要性银行在2018年前达到至少10.5%的资本充足率。此要求被称为"中国版《巴塞尔协议Ⅲ》"。

2012年原银监会还出台了《商业银行杠杆率管理办法》，规定商业银行合并财务报表后的杠杆率最低必须达到4%；对于未合并财务报表的商业银行，杠杆率也需要达到同样的4%，但给予了一定的过渡期。

2007年美国次贷危机爆发后，我国相关监管部门加大了对系统重要性银行的宏观审慎监管力度。我国的系统重要性银行包括工、农、中、建、交五大国有商业银行，对这类大型银行的监管措施包括：第一，建立风险的"防火墙"体制，严禁有关银行参与企业债券的担保和为境外子公司提供融资等活动，并且资产证券化的开展受到较强的政策约束；第二，提高资本充足率标准，新增了"附加资本"这一项要求；第三，对银行表外业务的开展进行严格规范和限制。2010年，原银监会提出了"CARPALS"非现场风险监管指标体系，C（Capital Adequacy）是资本充足率，A（Asset Quality）是资产质量，R（Risk Concentration）是风险集中度，P（Provisioning Coverage）是不良贷款的拨备覆盖率，A（Affiliated Institutions）是相关附属机构的风险评估状况，L（Liquidity）是银行的流动性水平，S（Swindle Prevention & Control）是案件防控。通过建立"CARPALS"非现场风险监管指标体系，形成对商业银行的动态监控机制，防止银行风险的积聚与扩张。

3. 实施明确的风险监控指标区间管理

2008—2009年，我国对商业银行的逆周期资本缓冲计提标准从2%提高到2.5%；2009年，将工、农、中、建、交五大国有商业银行的资本充足率标准提高到11.5%，并要求核心资本占总资本的比重需要高于75%，次级债务工具占比上限是25%，同时，对债转股、可转换债券的持有数量进行了严格的限制和规定。

4. 完善金融危机的应急处置预案，形成银行间的合作协调机制

我国金融监管机构要求商业性金融机构积极实行流动性风险的压力测试，从持续的、前瞻性的政策角度，制定内部风险控制制度。第一，2014年，原银监会进一步修订《商业银行流动性风险管理办法》，新增流动性覆盖率、流动性比率及存贷比三项流动性风险监测指标，实现对商业银行多维度的流动性监管体系。第二，健全相关的监管体系，如2009年发布《商业银行声誉风险管理指引》等，对商业银行的风险范围进行扩大监管，形成声誉监管、国别风险监管、流动性风险监管和信用风险监管等风险防范机制，同时对商业银行、中小农村商业银行、外资银行进行市场准入监管，保证各主体在独立运作的同时，相互配合协调，形成统一的宏观审慎监管体制。

三、建立"货币政策＋宏观审慎政策"双支柱框架，巩固金融安全边界

党的十八大以来，在以习近平同志为核心的党中央的坚强领导下，我国经济步入新常态，经济转向高质量增长，针对过去在经济转型过程中，金融体系中的银行表外业务规模迅速扩张，各类风险积聚，为银行业埋下了风险隐患的复杂状况，进行了严格的治理和风险处置。原银监会于2014年相继出台《关于信托公司风险监管的指导意见》《关于规范商业银行同业业务治理的通知》等，跟踪市场风险波动情况。2016年，中国人民银行将银行业的监管体系升级为"宏观审慎评估"（Macro Prudential Assessment，MPA）体系，MPA重点考虑资本和杠杆、资产负债、流动性、定价行为、资产质量、外债风险、信贷政策执行七大方面，通过综合评估加强逆周期调节和系统性金融风险防范，发挥逆周期调节作用，形成系统性的宏观审慎监管框架。

2017年1月，中国人民银行工作会议指出要综合运用多种货币政策工具，配合宏观审慎监管框架的实施，保证金融市场流动性的稳定，积极引导金融机构进行宏观审慎经营。中国人民银行开始探索建立"货币政策＋宏观审慎监管"双支柱调控框架，探索货币政策与宏观审慎政策的协调配合，从宏

观的、逆周期的视角运用审慎政策工具防范和化解系统性金融风险，从整体上维护金融稳定。宏观审慎政策已经成为金融监管和宏观调控框架改革的重心。

2017年11月，党的十九大报告明确要求健全货币政策与宏观审慎政策的双支柱调控框架。2018年3月，中国银监会和中国保监会合并成为中国银行保险监督管理委员会（简称"银保监会"）。至此，形成国务院金融稳定发展委员会、中国人民银行、中国银保监会和中国证监会"一委一行两会"的金融监管体制，完善了"货币政策＋宏观审慎监管"双支柱调控框架，补齐了短板，提高了监管协调效率。金融稳定发展委员会办公室设于中国人民银行，中国人民银行将在维护金融安全、防范金融风险、构建国家金融安全边界等方面发挥更加核心的作用。

第二节　我国构建国家金融安全边界的现状及其不足

一、已形成"一委一行两会"金融监管体制，但金融混业经营和分业监管导致国家金融安全边界模糊化状态仍然存在

从宏观来看，我国金融监管体系主要由金融监管机构和行业自律性组织等构成，其中金融监管机构是金融监管体系的核心。党的十八大后，经过几年的金融监管体制改革，监管体制的协调性、有效性得到进一步提升，但金融监管机构缺乏专业性以及导致的金融监管深度不足是目前金融监管存在的主要问题。此外，我国金融行业自律性组织成熟度不高，呈现量少、分散、独立性与专业性不足等特征，行业监管作用发挥不足。

我国目前实行的是事实上的金融混业经营和分业监管。2017年以前，我国金融监管体制是"一行三会"；2017年7月第五次全国金融工作会议后，我国金融监管体制是"一委一行两会"。虽然监管合力进一步形成，但混业经营和分业监管的矛盾仍然存在，监管的不协调问题仍会出现。

二、科技与金融深度融合扩展了金融安全边界，加大国家金融安全边界脆弱性

近十年来金融科技的发展，一方面突出表现为各种新型支付工具的兴起，以互联网平台和通信公司为代表的技术类企业涌入金融服务市场；另一方面，金融机构积极使用自动化和去中心化等技术，提高内部经营效率和金融服务质量。现有监管体制机制不能完全覆盖金融科技促进的金融创新业务及带来的新风险。如虚拟货币的发行，现有监管体制机制暂未有明确的规定；区块链技术在金融领域去中心化的业务应用逻辑与现有监管体制机制的中心化逻辑尚存在诸多矛盾；人工智能、云计算、大数据等金融科技基础技术的应用将重塑诸多金融业务，但尚无标准规范，也带来了诸多新的风险。

2019年6月18日，Facebook主导的数字货币项目Libra的白皮书正式发布，该项目的区块链测试网同日也正式上线。Libra本质上是一种稳定币，其价值由一系列低波动性资产综合决定，其中包括由稳定且信誉良好的中央银行提供的现金和政府货币证券，这样即使某一货币的汇率出现波动，Libra的价值仍会保持稳定。Libra储备不由Facebook控制，而由多个成员机构组成的Libra协会共同掌控。

但是，Facebook拥有包括Facebook、WhatsApp、Messenger等多个社交平台，在全球130个国家和地区服务23亿名月活跃用户，其发行数字货币的影响力或超过大型金融机构，对传统银行和跨境支付机构原有的业务模式发起挑战。基于Facebook强大的生态圈和庞大的用户群，Libra会改变货币的"生态圈"，重塑美元"全球货币"信任机制和价值机制，同时对其他法币构成挑战。于是，美国国会于2019年7月3日叫停Facebook的Libra项目。但是，由于INSTEX结算机制、"金砖支付"体系等不断出现，Libra项目仍有可能重启。

上述科技与金融的深度融合对国家金融安全边界产生了新的影响。以区块链技术为代表的金融科技正在扩展和重构国家金融安全边界。然而金融科技公司未取得金融牌照，缺乏完善的风控机制，现有金融监管体制机制面临

新的挑战，金融安全边界脆弱性正在加大。

三、金融资产储备和配置不合理，国家金融安全边界基础不实

一是金融有"脱实向虚"的倾向。由于资本的逐利性，金融体系内的资本往往会向高收益的产业或企业流动。很多中小企业由于抵押物不足或抵押物无法满足银行等金融机构的要求，而很难获得资金或很难获得低成本资金。此外，高科技制造业企业需要大量长期资本的投入，且研发阶段风险较大，单个机构往往无法提供符合要求的资金，需要政策性资金的支持。公共资金支持引导机制不完善，进一步导致金融"脱实向虚"。

二是金融规模、结构与实体经济规模、结构不平衡。2018年年末人民币房地产贷款余额占金融机构人民币各项贷款余额的28.39%。一方面，金融资产过多地配置到了房地产市场，金融对实体经济的输血、造血功能不足，金融与经济发展不平衡，国家金融安全边界基础分布不均；另一方面，一旦房地产市场出现剧烈波动，金融机构将面临直接的信用风险，国家金融安全被房地产"泡沫"绑架。

三是银行金融资产独大，造成经济各类要素发展不平衡，削弱金融安全基础。中国银保监会公布的数据显示，2020年年末，我国金融业机构总资产为353.19万亿元，其中银行业金融机构总资产为319.74万亿元，占金融业机构总资产的90.53%；金融业机构总负债为321.17万亿元，其中银行业金融机构负债为293.11万亿元，占金融业机构总负债的91.26%。但银行的资金投资逻辑是要有充足的抵押物，或有足够的信用保证，但国民经济中急需发展的行业，如"三农"、民生领域以及民营企业等难以公平地得到信贷支持或金融服务，也说明我国资本市场不发达，直接融资不足。

四是粮食、黄金、石油等战略性金融资产的基础薄弱。目前我国已成为全球最大的原油净进口国，进口原油的依存度接近60%，但由于完善的现货市场及优越的金融环境，全球原油的定价中心依旧处于欧洲及美国。此外，我国粮食进口依存度高，粮食储备基础薄弱。如2019年我国发生非洲猪瘟疫情，猪肉供应极度短缺，进而传导至其他食品，引发CPI大幅度上涨。

上述这些现象是金融资产、金融价值及金融价值基础配置不合理的突出表现,有可能导致国家金融安全边界基础不实。

四、金融机构的创新发展持续拓展金融安全边界,同时也给金融安全带来损害

改革开放以来,我国金融业发展取得了历史性的成就。尤其是党的十八大以来,金融改革发展成效显著,金融产品日益丰富,金融服务普惠性增强,金融监管得到加强和改进。然而,地方政府隐性债务高、金融控股公司"野蛮发展"、P2P平台的无序发展等,导致实体经济部门过度负债、金融领域信用过度扩张、宏观经济杠杆率过高,加剧了宏观金融脆弱性,危害了国家金融安全。中国人民银行与国际清算银行数据显示,截至2017年年末,我国宏观杠杆率为248.9%,高于同属于发展中国家的巴西(151.7%)和印度(124.3%)。

财政部的数据显示,2018年年末全国地方政府债务余额为18.38万亿元,比2017年增长11.63%,债务余额控制在全国人大批准的限额20.99万亿元之内,政府负债率为20.42%,低于国际公认的60%的风险预警线。至2018年年末,全国国有及国有控股企业资产负债率为64.70%,负债总额为115.65万亿元,其中地方国有企业负债总额为61.26万亿元。据有关研究结果,截至2018年年底,地方政府融资平台债务总量已突破30万亿元,融资平台债务总量也已超过地方国有企业负债总额的50%。如将融资平台债务纳入政府债务,则政府负债率将接近60%的风险预警线。穆迪2018年发布的《中国影子银行季度监测报告》(Quarterly China Shadow Banking Monitor)显示,2017年年末,中国影子银行资产规模达到65.6万亿元,影子银行资产占当年GDP的79.3%。而地方政府债务、影子银行等大多通过所谓的金融创新绕开监管得到迅速膨胀,有一些融资的底层资产无法穿透管理,严重危害国家金融安全。

五、缺乏独立全面的金融安全审查机制,国家金融安全边界缺损

2011年以来,我国已建立了非金融领域的外资安全审查制度,但金融领

域还没有构建相关机制。2015年11月25日,周小川在《人民日报》上发文呼吁,我国应建立国家金融安全审查机制,健全金融安全网,完善存款保险制度职能,建立风险识别与预警机制。2016年12月,中国人民银行等14部门联合发布的《关于促进银行卡清算市场健康发展的意见》提出,依法建立银行卡清算服务等金融领域安全审查机制,保障国家金融安全。时至今日,我国仍缺乏相对独立、全面的金融安全审查机制。

第十六章

新时代我国构建国家金融安全边界的必要性

新时代我国构建国家金融安全边界的必要性有很多，概括而言，主要有以下几个方面：

第一节 金融安全与国家安全

2013年11月成立的中央国家安全委员会，主要职责是完善国家安全体制和国家安全战略，以确保国家安全；2015年1月，中央政治局审议通过的《国家安全战略纲要》指出，经济安全是国家安全的基础，强调应重视经济安全、文化安全、科技安全、信息安全、资源安全等非传统安全领域；2015年7月1日，经第十二届全国人民代表大会常务委员会第十五次会议通过，中华人民共和国主席令第29号公布实施的《中华人民共和国国家安全法》指出，"国家健全金融宏观审慎管理和金融风险防范、处置机制，加强金融基础设施和基础能力建设，防范和化解系统性、区域性金融风险，防范和抵御外部金融风险的冲击"；2019年2月22日，习近平总书记在中共中央政治局第十三次集体学习会议上强调，金融安全是国家安全的重要组成部分。

金融与国家安全存在一种辩证关系。一方面，金融作为现代经济的核心，是国家安全的重要组成部分；另一方面，国家安全也依赖于金融安全的支撑和配合，若金融形成重大系统性风险，则会对国家安全形成威胁。这种辩证关系充分说明了金融安全的重要性，同时也说明强化金融管制、严格金融监管、实施好货币政策和完善金融市场调控，在现阶段显得更为重要。

2017年10月18日，习近平总书记在十九大报告中正式提出："要坚决打好防范化解重大风险、精准脱贫、污染防治的攻坚战，使全面建成小康社会得到人民认可、经得起历史检验。"防范化解金融风险，守住不发生系统性风险是国家金融安全的底线。国家采取的各种金融市场整治行动和出台的各种政策法规，均是防范化解金融风险、守住不发生系统性风险的重要手段，也是构建国家金融安全边界的重要举措。

第二节 金融安全与经济健康可持续发展

2017年4月，习近平总书记在中共中央政治局第四十次集体学习会议上强调，金融安全是国家安全的重要组成部分，是经济平稳健康发展的重要基础。维护金融安全是关系我国经济社会发展全局的一件带有战略性、根本性的大事。金融活，经济活；金融稳，经济稳。金融处于政府、企业与居民之间的资金调度配置的重要枢纽地位，既是经济社会发展的基本要素和重要推动力，又是实现金融稳定健康发展的基础。金融已深深融入并深刻影响经济社会发展的各领域和全过程，金融安全直接关乎国家经济社会稳定发展大局，关乎人民群众根本利益。

一、金融是经济增长的重要力量

国家统计局数据显示，我国金融业对GDP的贡献率一度超过10%，2018年金融业GDP为69 100亿元，贡献了约7.5%的GDP，在一些城市，金融业是其GDP的主要贡献力量。例如，2018年，金融业在北京市GDP中的比重已经达到了17%，对北京市GDP增长的贡献率达18.4%。稳定的货币政策保证了我国经济持续几十年的快速增长，2008年我国实施"4万亿"经济刺激政策，2008—2018年M2/GDP均大于2。

始于2018年3月的中美贸易摩擦对我国经济造成严重阻碍，2019年第三季度GDP增速曾一度下降至6%。为保持经济合理运行、平稳增长，国家实行稳健的货币政策。2019年9月末，M2同比增长8.4%，社会融资规模存量同比增长10.8%，M2和社会融资规模增速与前三季度名义GDP增速基本匹配并比后者略高，体现了强化逆周期调节；前三季度人民币贷款新增13.6万亿元，同比多增4 867亿元，多增部分主要投向了民营和小微企业等薄弱环节；企业综合融资成本稳中有降，9月企业债券加权平均发行利率为3.33%，较上年高点下降1.26个百分点，其中民营企业债券加权平均发行利率较上年高点下降1.8个百分点；新发放企业贷款利率较上年高点下降0.36个百分点。上述数据说明，国家实施稳健的货币政策，传导到经济各领域，实现2019年前三季度GDP平均增速达6.2%，有力地促进了经济的合理增长。同样，进入2019年，美国、印度等30多个国家或地区选择了不同程度的降息，以应对出口下滑、通胀低迷、国内外投资疲软等经济下滑的现象，更进一步证实了金融是经济增长的重要力量。

二、资本市场是实体企业发展的重要力量

金融市场是资源配置的重要市场，是企业融资的关键场所。目前我国已形成以股票市场、债券市场、外汇市场、衍生品市场等为主的金融市场，同时形成主板、创业板、"新三板"、科创板等多层次的资本市场。相关数据显示，2017年沪深股市IPO（首次公开发行）共437宗，融资规模为2 351亿元；2017年A股定增市场融资规模达1.32万亿元，与2016年相比，融资规模减小3 795亿元。2018年沪深股市IPO为105宗，融资规模为1 386亿元；2018年A股定增市场融资规模为7 658亿元。在2015年股市泡沫破裂之前，股市IPO是企业融资的重要渠道，2015—2017年A股定增市场融资规模均超万亿元，股市已成为实体企业融资发展的重要金融市场。

截至2021年度，A股上市公司总计4 697家。2018年上半年以高新技术

产业为主的创业板公司共 730 家，平均实现营业收入 8.1 亿元，同比增长 19.92%。平均实现净利润 0.75 亿元。深市 957 家战略性新兴产业公司通过技术创新、产品创新、服务创新，有效地将科技成果转化为实际生产力，平均营业收入和净利润增长率分别为 23.32% 和 20.77%。以先进制造、科技创新、新兴服务和消费公司等为主的主板，2018 年上半年专用设备制造业实现净利润 95 亿元，信息传输、软件和信息技术服务业实现净利润 100 亿元，租赁和商务服务业实现净利润 83 亿元。

上述数据说明，金融可通过自有体系高效地为企业配置资源，让企业得到资金支持，实现快速发展。

第三节　金融安全与防范化解系统性金融风险

前文已说明了国家金融安全的概念，要保持金融安全状态的前提是守住不发生系统性金融风险的底线。防范化解金融风险也是金融供给侧结构性改革的重要内容。通过金融供给侧改革和防范化解金融风险，进一步改革金融体制机制的弊端，最大限度地化解金融风险，实现金融稳定，巩固金融价值，进而筑牢金融安全边界。

2015 年，我国开始实施供给侧结构性改革。随着改革的推进，经济金融体系中多年累积的周期性、体制机制性矛盾和风险逐步暴露；2017 至 2018 年，随着金融监管体制的调整及资管新规的落地实施，金融强监管已成为新常态，P2P 平台违约、地方政府债违约、上市公司违约等金融风险事件逐渐得到处置。在风险得到进一步处置的情况下，2018 年年末全国商业银行平均不良贷款率为 1.89%，大型商业银行不良贷款率为 1.41%，股份制商业银行不良贷款率为 1.71%，农村商业银行不良贷款率为 3.96%。降低不良贷款率，控制金融风险的任务仍然很重。

为进一步巩固三大攻坚战成果和加速推进攻坚战任务的完成，按照中央要求，2019 年开始，中国人民银行和金融监管部门强化了对存在重大风险的电子商业银行的整顿。习近平总书记在中共中央政治局第十三次集体学习会议上强调，要深化金融供给侧结构性改革，以金融体系结构调整优化为重点，优化融资结构和金融机构体系、市场体系、产品体系，为实体经济发展提供更高质量、更有效率的金融服务。2019年4月，锦州银行遭港交所停牌，进而引发重组；2019年5月，包商银行被接管；2019年11月，华信证券被接管并进行行政清理。截至2019年11月20日，P2P网贷平台经过近两年的行业整顿出清，运营平台已从万余家降至427家。银行、证券、P2P网贷平台等风险的出清正是国家构建金融安全边界的迫切需要，是守住不发生系统性金融风险底线的重要举措。

第四节　金融安全与新时代金融机构的发展

新时代金融机构的发展有几个鲜明特征：一是金融控股公司迅速发展，正趋于"大而不能倒"。近年来，各地方政府纷纷成立金融控股公司，以"BATJS"（百度、阿里、腾讯、京东、苏宁）为代表的互联网公司也开启了金融控股公司的发展模式。二是金融机构"抢滩式"发展互联网金融，正趋于"英雄式"发展状态，以P2P网贷平台为代表的互联网金融的信用风险以几何级增加。三是以金融科技构建智慧金融成为金融机构鲜明的新时代特征。2019年9月中国人民银行正式印发《金融科技发展规划（2019—2021年）》并指出，要合理运用金融科技手段丰富服务渠道、完善产品供给、降低服务成本、优化融资服务，提升金融服务质量与效率，融合了人工智能、大数据、云计算、生物识别等前沿科技元素的智慧金融已经成为金融机构发展的必然趋势。四是数字化将成为金融机构构建核心竞争力的重要路径。2018年我国数字经济规模达31.3万亿元，居全球第二（美国第一），占GDP的比重达34.8%；截至2019年8月，全国有超过28个省市（包括四个直辖市）出台了数字经济相关发展规划，这些均表明数字经济已成为经济发展的趋势。截至2019年6月末，兴业银行、平安银行、招商银行、光大银行、建设银行、民生银行、华夏银行、北京银行、工商银行、中国银行 10 家银行陆续成立了金融科技子公司。金融科技子公司一方面对外输出金融科技技术和系统建设能力；另一方面力图以独立金融科技公司的形式，加快推进金融机构数字化转型，运用数字化构建核心竞争力。

上述金融机构在新时代表现出的特征，会使金融机构面临技术、信息安全等方面的新的风险，并进一步放大金融机构的操作风险和合规风险。金融机构在运用人工智能、区块链、云计算、大数据、移动支付、物联网等技术时，在开发、测试、应用等各阶段都可能会出现技术错误，从而造成技术或信息安全风险；金融体系涉及的支付、互联网、物联网、区块链、大数据等基础技术的运行均严重依赖机器、光纤等基础设施，这些设施若在某些环节出现问题，则将直接导致信息安全风险。所有这些风险如果应对不当，将直接导致金融体系的不稳定，甚至引发金融危机，造成金融安全边界损毁，威胁国家金融安全。

第五节　金融安全与金融科技发展

近年来，金融与经济的深度融合促进了金融科技的快速发展。金融科技的不断迭代更新，为金融业新产品、新业态、新模式等提供了创新的可能，金融科技助力金融业务创新和发展已成为趋势。金融科技快速重塑金融业生态，深刻改变着支付、客户管理、征信、金融资源配置、信息安全、风险管理等金融服务的运作方式。同时，金融科技应用所伴生的运营风险、操作风险、合规风险、技术风险及模型算法风险正突破现有监管架构和体制，深刻重构金融安全边界。

一、区块链技术重构金融基础设施安全边界

区块链作为金融科技的领先技术，得到飞速发展和应用。区块链是一种由多方共同维护，使用密码学保证传输和访问安全，能够实现数据一致存储、

难以篡改、防止抵赖的记账技术，也被称分布式账本技术。区块链作为一种在不可信的竞争环境中以低成本建立信任的新型计算范式和协作模式，凭借其独有的信任建立机制，正在改变诸多行业的应用场景和运行规则，是未来发展数字经济、构建新型信任体系不可或缺的技术之一。

金融基础设施是国家金融安全的重要基础。《中国金融稳定报告（2017）》指出，金融基础设施包括支付、清算和结算体系、法律环境、会计标准、信用环境、金融消费权益保护等。而区块链技术则是未来支付、清算和结算体系的重要基础，是我国建设跨境支付、清算和结算体系，构建国家金融安全边界的重要技术。各国监管部门对区块链的发展与应用持谨慎态度，多数国家重视区块链技术在实体经济中的应用，少数国家对区块链及加密货币持"积极拥抱"的态度，部分国家对加密货币明确了监管政策。

2018年8月，银保监会、中央网信办、公安部、人民银行和市场监管总局联合发布《关于防范以"虚拟货币""区块链"名义进行风险集资的风险提示》；2019年1月10日，网信办发布《区块链信息服务管理规定》。这两个文件是我国区块链监管的重要文件。2019年9月9日，中央全面深化改革委员会第十次会议审议通过了《统筹监管金融基础设施工作方案》，提出"加强对重要金融基础设施的统筹监管，统一监管标准，健全准入管理，优化设施布局，健全治理结构，推动形成布局合理、治理有效、先进可靠、富有弹性的金融基础设施体系"。2019年10月24日，习近平总书记在主持中共中央政治局就区块链技术发展现状和趋势进行第十八次集体学习时强调，区块链技术的集成应用在新的技术革新和产业变革中起着重要作用，要把区块链作为核心技术自主创新的重要突破口，明确主攻方向，加大投入力度，着力攻克一批关键核心技术，加快推动区块链技术和产业创新发展。

区块链技术将重构金融基础设施边界已受到各国的重视，许多国家已制定相关政策支持其发展，也有不少国家制定了相关法规，规范其发展。但有不少国家认为其发展尚未成熟，在金融领域的应用有可能会增加风险并放大原有的风险。我国从国家层面推动区块链的发展与应用，鼓励其在较为成熟的供应链金融领域的应用，这将为我国运用区块链技术构建金融基础设施安全边界提供试验田，也为构建金融安全边界提供经验借鉴。

二、区块链技术重构货币安全边界

货币是金融安全的重要内容。数字货币是否会成为货币未来的发展趋势？有人认为，讨论数字货币将来是否会取代主权货币为时尚早，笔者赞成这个观点，现在需要讨论的是数字货币产生的基础在多大程度上能接受监管的挑战，而数字货币最关键的底层技术为区块链技术。但如前所述，区块链技术在金融领域的应用尚未成熟，区块链去中心化的特点与监管中心化和统一化的逻辑存在矛盾，如何应对区块链技术飞速发展的挑战是监管如何促进金融业稳定发展面临的重要课题。

中国人民银行从2014年就成立了专门的研究团队，对数字货币发行和业务运行框架、关键技术、发行流通环境、面临的法律问题等进行了深入研究。2017年1月，中国人民银行在深圳正式成立数字货币研究所；2018年9月，该研究所搭建了贸易金融区块链平台。2019年8月，中国人民银行表示，我国数字货币将采用双层运营体系。2019年8月18日，《中共中央 国务院关于支持深圳建设中国特色社会主义先行示范区的意见》明确提出，支持在深圳开展数字货币研究与移动支付等创新应用。

综上所述，以区块链、大数据等为代表的金融科技飞速发展。科技的无国界、开放性、多元性等特征进一步与金融风险、全球治理风险等交错、复合，使金融科技风险更具危害性。目前，在金融科技风险防范上尚无任何全球性的合作机制，全球金融科技风险防范处于"群龙无首"状态，构建金融安全边界是防范金融科技风险的有效应对措施。

第六节　金融安全与应对外部金融风险冲击

2019年7月20日，国务院金融稳定发展委员会推出了11条金融业进一步对外开放的政策措施，涉及寿险公司、证券、期货、基金等金融机构外资持股比例限制放开以及债券市场开放提速等措施的落地。金融全面开放一方面有利于效率的提高,另一方面也容易受到外部风险的冲击。

一、债务危机传导风险

2018 年全球贸易保护主义、单边主义抬头,对我国经济社会的发展增加了诸多的不确定性。我国是美国最大的债权国和美元持有国。截至 2018 年年末,我国拥有 30 924.31 亿美元外汇储备,持有 11 235 亿美元债务。在美国,个别政治家和个别媒体鼓吹未来选择性地对中国所持有的美国国债及其他债券违约。这也许是危言耸听,但若美国定向对我国债券违约或美元汇率打压,将对我国金融安全造成严重危害。冰岛、阿根廷、乌拉圭、巴西、智利等数十个国家曾因外债濒临"破产",国家金融安全严重受损。有研究认为,美国债务危机的爆发对中国等国家的经济发展将产生巨大消极影响。一方面会使外汇储备缩水;另一方面将使我国外汇储备的收益率小于汇率变动幅度,导致投资失败。鉴于国际上的经济条件,我国还无法建立有效的多层次、多目标的外汇储备体系。所以,要减缓或避免债务危机,外部基础条件要具备,若应对外部风险冲击不力,将引爆国家债务危机,危害国家金融安全。自 2017 年第五次全国金融工作会议后,我国实际上开始实行以防风险为主的政策。党的十九大提出把防风险作为三大攻坚战之首,各类宏观审慎措施和微观审慎措施均以防风险为重点,兼顾高质量经济增长和结构调整。

二、汇率传导风险

汇率对国家金融安全的重要性,可以从历史上找到很多例子,"广场协议"击垮日本金融安全边界就是一个很好的例子。20 世纪 70 至 90 年代,美日贸易摩擦对日元的影响大致有四个过程:一是布雷顿森林体系瓦解促使日元被迫升值(1971.3—1973.2);二是石油危机后美国向日本汇率再次施压(1975.8—1978.8);三是"广场协议"迫使日元第三次升值(1985.1—1987.12);四是国内国际因素共同推动日元第四次升值(1990.5—1995.3)。经过这四个过程,日元对美元的汇率从 360∶1 的固定汇率到围绕 100∶1 上下波动，上升了约 260 个百分点，且两国之间的贸易摩擦扩展到半导体等高科技产品和通信、金融等行业。

汇率成为金融和贸易打击的一种手段。2019 年 5 月 29 日，美国财政部公布半年度汇率观察报告，中国、日本、韩国、德国，以及新增的意大利、爱尔兰、新加坡、马来西亚、越南 9 个经济体被列入汇率操纵观察名单。从报告的认定标准来看，若某个经济体与美国双边贸易失衡规模极大，则也会被保留在观察名单（如中国 2019 年前 5 个月对美国的贸易顺差为 7 506.2 亿元，比上年扩大 11.9%），汇率成为美国进行贸易打击的一个手段。2019 年 8 月 6 日，美国财政部将中国列为"汇率操纵国"，为美国制裁中国提供"借口"。根据美国相关法案，一国在被美国列为"汇率操纵国"后，若双边磋商一年后未果，美国总统可以采取相关措施，包括：禁止海外私人投资公司批准任何位于"汇率操纵国"的融资，如保险、再保险和担保；禁止联邦政府采购来自"汇率操纵国"的货物或服务；指示美国在国际货币基金组织的执行董事发起对"汇率操纵国"宏观经济汇率政策的额外严格的审查；指示美国贸易代表（United States Trade Representative，USTR）办公室与财政部磋商，考虑是否修改与"汇率操纵国"订立的双边或区域贸易协定，或发起双边或区域贸易协定谈判。

2018 年全年，我国外汇市场累计成交 29.07 万亿美元，较 2017 年增加近 5 万亿美元。2018 年我国经常项目顺差为 490.92 亿美元，其中贸易顺差为 3 951.71 亿美元，服务贸易逆差为 2 922.49 亿美元。在服务贸易逆差里，金融服务逆差增加了 31.44%，知识产权逆差增加了 26.22%，其他政府服务逆差增加了 54.63%。这些数据均从侧面说明我国的对外开放程度，尤其是金融业的对外开放程度在提高。2018 年，我国初次收入账户逆差为 514.20 亿美元，环比增加了 412.31 亿美元，其中，资金汇入减少 18.35%，资金流出则增加了 3.82%。巨额的外汇交易以及金融业对外开放程度的逐步增大，使得汇率对我国金融安全的影响随之增加。

此外，我国目前实行的是"收盘价＋一篮子货币汇率变化＋逆周期因子"的汇率形成机制，其主要考虑的是美元、欧元、日元、马克等全球主要货币。

这些国家的货币政策出现变化则会影响人民币的汇率，并通过人民币的汇率变化传导至其他领域，从而可能影响国家金融安全。

三、货币政策和财政政策传导风险

2007 年美国爆发次贷危机，为尽快从危机中走出并恢复，美国当年就推出了量化宽松政策。该量化宽松政策直接导致国际市场的货币供应量增加、美元贬值，并推高了黄金和白银的价格。这次危机对全球金融市场及经济造成了巨大冲击。各经济体为了降低损失，恢复经济发展，多数实行了较为宽松的货币政策及财政政策。2014 年开始，美国为防止经济过热，同时为增加资本回流，支持国内实体经济，加息和缩表频率增加，仅 2018 年就加息 4 次，并实施税改，使美国资本回流；欧洲、日本的货币政策和财政政策均有收紧趋势，流动性风险和国际金融市场动荡风险增加，并对新兴市场国家形成外溢效应。2019 年，中美贸易摩擦过程中，我国加强了逆周期调节因子的使用，在金融供给侧结构性改革、防范系统性风险的同时，继续实施稳健的货币政策及积极的财政政策。进入 2019 年，美国、印度、新西兰等 30 多个国家和地区降息，以应对经济下滑。而我国则没有跟随降息步伐，坚持按照党中央、国务院的决策部署，坚持金融服务实体经济的根本要求，实施稳健的货币政策和积极的财政政策，加强逆周期调节，加强结构调整，将改革和调控、短期和长期、内部均衡和外部均衡结合起来，用改革的办法疏通货币政策和财政政策传导机制，促进降低社会综合融资成本，为实现经济高质量发展营造了适宜的货币金融和投融资环境。由此可见，保障国家金融安全能进一步预防国际其他经济体的货币政策及财政政策的传导风险。

第七节　金融安全与应对全球治理体系重构

美国的单边主义政策迫使全球贸易体系、金融体系、公共事务治理体系等进行重构。单方面重塑全球贸易体系、金融体系等，必然会引起全球金融市场的剧烈波动。

从国际上看，金融手段越来越成为一些国家转嫁危机、刺激经济增长、维护经济与金融优势的手段。金融已经突破经济工具的角色定位，成为现代国家治理和国际竞争的重要手段。2019年1月31日，法国、德国和英国发表联合声明，宣布三国已经设立与伊朗贸易的专门机制，核心是INSTEX（Instrument for Supporting Trade Exchanges）结算机制；2019年11月30日，比利时、丹麦、芬兰、挪威、荷兰和瑞典6个国家宣布加入INSTEX结算机制。建立INSTEX结算机制的最初原因是欧洲许多国家需要与伊朗进行石油交易并希望绕开美国控制的SWIFT系统而避开美国制裁，其实质是欧盟成员国建立的一个法律实体，用以合法地以欧元为结算货币与伊朗进行金融交易，从而使欧洲的企业继续与伊朗进行贸易往来。这一方面动摇了美元的金融霸主地位，威胁到美元在国际货币中的统治地位；另一方面削弱了美国对伊朗的制裁效力，宣示着美国在外交上孤立伊朗的行动与欧盟存在重大分歧。此外，金砖国家也正在打造名为"金砖支付"的统一支付体系，相关试点项目将在南非启动；"金砖支付"的实施方案之一是建立囊括所有金砖国家支付体系的在线"钱包"，建立与金砖五国支付体系相连的独立云平台，非金砖国家支付体系也可接入平台，通过在智能手机上安装相关应用，消费者可在接入云平台的国家内用手机进行不受交易币种限制的跨国支付。这些均说明国际金融体系正在深刻重构，而这些重构有可能会带来原金融体系的分解，也使金融安全边界存在不确定性。

从国内看，金融是最直接、最有效、最广泛的调节利益的媒介中枢。用对、用活、用好金融手段，是实现国家经济健康发展的应有之义，也有助于维护金融安全，这是关系我国经济社会发展全局的一件战略性、根本性的大事。而构建国家金融安全边界就是运用金融的资源配置和宏观调控功能应对全球治理体系重构所带来的系统性风险的挑战。

第十七章

构建我国国家金融安全边界的对策建议

构建我国国家金融安全边界,从短期来看,要正确处理中美关系,坚定以渐进式方式继续深化改革开放。从长期来看,首先是明确金融价值及金融价值基础的主要内容;其次是厘清各类金融价值及各类金融价值基础间的边界关系;再次是确定金融价值及金融价值基础的安全边界或标准或阈值;最后是构建金融安全边界的具体举措。

第一节 深化渐进式改革开放

一、避免"修昔底德陷阱"

数据显示,如果按照目前的增长速度,2027年中国的经济总量将超过美国。在中国经济高速和高质量发展过程中,个别发达国家把中国作为其战略竞争对手,动摇与中国接触和合作的战略性基础,分析中国崛起对其造成的影响,对中国的发展采取偏见和冷战思维,严重损害了中国的利益和全球经贸合作的基础。中国作为发展中大国,正在继续进行社会、经济全面改革,个别国家不断弹唱"中国威胁论",表示中国的崛起会影响和威胁其本国的利益，即试图通过这种舆论和"脱钩"减缓中国发展速度或在国际舞台上孤立中国，这种陷入"修昔底德陷阱"的心态，是绝对不得人心的。

基于此，我国在维护国家金融安全利益时，应秉持以下原则：一是坚持国家独立主权，金融安全是国家安全的一部分，国家主权独立则要求国家把握金融控制权，金融要保持开放条件下的可控性；二是抓好金融国内、国际两个循环，对内做好服务实体经济工作，打造好现代金融服务体系，对外积极参与国际金融活动，在掌握国际金融话语权方面不断努力。

二、在对外开放中培育金融业核心竞争力

对外开放一直是我国所坚持的政策，要扩大和推动金融对外开放。党的十八大以来，我国陆续公布金融各市场具体的开放时间表，倒逼我国金融业的改革。开放和改革是趋势，是我国金融业发展壮大的重要举措和必经之路。具体体现为以下几个方面：一是完善金融业开放的制度规则，实现制度性、系统性开放，加快相关制度规则与国际接轨，不断完善会计、税收等配套制度。二是坚持金融服务业开放、金融市场开放与人民币汇率形成机制改革相互配合，协调推进。三是开放投资市场，按照新的《外商投资法》对资本流动进行审核。在新一轮的开放中，要以渐进式市场化手段推进金融业开放的进程，在开放中培育我国金融业的核心竞争力。

三、坚持金融供给侧改革

1. 保持金融部门杠杆率平稳

2020年，面对新冠肺炎疫情冲击，中国实行稳健的货币政策，加强对实体经济的服务力度，平均贷款利率有所下降，保证了实体经济的合理资金要求。我国杠杆率高企主要是非金融企业杠杆率过高造成的，其他杠杆率与国际水平相当，但鉴于非金融企业仍处在调整中，杠杆率不宜降低过快。因此，从短期来看，有必要先把去杠杆调整为稳杠杆；然后，分类施策，区分需要稳杠杆、去杠杆的领域和行业，把握好稳杠杆和去杠杆之间的节奏。

2. 继续实行稳健的货币政策

实行稳健的货币政策，M2 增长速度应与名义 GDP 增速相当。为实现通货稳定增长，应畅通货币政策的传导机制，完善 LPR（Loan Prime Rate，贷款市场报价利率）机制，完善货币政策宏观调控机制，丰富货币政策工具，保持流动性合理充裕，定向降准降息。加强逆周期调节，坚持高质量发展与防范化解风险并重，保持货币信贷、社会融资规模增长与经济发展相匹配，妥善应对经济短期下行压力，避免落入"大水漫灌"怪圈。注重预期引导，防止通货膨胀预期发散。加强货币政策与宏观政策协调配合，协调好本外币政策，处理好内部均衡和外部均衡之间的平衡。

3. 稳定金融秩序

近些年，互联网金融领域出现较大问题，中小银行、金融控股公司也不断暴露出各种形式的风险，因此在防范系统性风险的要求下，要继续整治、清理和规范，对各类金融机构的风险仍需防范。一是短期来看，要对各类金融机构和金融业务的风险继续评估、检测，并做好操作方案和指引方面的预案，在缓释风险的同时给行业发展指明方向；二是要研究制定行业发展规划和政策指引，建立各类金融机构和金融业务的"宏观审慎＋微观监管"的监管体制机制，尤其是对影子银行、数字货币、金融科技、中小金融机构等需要加大监管力度。

4. 稳定汇率

首先，我国已是全球第一大贸易国，同数百个国家或地区有贸易往来，每年进出口贸易额达数十万亿美元。其次，我国拥有巨额外汇储备，截至 2019 年年末，外汇储备为 31 079 亿美元，黄金储备约为 1 775.8 吨。再次，我国企业跨国发展的情况不断增多，许多企业都在海外拥有业务，且有许多企业开展海外并购。最后，随着"一带一路"倡议的推进，海外联合项目越来越多。这些都需要与世界各国、各地区发生大量的货币结算，汇率的稳定无疑至关重要。因此，一要完善外汇市场"宏观审慎＋微观监管"两位一体的管理框架，维护国际收支基本平衡；二要加强对货币错配的监管，对商业银行、外汇衍生品市场、跨国大型企业、进出口专营企业等货币错配进行实时监测，建立货币错配预警机制，对外汇储备、外汇货款、外汇敞口、外汇流动性等实时监测预警，防止出现外汇储备的大幅度波动，引发其他交叉风险；三要加强对企业海外并购、个人海外投资和"一带一路"投资等的实时监测，稳定外汇需求；四要加强对贸易项目和资本项目的实时监管，稳定外汇供给。

第二节 厘清我国国家金融安全的各类金融价值及金融价值基础之间的关系

一、厘清国内与国外金融安全边界的关系

1. 国内金融价值及其基础安全边界是海外金融价值及其基础配置的前提

一个国家的金融体系具有全球性，要对接国际金融监管体制机制，要保护我国海外金融价值及金融价值基础配置的安全，就必须在保证国内金融安全边界未受到威胁的基础上进行。构建国内金融安全边界需要人、财、物等的投入。如果国内金融安全无法保证，则海外金融安全也无法保证，更无资源构建海外金融价值及金融价值基础的安全边界。

2. 国外金融价值及其基础配置是国内金融安全边界的扩张和防御前站

如前所述，按照马克思唯物主义辩证法，国家金融安全可以通过防御和攻击获得。被动的防御是构建国家金融安全边界的下策，而通过主动防御和攻击那些危害国家金融安全边界的事件才属上策。现代国家安全理念认为，须在国家领域边界线外围再构建一个缓冲区以避免外部冲击直接危害到国家领土边界（如防空识别区）的安全。国家金融安全边界虽然不像国家领土边界一样，有一个明确的地理界线标识，但它同样可以从金融体系的组成要素

中由重要的点连成一条安全界线标识。

为保障国内金融安全边界的扩张和防御，一要积极在国外配置金融价值和金融价值基础，获得国家金融安全边界缓冲区；二要在国外配置我国金融价值及金融价值基础，由此可以更好地运用国际金融和贸易规则构建我国金融安全边界的前沿防线和优势，提升风险防御能力；三要在发生贸易争端、经济危机、金融危机时，更好地发挥我国海外金融价值及金融价值基础的防御作用，保障国内金融安全边界。

二、厘清国家金融安全宏观、中观、微观边界的关系

如前所述，国家金融安全边界由许多点组成，这些点可以相互连接，组成不同的线。根据线点之间的重要程度，可以有不同层面的边界线，即金融安全边界的不同维度。按照国家金融体系的构成，国家金融安全边界有宏观、中观、微观之分。

1. 宏观边界

一个国家的金融安全边界需要国家进行顶层设计，规范国家层面直接管控的金融价值及金融价值基础。国家层面直接管控的金融价值及金融价值基础与中观、微观的金融价值及金融价值基础是全局和局部的关系，是我国化解系统性风险的重要依靠。国家层面直接管控的金融价值基础，是我国金融安全边界的根本基础。

对于我国金融安全边界而言，中央直接管控的与金融有关的政府部门及准政府机构，主管各类金融企业等金融价值的安全。对于中央直接管控的石油、粮食、稀有矿产等金融价值基础，需要从国家层面统一规划、统一配置资源，才能确保其安全。

2. 中观边界

金融体系的组成非常复杂，金融行业是其中重要的组成部分，金融企业里的子行业或市场主体是金融安全边界的关键点，这些点的安全构成边界的安全。此外，一个国家由许多区域组成，每个区域的金融安全构成了整个国

家的金融安全。从行业角度看，银行业、保险业、信托业、基金业、证券业等金融行业，要服务于国家金融的宏观调控，与国家宏观金融价值是服务与服从的关系，同时对国家宏观金融价值的安全边界构成补充；从区域角度看，各区域的金融价值是国家金融安全宏观边界的补充。对金融价值基础的安全，同样存在从行业和区域角度的描述。

3. 微观边界

国家金融安全的微观边界主要指各金融机构及类金融机构的安全边界。各金融机构及类金融机构是宏观、中观边界的基础，是宏观边界的部分内容，是中观边界的重要内容和部分补充。目前确保一个国家的金融安全多以确保各金融机构和类金融机构的安全为基本前提，如全球系统重要性银行、保险机构的确立和监管要求，以及正在探讨的将证券、信托等机构纳入全球系统重要性金融机构进行监管。

三、厘清国家金融安全的监管边界的关系

1. 厘清监管体制边界关系

我国金融安全体制是国家安全体制的重要组成部分，应从国家安全角度设计金融监管体制。一是将金融安全纳入国家安全议事范围，强化国务院金融稳定发展委员会联席会议制度，统筹国家金融安全边界的构建。二是完善"宏观审慎＋微观监管"两位一体的管理框架，进一步强化"一委一行两会"的监管职责。三是明确金融监管与地方发展的关系，当构建国家金融安全边界需要时，地方金融管理应服从全局的安排。

2. 厘清监管政策体系边界关系

可从以下方面厘清监管政策体系的边界：一是要有主动构建国家金融安全边界的战略举措，制定国家金融安全战略。二是要根据宪法制定国家金融法，明确各金融价值的法律地位。三是要厘清和明确各金融监管主体出台的政策法规的法律地位及相互关系。四是要根据最新实际情况及时修订、完善、废除相关监管法规。国家金融法是各监管主体出台的政策法规的上位法，所

有金融监管法规要遵照执行。

第三节 深化改革，推进构建国家金融安全边界

一、金融价值及金融价值基础的安全边界

根据对金融价值及金融价值基础的定义，我们可以得到其安全边界定义，进一步确定我国金融安全边界指标体系，按照确定好的指标体系采用渐进式市场化改革手段构建安全边界。

1. 金融监管体制机制的安全边界

金融监管体制机制主要由监管机构及它们间的运行关系组成，目前主要由国务院（金融稳定发展委员会）、一行（人民银行）两会（银保监会、证监会）及各派出机构、各省市监管机构组成。它的安全边界是这些机构及它们间的管理关系形成的体制机制能保持稳定并根据实际情况适时进行调整，能防御国内外经济金融风险及危机的冲击，监管体制机制对金融机构、类金融机构等能监管有效、指挥有效、令行禁止的一种状态。具体的机构及安全边界指标见表17-1。

表 17-1 金融监管体制机制的安全边界指标

一级指标	二级指标	三级指标	四级指标	五级指标
监管体制机制	国家安全部（国家安全委员会）	国务院（金融稳定发展委员会）	人民银行	货币发行制度	M0 发行制度
				M1 发行制度
				M2 发行制度
				存款准备金率制度
				数字货币发行制度（未来）
			宏观审慎调控制度	常备借贷便利
				超短期的逆回购
				中期借贷便利
				定向中期借贷便利
				中期市场利率

(续表)

一级指标	二级指标	三级指标	四级指标	五级指标
监管体制机制	国家安全部（国家安全委员会）	国务院（金融稳定发展委员会）	人民银行	宏观审慎调控制度	临时准备金动用安排
				临时流动性便利
				D-SIFIs 特别处置机制
			银保监会	审慎监管制度	
				准入监管制度	
				行为监管规则	
				风险管理制度	
				公司治理与内控制度	
			证监会	市场禁入制度	
				股票发行制度	
				证券期货交易和结算制度	
				股票退市制度	
				从业人员监管制度	
				信息披露制度	

注：表中的指标由机构及它们间的管理关系组成，具有一定的隶属关系，这些指标能确保各机构及其管理关系的运行和相应职能的发挥，进而确保金融监管体制机制能起到金融安全边界的作用；表中列示的指标并非所有指标，仅是起关键核心作用的指标。在明确监管体制机制的构成后，要进一步厘清各方职责边界，压实金融机构的主体责任、金融监管部门的监管责任和人民银行的最后贷款人责任，防范道德风险。

2. 金融机构的安全边界

金融机构的安全边界是指银行、保险、基金、证券、期货等银行及非银行金融机构建立的储备金标准线、风险储备金标准线、资本金最低标准线、股东组成要求标准线、股东及高级管理层任职资格标准线等，以及在此基础上能够防御国内外经济金融风险及危机冲击的其他标准线。公开资料显示，对于金融机构的安全边界如何确定，目前没有人做过定性和定量的研究，也没有哪个国家或机构公布过相关安全边界。金融机构的安全与稳定发展的指标及要求多为监管的指标及要求，下面我们也主要借鉴监管的指标和要求对金融机构的安全边界进行界定。

按照银保监会对银行机构的划分，应重点明确系统重要性银行、国有商业银行和股份制商业银行的安全边界。其他银行机构则根据各自的特征，参照这三类银行机构的安全指标，构建它们的安全边界指标。其安全边界指标值可适当低于这三类银行机构的安全边界指标值。

在此说明：首先，银行监管指标繁多，有风险、稳定、盈利等各类指标，但并不是所有这些指标都会影响银行安全，从安全角度看，风险类监测指标更具参考意义。其次，系统重要性金融机构是从2007年美国次贷危机中总结经验教训而推出的监管要求，是经过实验和测算的监管参考指标，其指标标准界线具有较高参考意义。再次，并不是说跌破标准界线就一定会发生安全风险事件，但若跌破安全界线，则应该采取相应的措施；最后，要抓住边界的关键核心点，通过"稳关键局部而稳全局"。

（1）系统重要性银行的安全边界

全球系统重要性银行按照系统重要性程度分为五组，分别执行1%、1.5%、2%、2.5%和3.5%的附加资本要求，以及0.5%、0.75%、1%、1.25%和1.75%的附加杠杆率要求。此外，G-SIBs还需满足总损失吸收能力（Total Loss Absorbing Capacity，TLAC）要求。2019年年初的TLAC（主要由资本和合格债务工具组成）应达到风险加权资产的16%和杠杆率分母（即银行表内外名义敞口）的6%。2022年年初应达到风险加权资产的18%和杠杆率分母的6.75%。新兴市场G-SIBs延后6年执行TLAC要求，若新兴市场经济体公司债/GDP超过55%，应在3年内开始实施TLAC要求（我国暂未公布公司债与GDP的比值，但根据相关研究数据，这一比值在2020年已超过55%）。欧盟对系统重要性金融机构执行的是附加资本2%的（最高）要求。

而国内系统重要性银行（D-SIBs）的资本要求是：资本充足率不低于11.5%，一级资本充足率不低于9.5%，核心一级资本充足率不低于8.50%，附加资本≥1%。G-SIBs评分体系包含5个一级指标和13个二级指标。根据《系统重要性银行评估办法（征求意见稿）》，目前我国D-SIBs包含4个一级指标和12个二级指标，一级指标没有跨境业务，其他与G-SIBs指标相同。2018年11月，《关于完善系统重要性金融机构监管的指导意见》（以下简称《意见》）印发，提出我国D-SIBs评估以定量指标体系为基础，力求评估结果客观准确；同时参考定性分析等其他信息进行监管判断，弥补定量指标体系广度不够、打分体系灵活度不足的欠缺。我国在 D-SIBs 选择范围方面可采用两种方式：一是采用金融机构的规模指标，即所有参评机构表内外资产总额不低于监管部门统计的同口径上年年末该行业总资产的 75%；二是采用金融机构的数量指标，即银行业、证券业和保险业参评机构数量分别不少于 30 家、10 家和 10 家。《意见》只是确立了建立 D-SIBs 的宏观政策框架，更多的监管要求和操作细节将在未来的实施细则中加以明确。《意见》除最低资本要求、储备资本需求和逆周期资本要求外，针对系统重要性金融机构提出附加资本要求和杠杆率要求；根据行业发展特点，可视情况对高得分组别系统重要性金融机构提出流动性、大额风险暴露、集中度等其他附加监管要求。未来将会增加总损失吸收能力、处置计划等监管要求。

此外，人民银行利用宏观审慎评估体系（MPA）对系统重要性金融机构进行监管。从 2016 年起将已有的差别准备金动态调整和合意贷款管理机制"升级"为 MPA。MPA 将银行分为三类：N-SIFIs（National Systemically Important Financial Institutions，全国性系统重要性金融机构，即工、农、中、建、交五家国有商业银行）、R-SIFIs（Regional Systemically Important Financial Institutions，区域性系统重要性金融机构，一般为各省资产规模最大的城商行）和 C-SIFIs（Citywide Systemically Important Financial Institutions，城市性系统重要性金融机构，含全国性股份制银行）。在某些指标上，MPA 对三类银行的考核标准有所差别。对于系统重要性附加资本，人民银行将 N-SIFIs 或 R-SIFIs 作为参照银行并要求附加资本为 1%。其他机构按与参照银行的资产规模比值来计算：

机构 i 系统重要性附加资本 = 0.5% + （1% − 0.5%）× 机构 i 资产规模/参照机构资产规模

表 17-2 仅列示了系统重要性银行的安全边界指标，且仅列示到三级指标。2019 年 11 月 26 日，中国人民银行发布《系统重要性银行评估办法（征求意见稿）》，里面提到的国内系统重要性银行的评估指标基本与全球系统重要性银行的评估指标一致。可以结合我国实际，进一步细化或增加评估和监管指

标。此外，可以借鉴 2015 年 11 月金融稳定委员会发布的针对全球系统重要性银行的《总损失吸收能力条款》，并借鉴其他金融强国的经验，加快推进构建中国版的总损失吸收能力监管框架。应注意国内系统重要性银行评估与监管指标与中国版总损失吸收能力监管框架的协调性，提升监管的针对性与有效性。

表 17-2 系统重要性银行的安全边界指标

一级指标	二级指标	三级指标
系统重要性银行		
全球系统重要性银行	规模	表内外资产余额
	关联度	金融机构间资产
		金融机构间负债
		发行证券和其他融资工具
	复杂性	场外衍生产品名义本金
		交易类和可供出售证券
		第三层次的资产
	可替代性/金融基础设施	托管资产
		通过支付系统或代理行结算的支付额
		有价证券承销额
	跨境业务	跨境债权
		跨境负债
国内系统重要性银行	规模（25%权重）	
	关联度（25%权重）	金融机构间资产（8.33%权重）
		金融机构间负债（8.33%权重）
		发行证券和其他融资工具（8.33%权重）
	复杂性（25%权重）	金融衍生品名义本金余额（5%权重）
		交易类证券余额和可供出售证券余额之和（5%权重）
		非银行金融机构的资产总额（5%权重）
		非保本理财产品余额（5%权重）
		境外债权和境外债务之和（5%权重）
	可替代性（25%权重）	通过支付系统或代理行结算的支付额（6.25%权重）
		托管资产（6.25%权重）
		代理代销业务（6.25%权重）
		境内营业机构数量（6.25%权重）

资料来源：根据《关于完善系统重要性金融机构监管的指导意见》《系统重要性银行评估办法（征求意见稿）》等整理。

(2) 国有商业银行的安全边界

关于国有商业银行的安全边界,表 17-3 仅列示三级指标,并根据目前的一些监管指标的要求建议了安全边界值。从不同的维度看,安全边界值有所不同(如资本充足率),但这并不影响边界构建,可设置最低边界值要求(如最低资本充足率可以按 8%)。除了上述这些具体的监管指标,国有商业银行的安全还需要关注以下方面:一是把党的领导与现代企业制度有机结合起来,探索具有中国特色的国有银行治理经验,形成权责对等、运转协调、相互支持、有效制衡的决策执行和监督机制;二是强化股权管理,建立公开透明、动态优化的股权监管机制;三是加强股东大会、董事会、监事会和高管层(简称"三会一层")建设,优化激励约束机制。

表 17-3 国有商业银行的安全边界指标

一级指标	二级指标	三级指标
国有商业银行	资产质量	正常类贷款(≥95%)
		关注类贷款(≤15%)
		不良贷款(≤5%)
		逾期贷款率(≤3%)
		重组贷款率(≤5%)
		贷款拨备率(1.5%—2.5%)
		拨备覆盖率(120%—150%)
	资本类型	核心一级资本(占资本总额的 50% 以上)
		二级资本(不超过核心一级资本的 100%)
	风险加权资产	信用风险加权资产
		市场风险加权资产(市场风险资本要求×12.5)
		操作风险加权资产(操作风险资本要求×12.5)
	资本充足	资本充足率(≥10.50%)
		一级资本充足率(≥8.50%)
		核心一级资本充足率(≥7.50%)
	宏观审慎资本充足率	最低资本充足率(≥8%)
		储备资本(≥2.5%)
		逆周期缓冲资本(0—2.5%)

(续表)

一级指标	二级指标	三级指标
流动性	流动性覆盖率（≥100%）	
	净稳定资金比率（≥100%）	
	流动性匹配率（≥100%）	
	流动性比例（≥25%）	
集中度	单一集中度	贷款占资本净额比例（≤10%）
		风险暴露与一级资本净额之比（≤15%）（非同业客户）
		风险暴露与一级资本净额之比（≤25%）（非同业客户和不合格中央交易对手）
	关联集中度	集团客户授信总额与资本净额之比（≤15%）
		风险暴露与一级资本净额之比（≤20%）
	累计外汇敞口头寸与资本净额之比≤20%	
准备金	资产损失准备充足率	信用风险资产实际计提准备与应提准备之比（≥100%）
	贷款损失准备充足率	贷款实际计提准备与应提准备之比（≥100%）

（一级指标列整体为"国有商业银行"）

资料来源：根据《中国金融稳定报告（2018）》等整理。

（3）股份制商业银行的安全边界

关于股份制商业银行的安全边界，表17-4仅列示三级指标，并根据目前的一些监管指标的要求建议了安全边界值，可设置最低边界值要求；若从安全角度来看，表17-4的指标值或许可再放宽5个百分点。除了上述这些具体的监管指标，股份制商业银行的安全还需要关注以下方面：一是明确定位，理顺管理体制，加强各业务条线、各子公司的服务整合、流程衔接和系统融合，防范操作风险、市场风险等；二是建立现代企业治理架构，形成权责对等、运转协调、相互支持、有效制衡的决策执行和监督机制；三是强化股权管理，建立公开透明、动态优化的股权监管机制；四是加强股东大会、董事会、监事会、专业委员会和高管层建设，优化激励约束机制。

表 17-4 股份制商业银行的安全边界指标

一级指标	二级指标	三级指标
股份制商业银行	流动性比例（≥25%）	
	核心负债比例（≥60%）	
	流动性缺口率（≥-10%）	
	单一集中度	单一集团客户授信总额与资本净额之比（≤15%）
		单一客户贷款总额与资本净额之比（≤10%）
	关联客户	全部关联授信与资本净额之比（≤50%）
	累计外汇敞口头寸与资本净额之比（≤20%）	
	不良资产与资产总额之比（≤4%）	
	不良贷款与贷款总额之比（≤5%）	
	核心资本充足率	资本与风险加权资产之比（≥4%）
	资本充足率	核心资本加附属资本与风险加权资产之比（≥8%）
	资产损失准备充足率	信用风险资产实际计提准备与应提准备之比（≥100%）
	贷款损失准备充足率	贷款实际计提准备与应提准备之比（≥100%）

一级指标中另含：流动性、集中度、不良率、资本、准备金。

资料来源：根据《中国金融稳定报告（2018）》《商业银行大额风险管理办法》等整理。

（4）政策性银行的安全边界

截至 2018 年年末，国家开发银行资产总额为 16.2 万亿元，银行资产总额为 15.98 万亿元，不良贷款率连续 14 年保持在 1% 以内；截至 2018 年年末，国家进出口银行资产规模为 4.19 万亿元；截至 2018 年年末，中国农业发展银行资产总额为 6.85 万亿元，不良贷款率为 0.8%。三大政策性银行资产总额高达数十万亿元，虽然在 2017 年分别颁布了《国家开发银行监督管理办法》《国家进出口银行监督管理办法》《中国农业发展银行监督管理办法》等针对性的监管办法，但对监管的指标数值却没有进一步的"一行一策"，而是建议参考商业银行的监管指标数值。因此，我们按照这一建议，结合政策性银行定位的特征，确定其安全边界指标，如表17-5所示。

表17-5 政策性银行的安全边界指标

银行	银行	一级指标	二级指标	三级指标
政策性银行	国家开发银行	资本	资本充足率（≥8%）	
			核心资本充足率（≥4%）	
		流动性	流动性比率（≥25%）	
			流动性缺口率（≥-10%）	
			核心负债依存度（≥60%）	
		集中度	单一集中度	单一集团客户授信集中度（≤15%）
				单一客户贷款集中度（≤10%）
			关联集中度	集团客户授信总额与资本净额之比（≤15%）
				风险暴露与一级资本净额之比（≤20%）
			累计外汇敞口头寸比（≤20%）	
		准备金	资产损失准备充足率（≥100%）	
			贷款损失准备充足率（≥100%）	
		不良率	不良资产率≤4%（建议≤6%）	
			不良贷款率≤5%（建议≤7.5%）	
		资本	资本充足率（≥8%）	
			核心资本充足率（≥4%）	
		流动性	流动性比率（≥25%）	
			流动性缺口率（≥-10%）	
			核心负债依存度（≥60%）	
		集中度	单一集中度	单一集团客户授信集中度（≤15%）
				单一客户贷款集中度（≤10%）
			关联集中度	集团客户授信总额与资本净额之比（≤15%）
				风险暴露与一级资本净额之比（≤20%）
			累计外汇敞口头寸比≤20%（建议放宽至≤30%）	

（续表）

	银行	一级指标	二级指标	三级指标
政策性银行	国家进出口银行	准备金	资产损失准备充足率（≥100%）	
			贷款损失准备充足率（≥100%）	
		不良率	不良资产率≤4%（建议≤6%—10%）	
			不良贷款率≤5%（建议≤7.5%—10%）	
		利率敏感度（进出口银行建议考虑此指标）		
		资本	资本充足率（≥8%）	
			核心资本充足率（≥4%）	
	中国农业发展银行	流动性	流动性比率（≥25%）	
			流动性缺口率（≥−10%）	
			核心负债依存度（≥60%）	
		集中度	单一集中度	单一集团客户授信集中度（≤15%）
				单一客户贷款集中度（≤10%）
			关联集中度	集团客户授信总额与资本净额之比（≤15%）
				风险暴露与一级资本净额之比（≤20%）
			累计外汇敞口头寸比（≤20%）	
		准备金	资产损失准备充足率（≥100%）	
			贷款损失准备充足率（≥100%）	
		不良率	不良资产率≤4%（建议≤6%）	
			不良贷款率≤5%（建议≤7.5%）	

资料来源：根据《国家开发银行监督管理办法》《国家进出口银行监督管理办法》《中国农业发展银行监督管理办法》等整理。

关于政策性银行的安全边界，表17-5列示指标仅到三级，每类政策性银行的指标大同小异。其主要承担政策性金融服务工作，且股东主要是财政部，不能吸收公众存款，资金由政府提供。其实前些年不良贷款率一直处于高位，经过近年来的治理，风险防控能力增强，可以在不良贷款率指标上进一步放宽。国家进出口银行主要从事贸易或对外金融业务，除其他监管指标外，要重点关注汇率、外汇敞口头寸比等安全指标。除了上述这些具体的监管指标，政策性银行的安全还需要关注以下方面：一是明确政策性定位，细化业务边界，理顺管理体制机制，严格执行相关程序，落实开发性政策性业务和自营性业务分账管理、分类核算要求，强化法规约束、资本约束和市场约束，防范操作风险、市场风险等；二是把党的领导与现代企业制度有机结合起来，探索具有中国特色的最优政策性银行治理经验，形成权责对等、运转协调、相互支持、有效制衡的决策执行和监督机制；三是加强董事会、监事会、专业委员会和高管层（简称"三会一层"；政策性银行的股东是国家，这里的"三会"区别于国有股份制银行的"四会"，不考虑股东大会）建设，优化激励约束机制。

（5）农村信用合作社的安全边界

根据中国人民银行发布的数据，2018年年末中国银行业金融机构人民币贷款总额超过130万亿元，其中农村金融机构（农村信用合作社、农村合作银行、农村商业银行）人民币贷款余额达16.98万亿元，占全国银行业金融机构人民币贷款总额的13.06%；农村金融机构的资产总额和负债总额分别占我国银行业金融机构资产总额和负债总额的12.89%和12.93%。2019年11月6日，国务院金融稳定发展委员会召开第九次会议，提出当前要重点支持中小银行多渠道补充资本，优化资本结构，增强服务实体经济和抵御风险的能力。由农村信用合作社改组成立的农村商业银行是中小银行的重要组成部分，承担着农村金融服务的职责。但是在日趋激烈的竞争中，全国1 000多家农村商业银行也面临越来越多的问题，如资本充足率不够、坏账率居高不下等。例如，2019年10月29日，河南伊川农村商业银行因谣言出现储户挤兑事件；贵州乌当农村商业银行核心一级资本充足率为-1.36%；贵阳农村商业银行的核心一级资本充足率为-1.41%；河南修武农村商业银行，不良贷款率高达20.74%。农村金融机构的安全边界正遭到破坏，需要进一步明确它们的安全边界指标，以防止安全边界进一步受损，引发金融风险。虽然越来越多的农村信用合作社改组成农村商业银行，但其展业区域和业务类型定位依然是农村信用合作社的定位。表 17-6 仅列示农村信用合作社的安全边界指标。

表 17-6 农村信用合作社的安全边界指标

一级指标		二级指标
农村信用合作社	资本	资本充足率（资本净额与加权风险资产总额之比）（≥8%）
		核心资本充足率（核心资本与加权风险资产总额之比）（≥4%）
	贷款	年末贷款余额与存款余额之比（≤80%）
	流动性	流动性资产余额与流动性负债余额之比（≥25%）
	集中度	对同一借款人的贷款余额与本农村信用社资本总额之比（≤30%）
		对最大的十家客户贷款余额与本农村信用社资本总额之比（≤150%）
	不良率	逾期贷款比率（≤8%）
		呆滞贷款比率（≤5%）
		呆账贷款比率（≤2%）
		呆账准备金与呆账贷款比率（≥50%）
	备付金	备付金余额与各项存款余额的比率减去法定存款准备金率（≥3%）

资料来源：根据《农村信用合作社资产负债比例管理暂行办法》《农村信用合作社管理暂行规定》等整理。

对于农村银行业机构的安全边界，除上述这些具体的监管指标外，应进一步明确其定位，根据最新发展形势及时修订监管办法和风险监测指标，严格限制业务类型和展业区域，不允许业务多元化和跨地区经营；在资本结构方面，保持县域法人地位总体稳定，明确单一股东占比的最高上限，鼓励资本分散持股，以实现共同治理，避免出现绝对控股股东控制农村银行业机构的局面；鼓励农村银行业机构股份性质多元化，鼓励中小微企业出资参与，不求利益最大化，努力降低各类成本，运用较低的利率支持"三农"发展，财政则以一定的资源投入加以支持，保障粮食安全。

（6）保险机构的安全边界

关于保险机构的安全边界，2016 年 1 月，保险监管部门正式实施中国风险导向的偿付能力监管制度体系（以下简称"偿二代"），构建了"三支柱"框架。国内系统重要性保险机构的安全指标可借鉴"偿二代"里"三支柱"要求的一些指标。表 17-7 仅列示全球系统重要性保险机构和国内系统重要性保险机构的安全边界指标，其他保险机构的安全边界指标可参考这两类安全边界指标；借鉴现有的监管指标值，表 17-7 仅有部分指标建议了具体指标值，其他可根据当前保险机构行业的实际情况，通过压力测试进一步确定。除了上述这些具体的监管指标，保险机构的安全还需要关注以下方面：一是回归风险保障本源，理顺管理体制机制，防范操作风险、市场风险、道德风险等；二是建立现代企业治理架构，形成权责对等、运转协调、相互支持、有效制衡的决策执行和监督机制；三是强化股权管理，建立公开透明、动态优化的股权监管机制；四是加强股东大会、董事会、监事会、专业委员会和高管层（简称"四会一层"）建设，优化激励约束机制。

表 17-7 保险机构的安全边界指标

			一级指标	二级指标	三级指标
保险机构	系统重要性保险机构	全球系统重要性保险机构	规模	总资产（≥2 000亿美元）	
				总收入	
			全球活跃性	母国之外的收入（≤总保费的5%）	
				国外资产占总资产的比例	
				有分支机构的国家数量	
			关联性	金融体系内资产	
				金融体系内负债	
				再保险	
				衍生品	
				大额暴露	
			关联性	金融市场上的活跃程度	
				三级资产	
			资产变现		
			非传统/非保险业务	非保险负债和非保险收入	
				衍生品	
				短期融资	
				财务担保	
				变额年金产品的最低担保	
				集团内担保	
				负债流动性	
			可替代性	常规业务保费收入	
				特定业务保费收入	
		国内系统重要性保险机构	规模	总资产	
				年度签单保费	
				省级分支机构	

（续表）

一级指标	二级指标	三级指标
关联性	业务与金融市场关联性	
	交易对手之间的关联性	
	同业业务比例	
资产变现	认可资产	
	非认可资产	
可替代性	常规业务保费收入	
	特定业务保费收入	
公司治理	内控管理机制	
	关联交易管理机制	
	内部审计管理机制	
	合规与风险管理机制	
资本	资本充足率（实际资本与最低资本之比≥100%）	
	实际资本	
	最低资本	保险风险最低资本
		市场风险最低资本
		信用风险最低资本
	核心资本	
	附属资本	
流动性	净现金流	
	综合流动比率	
	流动性覆盖率	
集中度	交易对手集中度	
	区域集中度	
	行业集中度	
	产品集中度	
	业务集中度	
准备金	法定评估准备金	
	未到期责任准备金	
	未决赔款准备金	
偿付能力	核心偿付能力充足率（≥50%）	
	综合偿付能力充足率（≥100%）	
杠杆率		

（左侧分类：保险机构 — 系统重要性保险机构 — 国内系统重要性保险机构）

资料来源：根据《中国第二代偿付能力监管制度体系整体框架》《保险公司偿付能力监管规则（第1—17号）》等整理。

(7) 基金机构的安全边界

关于基金机构的安全边界指标，目前暂未有具体的风险监测指标，表 17-8 是参考银行、保险等机构的风险监测指标，并结合基金机构的最新发展趋势，建议的安全边界指标。同样，具体的安全边界指标值可通过压力测试进一步确定。

表 17-8 基金机构的安全边界指标

一级指标	一级指标	二级指标	三级指标
基金机构	规模	总资产	
		营业总收入	
		在管资金余额	
	关联性	金融体系内资产	
		金融体系内负债	
		大额暴露	
		金融市场上的活跃程度	
		杠杆率	
	集中度	募资集中度	单一投资者
			前十大投资者
		投资集中度	产品集中度
			行业集中度
			客户集中度
	国际化程度	国外营业收入占比	
		国外业务占比	
		国外资产占总资产的比例	
		国外募资占总募资规模的比例	

(8) 证券机构的安全边界

关于证券机构的安全边界，目前国际国内均刚开始探讨将证券机构纳入系统重要性金融机构进行监管。表 17-9 列示的指标基于证券行业发展最新形势和国际证券机构监管的最新实践，但指标值均未提出建议，在现有的技术和统计要求下，均可通过压力测试进行明确。2019 年 12 月 23 日，证券化修正草案第四次人大审议报告提出，证券发行将采用注册制，建议大幅度增加证券机构违法成本，进一步完善信息披露、保险救助、退出等机制。此外，除了上述这些具体的监管指标，证券机构的安全还需要关注以下方面：一是理顺管理体制机制，加强各业务条线、各子公司的服务整合、流程衔接和系统融合，防范操作风险、市场风险、道德风险等；二是建立现代企业治理架构，形成权责对等、运转协调、相互支持、有效制衡的决策执行和监督机制；三是强化股权管理，建立公开透明、动态优化的股权监管机制；四是加强股东大会、董事会、监事会、专业委员会和高管层（简称"四会一层"）建设，优化激励约束机制。

表 17-9　证券机构的安全边界指标

		一级指标	二级指标
证券机构	系统重要性证券机构	规模	总资产
			营业总收入
			客户资产余额
		关联性	金融体系内资产
			金融体系内负债
			大额暴露
			金融市场上的活跃程度
		关联性	杠杆率
			短期债务比率
			场外衍生品市场的资产和负债
			在结算所和中央对手方的保证金数量
		集中度	行业集中度
			区域集中度
			客户集中度
		综合化程度	证券自营业务
			经纪业务
			证券承销与保荐业务
			资产管理业务
			证券投顾业务
			融资融券业务
			股票质押回购业务
		国际化程度	国外营业收入比例
			国外业务比例
			国外资产占总资产比例
			国外负债比例
			国外分支机构数量

(续表)

	一级指标	二级指标
证券机构 / 系统重要性证券机构	替代性	市场占有率
		市场信心
		分支机构数量
	资本	净资本
		核心净资本
		附属净资本
		资本杠杆率
证券机构 / 非系统重要性证券机构	风险资本准备	市场风险资本准备
		信用风险资本准备
		操作风险资本准备
		特定风险资本准备
	表内外资产余额	表内资产余额
		表外资产余额
	流动性覆盖率	
	净稳定资金率	可用稳定资金
		所需稳定资金
	集中度	单一客户集中度
		关联客户集中度

资料来源：根据《中国证券业发展规划纲要（2014—2020）》等整理。

3. 金融市场的安全边界

金融市场主要考虑股票市场、债券市场和外汇市场三大市场，随着我国金融对外开放的扩大，首先受到冲击的也是这三大市场，尤其是外汇市场。在目前金融开放的大背景下，应注意这三大市场的开放节奏，在确保安全的前提下，渐进式地加以推进。表17-10仅列示了少数安全边界的指标值。如前述银行机构安全边界指标值一样，目前很难证明达到这些指标值是否一定会影响其安全，但可以知道的是，一旦超出这些指标值，这三大市场会发生剧烈波动（如汇率日波动幅度大于5%、沪深300指数日跌幅超过20%），并会发生失控（如外资占比超过40%，则金融市场容易被外资操控），导致金融市场不稳定，进而发生危机。

表 17-10　金融市场的安全边界指标

一级指标		二级指标	三级指标
金融市场	股票市场	个股跌幅	
		沪深 300 指数跌幅	
		上海 180 指数跌幅	
		深圳 100 指数跌幅	
		科创板指数跌幅	
		外资占比（≤40%）	
		保证金比例	
		杠杆率	
	债券市场	国债	
		金融债	
		企业债	
		外资占比（≤40%）	
	外汇市场	外汇储备	经常项目
			资本项目 → 对外直接投资
			资本项目 → 外商直接投资
		汇率（日波动≤5%）	
		外汇衍生品市场	市场准入
			交易清算场所
			交易数据报告
			行为规范

关于股票市场的安全边界，稳定是安全的前提，因此可以借鉴国内外成熟证券交易市场的管理经验，设置股票市场稳定与安全机制，如涨跌幅机制〔非首日上市证券涨跌幅、首日上市证券涨跌幅、最大报价档位（有效申报）〕、技术性停牌、临时停市、交易实施监控和异常交易情况报告机制，大宗交易机制、盘后定价交易机制等特殊的交易机制，熔断机制、"价格笼子"机制、交易箍机制等制度和机制。此外，2019 年 12 月 23 日，根据证券法修订草案全国人大常委会第四次审议报告，股票发行将采取注册制，建议进一步完善信息披露、违法处罚、退出等机制，大幅度提高违法成本，并设置一定的过渡期，避免股票市场的剧烈波动。

关于债券市场的安全边界，债券市场主要考虑国债、金融债和企业债。这三者占债券市场的份额较大，且要重点关注外资在这三者中的占比，占比过高将直接影响三者的安全,进而危害债券市场的安全边界。注意协调债券收益率、汇率、利率三者之间的关系,控制债券市场规模总量,注意债券总量与GDP、财税收支、货币总量等之间的关系。

关于外汇市场的安全边界,外汇市场主要由外汇储备、汇率和外汇衍生品市场组成。对于外汇储备,要重点关注资本项目的影响;汇率的浮动没有统一标准,可以按照目前3%的标准进行管制,进而放宽至5%,即汇率波动若达到5%则会影响外汇市场的安全。对于外汇衍生品市场,可以从市场准入、集中交易、行为监管、信息披露等方面进行安全边界的构建。

4. 金融法律体系的安全边界

金融法律体系的安全边界是指金融法律体系及法律文件本身的有效性、稳定性及对金融监管体制机制、金融机构等的保障功能。

关于金融法律体系的安全边界,由于金融法律体系较为庞大和繁杂,并且会随着监管生态和对象的变化而变化,表17-11仅列示部分重要监管法规和条例。建议制定国家金融发展战略以及专门的金融法律法规;修订《中华人民共和国公司法》和《中华人民共和国国有资产法》,增加对于金融企业的相关规定;进一步梳理各类法律法规,合并同类项,注意协同性与一致性,废除过时或无效的法律法规。

表17-11 金融法律体系的安全边界指标

一级指标	二级指标	三级指标	四级指标	五级指标
金融法律体系	宪法	国家安全法		
		金融法	银行法	《中华人民共和国银行业监督管理法》	《中华人民共和国外资金融机构管理条例》
				其他依据《中华人民共和国银行业监督管理法》制定的管理办法和条例等
			《中华人民共和国商业银行法》	商业银行风险监管核心指标
				《商业银行流动性风险管理办法》

(续表)

一级指标	二级指标	三级指标	四级指标	五级指标
金融法律体系	宪法	金融法	银行法	《商业银行资本管理办法（试行）》
			《中华人民共和国商业银行法》	其他依据《中华人民共和国商业银行法》制定的管理办法和条例等
			保险法	《保险企业管理暂行条例》
				《保险公司股权管理办法》
			《中华人民共和国保险法》	《保险公司偿付能力额度及监管指标管理规定》
				《保险公司偿付能力管理规定》
			《中华人民共和国经济合同法》	《中华人民共和国财产保险合同条例》
			《中华人民共和国海商法》	
			《中华人民共和国社会保险法》	
			《公开募集开放式证券投资基金流动性风险管理规定》	
			《中华人民共和国证券法》	
			《证券公司股权管理规定》	
			其他依据《中华人民共和国证券法》制定的监管办法和条例等	
			《中华人民共和国证券投资基金法》	
			其他依据《中华人民共和国证券投资基金法》制定的监管办法和条例等	
		《中华人民共和国公司法》		
		《中华人民共和国国有资产法》		

资料来源：根据相关法律法规整理。

5. 金融自律性组织的安全边界

行业自律是金融监管的重要途径和抓手。金融行业十分重视行业自律，美国、加拿大、英国、日本等金融强国的金融自律性组织非常多。国际证券交易所联盟 1992 年白皮书中有一句话："自律是并且一直是对金融市场进行管理的第一步。"这是对自"梧桐树协议"以来国际金融市场自律管理 300 余年实践经验的总结。金融自律性组织的安全边界指金融自律性组织保持稳定，并能发挥维护金融市场稳定、金融机构自律监管、上传下达、金融从业者准入及教育等作用的一种标准。

我国的金融自律性组织非常多，表 17-12 仅列示国家层面的金融自律性组织；各省、市等区域性的金融自律性组织暂不列示，但它们仍然是重要组成部分，应在国家或全国性自律性组织的指导下开展工作。目前我国基金业的管理基本靠自律性备案，建议将来进一步扩大自律性备案范围，完善自律性管理的机制，制定金融自律性组织管理办法，对金融自律性组织进行统一管理，明确管理标准，规范其运作，发挥其作用。

表 17-12 国家层面的金融自律性组织

金融自律性组织	银行自律性组织	中国银行业协会	法律工作委员会
			自律工作委员会
			利率工作委员会
			银行业专业人员职业资格考试专家委员会
			农村合作金融工作委员会
			银团贷款与交易专业委员会
			外资银行工作委员会
			托管业务专业委员会
			保理专业委员会
			金融租赁专业委员会
			银行卡专业委员会
			行业发展研究委员会
			消费者权益保护工作委员会
			养老金业务专业委员会
			贸易金融专业委员会
			理财业务专业委员会
			货币经纪专业委员会

(续表)

金融自律性组织	银行自律性组织	中国银行业协会	城市商业银行工作委员会
			汽车金融专业委员会
			客户服务与远程银行委员会
			财务会计专业委员会
		中国银行间市场交易商协会	债券市场专业委员会
			金融衍生品专业委员会
			金币市场专业委员会
			信用评级专业委员会
			交易专业委员会
			法律专业委员会
			会计专业委员会
			资产证券化暨结构化融资专业委员会
			从业人员培训专家委员会
	保险自律性组织	中国保险行业协会	车险专业委员会
			非车财产保险专业委员会
			人身保险专业委员会
			养老保险专业委员会
			健康保险专业委员会
			保险中介专业委员会
			保险营销专业委员会
			银行保险专业委员会
			清廉文化建设与法律合规专业委员会
			反保险欺诈专业委员会
			公司治理与内审专业委员会
			财会专业委员会
			人力资源专业委员会
			教育培训专业委员会
			地方协会专业委员会
			保险科技专业委员会
			统计研究专业委员会
			资金运用专业委员会
			团体标准专业委员会
			外资保险机构专业委员会

(续表)

金融自律性组织	证券自律性组织	中国证券业协会	
		交易所协会	
		证券交易所	上交所
			深交所
			港交所
			全国中小企业股份转让系统（"新三板"）
			区域性股权交易中心
		中国证券投资者保护基金有限责任公司	
		中国证券登记结算有限责任公司	
	基金自律性组织	中国证券投资基金业协会	
	信托自律性组织	中国信托业协会	

资料来源：根据中国银行业协会、中国银行间市场交易商协会、中国保险行业协会等官网及其他公开信息整理。

6. 金融教育体系的安全边界

金融教育体系安全边界指金融教育体系保持稳定，并发挥对金融从业者、投资者教育作用的一种标准。

表 17-13 列示的金融机构主要以人民银行颁发牌照进行准入和管理的金融机构为主，金融教育体系的安全是由这些机构来维护的。表 17-13 列示的主要是教育体系的组成机构，可进一步明确各机构应承担的职责（如每年针对消费者的金融教育人数、大中小学开设课程要求等）进而保障安全。建议"一行两会"下设置的教育机构或部门，开展相关教育培训，增加针对消费者的教育；建议依法增加市场营利性教育培训机构，并统一进行监管。

表 17-13 金融教育体系的组成机构

金融教育体系	政府部门	国务院	教育部	全国金融专业学位研究生教育指导委员会
			人民银行	
			银保监会	
			证监会	
	学校	高校		
		中学		
		小学		
	金融机构	银行机构		
		保险机构		
		证券机构		
		基金机构		
		信托机构		
		金融租赁机构		
	市场营利性培训机构			

资料来源：根据公开信息整。

7. 经济与货币的安全边界

2019年习近平总书记在中央政治局第十三次集体学习会议上强调："金融活，经济活；金融稳，经济稳""经济兴，金融兴；经济强，金融强"。经济是肌体，金融是血脉，两者共生共荣。按照马克思辩证法，经济与金融是一对辩证统一体。经济与货币的安全边界其实质是通过经济和货币政策的安全边界体现的，它们是国家金融价值的重要组成部分，因它们与监管政策体系有较大区别，可单独界定其安全边界。

关于经济与货币的安全边界（如表17-14），一是要在投资、消费、进出口等方面保持一定的增速，确保GDP保持合理增长（如"十四五"期间保持5%—6%的增速），以吸纳新增就业人口（如"十四五"期间每年吸纳800万—1000万人），保持社会稳定；二是宏观杠杆率与通货膨胀率要保持在一定合理范围内，生产和储蓄保持在合理区间；三是M2供给要保持与GDP的合理配速，并结合汇率变动，保持外汇储备适当的增长量；四是保持货币供给、外汇储备、进出口三者的协调；五是注意货币在经济不同领域的错配问题，建立货币错配监测预警机制,引导货币在产业之间的合理配置。

表 17-14 经济与货币的安全边界指标

一级指标	二级指标	三级指标	四级指标
经济与货币	经济	投资增速（≥5%）	基础设施投资
			制造业投资
			房地产投资
		消费增速（≥5%）	
	GDP 增速（5%—6%）	进出口增速之差（≥3%）	
		生产	
		储蓄	
		失业率（≤8%）	
	通货膨胀率	CPI（≤5%）	
		PPI	
		RPI	
	宏观杠杆率（≤280%）		
	货币	供给增速（≥GDP 增速）	
		外汇储备（≥3 万亿元）	

注：PPI（Producer Price Index，生产者价格指数）；RPI（Retail Price Index，商品零售价格指数）。

8. 确定我国金融价值基础的安全边界

如前所述,我国金融价值基础主要指战略矿产、战略性实体企业等。我国其实很早就对稀土等战略性矿产制定了保护性开采和利用的法律法规及制度安排,但由于执法不严、技术不够先进、民众保护意识不足等问题,对其保护利用的现状不容乐观。改革开放 40 余年,我国已建成全球规模最大、门类最齐全的工业体系,已成为拥有全产业链的国家,是全球产业链和供应链的关键节点,拥有世界上最完善的产业链,深度参与全球价值链创造与构建。

我国的珠三角、长三角地区是目前全球制造业产业链最完善的地区,尤其是珠三角地区。随着国家各项计划的实施,中国的工业已发生深刻变革,我们可以在推进"一带一路"倡议的过程中,加强与沿线国家的合作,升级"中国制造"为"与中国同创",以合作共赢的方式夯实我国的制造业基础,夯实实体经济,为金融安全提供强大的价值基础。

金融价值基础安全边界指两个方面:一方面指粮食、石油、有色金属、黄金、稀有矿产等的储备保持稳定并发挥储备作用的标准及其在全球定价话语权大小的标准;另一方面指实体经济对经济、金融贡献率的标准,尤其是掌握国家经济命脉的实体企业或行业对经济、金融贡献率的标准。

联合国于1974年11月发布《消灭饥饿和营养不良世界宣言》,联合国粮食及农业组织理事会发布《关于世界粮食安全的国际约定》,首次提出"世界粮食安全"问题。联合国粮食及农业组织对粮食安全的定义是"每个人在任何时候都能得到安全的和富有营养的食物,以维持一种健康、活跃的生活"。目前,一般以粮食储备量或粮食自给率来衡量粮食安全的程度。现在普遍公认的指标是联合国粮农组织给出的"世界粮食安全系数",即粮食库存结转量占下年度粮食消费量的比例,以17%—18%为安全临界点,库存粮食可以满足两个多月的消费需求,以便与下一年度的生产供应相衔接。对一个国家而言,一般认为粮食自给率在100%以上是完全自给;在95%至100%之间属于基本自给;在90%至95%之间是可以接受的水平。1996年10月,中国国务院新闻办公室首次发布《中国的粮食问题》白皮书,明确提出"立足国内资源,实现粮食基本自给,是中国解决粮食供需问题的基本方针。"世界银行专门进行了关于中国长期粮食安全的课题研究,认为中国在2020年的粮食需求量约为6.97亿吨贸易原粮(相当于6.08亿吨加工粮食),其中90%可以通过增加基础设施、农业科研、土地和水利发展的投资而在国内生产解决,另外的10%则需要依靠进口,进口量约为6 000万吨。主要粮食出口国完全可以在不大幅度提价的情况下供应这些粮食。

2008年,国务院发布《国家粮食安全中长期规划纲要(2008—2020年)》

（以下简称《粮食规划》），再次确认粮食自给率要稳定在95%以上；同时，从生产水平、供需水平、物流水平三个维度的12个指标确定国家粮食安全标准，见表17-15。

表17-15　2010年、2020年保障国家粮食安全主要指标

类别	指标	2010年	2020年	属性
生产水平	耕地面积（亿亩）	≥18.0	≥18.0	约束性
	其中：用于种粮的耕地面积（亿亩）	≥11.0	≥11.0	预期性
	粮食播种面积（亿亩）	15.8	15.8	约束性
	其中：谷物	12.7	12.6	预期性
	粮食单产水平（公斤/亩）	325	350	预期性
	粮食综合生产能力（亿公斤）	≥5 000	>5 400	约束性
	其中：谷物（亿公斤）	≥4 500	>4 750	约束性
	油料播种面积（亿亩）	1.8	1.8	预期性
	牧草地保有量（亿亩）	39.2	39.2	预期性
	肉类总产量（万吨）	7 140	7 800	预期性
	禽蛋产量（万吨）	2 590	2 800	预期性
	牛奶产量（万吨）	4 410	6 700	预期性
供需水平	国内粮食生产与消费的比例（%）	≥95	≥95	预期性
	其中：谷物（%）	100	100	预期性
物流水平	粮食物流"四散化"比重（%）	30	55	预期性
	粮食流通环节损耗率（%）	6	3	预期性

资料来源：《国家粮食安全中长期规划纲要（2008—2020年)》。

《粮食规划》里的粮食主要指谷物（包括小麦、稻谷、玉米等）、豆类和薯类，并提出以下规划要求：一是保障粮食基本自给，自给率稳定在95%以上；其中，稻谷、小麦保持自给，玉米保持基本自给。按照粮食安全的标准，稻谷、小麦自给率要达100%及以上，玉米自给率要达95%及以上。二是保持合理粮食储备水平。中央和地方粮食储备要保持在合理规模水平，粮食库存品种结构趋向合理，小麦和稻谷比重不低于70%。

2013年12月9日，习近平总书记主持召开中央财经委员会第四次会议，研究确立了我国新的粮食安全观——"确保谷物基本自给、口粮绝对安全"。2013年12月10日，习近平总书记主持召开中央经济工作会议，进一步提出和确立了"以我为主、立足国内、确保产能、适度进口、科技支撑"的新形势下国家粮食安全战略，清晰界定了粮食安全的战略底线和优先次序。按照

这一要求，《粮食规划》与国家粮食新战略要求不再匹配：一是国家粮食新战略标准有所提高，谷物指稻谷、小麦和玉米，而口粮指稻谷和小麦，稻谷、小麦和玉米自给率都要达到100%及以上；二是从过去粮食安全"保全部"转为强调"保口粮"；三是粮食储备体系及储备规模要求更细、更高，区分粮食、谷物、口粮等不同层次及品种，提高粮食宏观调控的精准性。

党的十九大报告强调：确保国家粮食安全，把中国人的饭碗牢牢端在自己手中。新时代新形势下，国家粮食安全有了更高的要求，粮食自给率、储备体系、储备规模等的监管指标应更有层次和有更高标准。我们需要更新国家粮食安全标准。

2019年10月14日，国务院发布《中国的粮食安全》白皮书，从粮食生产能力、市场体系、储备管理等方面明确了我国粮食安全的构建之路。

确保粮食安全可以主动作为：一是从法律法规上明确外资对国内农业的准入范围；二是培育粮食生产重点企业，积极对外投资，与全球主要产粮区保持良好合作；三是以大宗商品交易所建设为突破口，积极参与大宗商品价格制定，提升定价话语权，提高大豆、玉米等的储备及掌控能力；四是完善农业保险大灾风险分散机制，加快设立中国农业再保险公司，提升农业防灾和降损能力。

确保石油安全可以主动作为：一是培育石油生产与供给重点企业，积极对外投资，与全球主要产区保持良好合作；二是建设国内外油气管道，增加战略储备；三是与全球关键核心港口保持良好合作，有机会时可收购石油运输关键节点上的港口，提高石油运输渠道掌控能力；四是参与石油、天然气等大宗商品价格制定，对期货产品进行创新，提升石油、天然气等的储备及掌控能力。

关于粮食安全边界的说明：表17-16关于粮食安全的边界指标多以国家要求的最低标准为参考值；我国人口以13.8亿人计算，按国际标准，成年人每人每天消耗0.48公斤主粮，加上其他粮食加工品，每人每天消耗0.75公斤粮食，按一年人均消耗粮食310公斤来算，共需消耗粮食3 778亿公斤（约3.78亿吨）；目前我国多数地区粮食种植为一年两季，半年即可进行一轮粮食生产；此外，加上存储过程中的损耗（综合损耗率为5%；$3\,778 \times 5\% = 188.9$），粮食安全储备大概需要2 245.9亿公斤（2.25亿吨）。

表 17-16　金融价值基础的安全边界指标

一级指标	二级指标	三级指标	四级指标
金融价值基础	粮食		
	生产水平	耕地面积（≥18亿亩）	永久基本农田（≥15.45亿亩）
		粮食播种面积（≥15.8亿亩）	
		粮食综合生产能力（≥5 400亿公斤）	谷物生产能力（≥4 750亿公斤）
	供需水平	国内粮食生产与消费比例（≥90％）	国内稻米生产与消费比例（≥95％）
			国内小麦生产与消费比例（≥95％）
			国内玉米生产与消费比例（≥90％）
	储备水平	粮食储备（≥2亿吨）	应急储备（≥1亿吨，满足3个月消耗）
		标准粮食仓房仓容（≥2.3亿吨）	
	法规制度	《粮食规划》	
		《粮油仓储管理办法》	
		《中华人民共和国农业法》	
		《中华人民共和国土地管理法》	
		《中华人民共和国水土保持法》	
	石油		
	生产水平	年产量（≥2亿吨）	
	供需水平		
	储备水平	可消耗量（≥90天）	
	法规制度	《中华人民共和国安全生产法》	
		《中华人民共和国石油天然气管道保护法》	
		《中华人民共和国环境保护法》	
	替代水平	再生能源替代率（5年内≥10％）	
		页岩气替代率（5年内≥5％）	
		其他替代率（5年内≥5％；如核能、可燃冰、清洁煤等）	
	黄金	生产水平	
		供需水平	
		储备水平	
		法规制度	
	稀土	生产水平	
		供需水平	
		储备水平	
		法规制度	

资料来源：依据《粮食规划》等整理。

关于黄金和稀土的安全边界：具体安全边界较难确定，并且会随着资源储备、生产技术等的变化而变化，但可从生产水平、供需水平、储备水平和法规制度等方面确保它们的安全。也就是说，我们要保证足够的生产水平、供需水平和储备水平以保障黄金和稀土的基本应用，再通过法规制度的建设，从技术和法规制度上保证黄金和稀土的安全。

关于战略性实体企业的安全边界：具体的安全边界较难确定，但可从以下方面保证战略性实体企业的安全。一是大力发展科学技术，促进制造业的转型升级；二是制定金融产业政策，开发支持战略性新兴产业、先进制造业和科技创新的金融产品，为战略性实体企业量身定制金融服务方案；三是扩大对战略性新兴产业、先进制造业的中长期贷款投放，进一步降低战略性实体企业的税费，降低融资成本；四是鼓励保险资金通过市场化方式投资产业基金，鼓励保险机构创新发展科技保险，充分发挥中国保险投资基金的作用，支持保险资金、符合条件的资产管理产品投资面向科技企业的创业投资基金、股权投资基金等，拓宽科技企业融资渠道；五是大力发展供应链金融，以金融服务提升我国制造业产业的全球竞争力。

二、推进人民币国际化进程，拓展人民币安全空间

人民币国际化指人民币在对外经济往来中发挥国际货币职能，若干年后发展成为国际贸易和国际投融资的主要计价结算货币以及重要的国际储备货币。静态看，它是人民币作为国际货币使用的一种状态和结果；动态看，它涉及人民币发展为主要国际货币的整个过程。

2009年年底，人民币国际化指数（RMB Internationalization Index，RII）只有0.02%，人民币在国际市场上的使用几乎空白。而2018年年底，RII达到2.95%。据不完全统计，2020年在全球范围内，中国贸易贡献了全球超过16%的GDP，但国际贸易的人民币结算份额仅为2.05%；人民币国际债券与票据余额为1 075.49亿美元，全球占比为0.44%；人民币直接投资规模为2.66万亿元；在包括直接投资、国际信贷、国际债券与票据等在内的国际金融交易中，以人民币计价的交易的综合占比为4.90%；人民币全球外汇储备

规模增至 2 027.90 亿美元，在全球官方外汇储备资产中的占比为 1.89%。SWIFT 官方数据显示，人民币位列全球第五大支付货币。

1. 以"一带一路"倡议加快推进建设人民币离岸结算体系

截至 2018 年年末，我国已与 25 个国家和地区达成 17 个自由贸易协定，"一带一路"倡议承载大量项目，为人民币的使用提供了广阔的平台。截至 2018 年年末，人民银行已与 38 个国家和地区的中央银行或货币当局签署了双边本币互换协议，协议总规模达 36 787 亿元人民币。未来应从以下几方面着手：首先，争取更多国家和地区加入"一带一路"倡议建设。在英国脱欧后，加大与英国、欧盟在贸易、投资、金融市场等多领域的合作，尽快与英国签订自由贸易协定，更好地利用中英经济结构的互补性和伦敦的金融优势，推动伦敦人民币离岸中心成为覆盖"一带一路"倡议乃至全球的人民币支付途径和渠道。其次，继续推动多边主义，争取与欧盟在产业合作、贸易投资的自由化便利化方面有更大的突破。最后，扩大中东欧国家的经贸投资，完善我国优势产业在欧洲地区的布局，扩大人民币的使用范围，奠定人民币贸易使用基础、政策框架和节点布局。

2. 加快人民币国际化政策体系建设

2018 年，中国加快金融市场开放进程，扩大外资准入与业务范围，进一步明确"熊猫债"政策框架，境外参加行和境外清算行进入境内外汇市场的相关安排不断完善，股市互联互通额度提升，人民币原油期货挂牌交易，进一步增大了人民币资产配置的吸引力。未来应从以下几方面着手：第一，采取渐进式人民币国际化的方式，以"服务实体经济、促进贸易投资便利化"为基本导向，顺应市场需求，逐步建立人民币跨境使用政策体系，有序解除人民币跨境使用的政策限制；第二，在促进贸易便利化的基础上逐步放开直接投资、跨境人民币资金池、银行间债券市场、RQFII、沪港通、深港通、债券通等，并完善相关基础设施，巩固本币的优先地位，为人民币的使用提供有效通道，保障人民币安全高效使用。

3. 充分利用时间窗口期提升人民币 SDR 权重

近年来，单边贸易保护主义对国际贸易规则、全球金融市场规则、货币支付结算规则等造成巨大冲击，美元结算系统性弊端进一步显现；越来越多的国家和地区将人民币纳为官方储备货币，为人民币国际化提供了时间。2016年10月1日，人民币加入特别提款权（SDR），所占权重为10.92%，为SDR五大货币之一，权重位列第三，但仅为美元权重的1/4左右。未来应从以下几方面着手：第一，在保证金融双向开放安全的前提下，持续加快人民币债券、衍生品等的开放进程；第二，拓宽资金双向流通渠道，完善多层次资本市场建设，进一步放宽外资参与国内股市、债券回购、金融期货、商品期货等；第三，加快上海国际金融中心基础设施、政策体系、制度机制等的建设，大幅提升金融服务贸易比重，进一步提升人民币SDR权重。

4. 坚持人民币汇率渐进式市场化改革

目前人民币汇率实行"收盘价＋一篮子货币汇率变化＋逆周期因子"的运行机制。截至2018年年末，人民币对美元、日元、新加坡元、法郎均有一定程度的贬值，对英镑、澳元、加元、新西兰元均有一定程度的升值，对欧元则保持稳定。我国的汇率运行机制保持了汇率的平稳，促进了经济和金融的有序发展。未来应从以下几方面着手：第一，坚持实行"以市场供求为基础＋参考一篮子货币价格＋有管理的浮动"汇率制度，完善汇率机制，以渐进式方式，适度放宽汇率浮动幅度，增加汇率灵活性，如5年内浮动幅度可放宽至10%/日，保持汇率基本稳定；第二，处理好人民币与美元、欧元、日元等主要货币的关系，将贸易差额控制在合理范围内，避免与主要货币的正面冲突，确保金融市场的稳定和安全；第三，加强汇率风险与货币错配的数据共享与监管合作，相关部门之间应建立数据共享机制，对外汇敞口、外汇流动性、商业银行货币错配等数据进行实时监测。

5. 以人民币支付结算基础设施建设加快构建金融安全体系

2012年4月12日，中国人民银行组织开发人民币跨境支付系统（Cross-border Interbank Payment System，CIPS），旨在进一步整合现有人民币跨境支付结算渠道和资源，提高跨境清算效率，满足各主要时区的人民币业务发展需要，提高交易的安全性，构建公平的市场竞争环境。2015年10月8日，CIPS正式启动。

截至2019年年末，CIPS有30多家直接参与的银行，900多家间接参与的银行，已经覆盖了全球3 000多家机构，覆盖机构数量与SWIFT持平；每天通过CIPS完成的交易有7 000多笔。但通过CIPS完成的总交易量和金额仍远低于SWIFT。

一方面，我国应借鉴国外金融基础设施建设的成功经验，加强以人民币支付结算体系为核心的金融基础设施建设，以海外清算行深耕离岸市场为突破口，促进国际金融基础设施的协调建设，增强各个管理部门对金融基础设施重要性的认识与理解，优化各个功能体系，促进金融工具之间的转换，为金融活动信息的交换和安全提供有力保障。另一方面，我们要加强区块链技术在人民币支付结算基础设施和数字货币的应用研究，以支付结算系统和数字货币为突破口，建立国家金融安全的攻防体系，确保国家金融安全。

6. 完善资本项目可兑换机制建设

IMF发布的《2018年汇兑安排与汇兑限制年报》[Annual Report on Exchange Arrangements and Exchange Restrictions（2018）]认为，2017年中国资本账户不可兑换项目有两大项，主要集中于非居民参与国内货币市场和衍生工具的出售和发行，部分可兑换的项目主要集中在债券市场交易、股票市场交易、房地产交易和个人资本交易等方面，具体放松了"对资本市场证券交易的管制""对货币市场工具的管制""对集体投资类证券的管制""对衍生工具与其他工具的管制""对金融信贷的管制"和"对直接投资的管制"6个大项的管制，中国的资本账户开放度为0.701。经过近年的持续开放及开放措施的落地，尤其是取消QFII和RQFII额度、区域限制等措施，资本项目开放度得到极大提升。未来应从以下几方面着手：第一，坚持稳中求进的原则，协调推进金融市场的改革与开放，扩大资本项目的外商直接投资（FDI）开放，鼓励、引导FDI流向高端制造、高端服务业，优化资本项目开放结构，增强金融监管工具的包容性、有效性。第二，推进债券互通机制建设，完善资金双向流通机制。第三，推进人民币债券加入富时世界国债指数（World Government Bond Index，WGBI）等国际主要债券指数，促进债券市场参与主体的多元化。第四，丰富和完善汇率及利率风险对冲产品和工具，进一步提升金融市场的风险缓解能力和定价效率。第五，建立资本流动"宏观审慎

"＋微观监管"两位一体的管理框架，完善宏观与微观的监管沟通、传导机制。对于资本流动的宏观审慎管理，要采取合理的宏观审慎监管政策，增强逆周期管理能力，在现有宏观审慎政策框架下完善关于资本流动监管的规则，并在权重设置上进行动态调整，提升资本流动管理的有效性。对于资本流动的微观管理，要重点监测机构及企业的跨境交易行为，维护外汇市场秩序，在保证政策制定和实施的稳定性的基础之上，强化对跨境交易的真实性审查。

项目可兑换机制（如表17-17所示）的建设可以以推进人民币衍生品作为突破口，结合人民币国际化的进程、中国在国际债券市场的优势、CIPS的建设等，重点建设：债券市场资本兑换机制；FT账户人民币全球资本交易兑换机制；人民币衍生品业务和大宗商品资本兑换机制；股票证券资本兑换机制，如沪港通、深港通、ETF互通、沪伦通等；QDII和QFII资本兑换机制。

表17-17 项目可兑换机制

项目可兑换机制	债券市场资本兑换机制	
	FT账户人民币全球资本交易兑换机制	
	人民币衍生品业务和大宗商品资本兑换机制	
	股票证券资本兑换机制	沪港通
		深港通
		沪伦通
		深伦通
		ETF互通
		沪新通
		深新通
	QDII和QFII资本兑换机制	

注：随着国家金融开放的深入，深伦通、沪新通、深新通非常可能会接通，应积极布局和谋划这些可能性。

7. 完善贸易争端解决机制建设

贸易争端解决机制包括货物贸易、服务贸易、知识产权贸易等争端的解决机制，通常可以包括对话磋商机制、谈判机制等。虽然全球贸易是自由进行的，但在进行贸易的过程中难免会发生冲突或矛盾。同时为了贸易稳定性、降低成本、互惠互利等，目前全球各国之间、区域之间的贸易通常会签订贸易协定，以贸易协定的相关条款为解决争端的依据。因此，会存在各种贸易争端解决机制（如表 17-18 所示）。

表 17-18　贸易争端解决机制

贸易争端解决机制	国际商事仲裁机制	GATT 贸易争端解决机制
	国际商事调解机制	WTO 贸易争端解决机制
	国际服务贸易协定争端解决机制	OECD 贸易争端解决机制
	投资者与东道国争端解决机制	上海合作组织贸易争端解决机制
	国家-国家争端解决机制（程序）	中国-东盟自由贸易区贸易争端解决机制
	冲突协调解决机制	"一带一路"倡议涉及的协调机制	中国-阿拉伯国家合作论坛
	冲突协调解决机制	"一带一路"倡议涉及的协调机制	中国-海湾合作委员会
			中国-东盟"10+1"
			东盟地区论坛
			大湄公河次区域经济合作
	解决投资争议国际中心（The International Center for Settlement of Investment Disputes，ICSID）		
	涉外仲裁机制		
	临时仲裁机制		
	友好仲裁机制		
	投资案法庭	全面与进步跨太平洋伙伴关系协定争端解决机制	

资料来源：根据公开信息整理。

关于贸易争端解决机制：贸易争端解决机制通常是变化的，它随着贸易格局、形势等的变化而变化；但达成一个贸易协定需要较高的时间成本，因而它同时是相对稳定的。因此，贸易争端解决机制应该遵循利益平衡、灵活多元、相对稳定等原则。表 17-18 仅列示贸易争端解决机制的部分现有机制或未来应建设的机制，它并非一成不变的，而是随需要而改变的。部分中国未参与或参与度较低的贸易协定并未列示，如《北美自由贸易协定》（North American Free Trade Area，NAFTA）。应积极推动《区域全面经济伙伴关系协定》的落实，争取与"一带一路"倡议沿线国家签订更多贸易协定，为我国参与国际大循环打下合作基础。

2018年1月23日，中央深化改革领导小组第二次会议审议通过了《关于建立"一带一路"争端解决机制和机构的意见》。随着"一带一路"倡议的推进，可以预见，"一带一路"争端解决机制将在不久后建立并发挥其作用。涉外仲裁制度、国际性仲裁制度、临时仲裁制度、友好仲裁制度等虽然目前在很多国家并未得到承认，但它们在某些时候却发挥着不小的作用，这些制度要发挥作用，除了需要得到国际认可，也需要建立相应的机制。

随着全球化的深入和地区及国家间贸易的增加，一些国家开始尝试用更加有效的方式来保护投资者的利益。一个方式就是把"投资者与国家争端解决机制"从贸易协定中剔除出来，更好地引导投资者主动尝试在国内的司法系统内解决争端，只有在特殊情况下，才把争端上升到国家层面，由WTO裁决。如外国投资者与投资东道国之间的跨国争端，目前国际上通行的做法是提交解决投资争端国际中心（International Center for Settlement of Investment Disputes，ICSID）解决。ICSID是根据1965年《华盛顿公约》设立的世界上第一个专门解决国际投资争议的仲裁机构。

三、以渐进式市场化手段构建国家金融安全防控体系

1. 推进我国金融开放进程

金融开放是一个双向的过程，必然会对本国金融市场或经济运行造成一定冲击。历史经验表明，金融开放策略对本国经济发展及货币国际化的影响巨大，如果在条件不成熟的情况下贸然开放，不仅可能对微观经济主体产生负面影响，甚至可能会导致严重的金融危机。因此，金融开放要实行双向对等开放，将主动权掌握在自己手中，根据经济和金融发展的实际情况设计金融开放路径和节奏。

第一，以高质量发展方式提升实体经济的全球竞争力，夯实以企业和金融机构为核心的微观基础。提高金融服务实体经济的能力，促进金融机构和实体企业的良好互动，提高企业生产效率和综合竞争力。提高企业和金融机构的风险管理能力，强化合规意识，积极应对开放过程中的风险挑战。

第二，持续改革国内金融市场，完善金融业开放的制度规则，加快相关制

度规则与国际接轨，不断完善法律、会计、税收等配套制度。加强顶层设计、统一规则，同类金融业务规则尽可能"合并同类项"。以货币市场、债券市场、外汇市场作为开放突破口，实现制度性、系统性开放，提高对内对外开放程度。发展金融市场，提高市场对金融资源的配置效率，增强市场对外部冲击的吸收能力。

第三，强化与开放水平相适应的金融管理能力建设，丰富和完善金融管理手段和工具，维护国家金融安全和产业优势。积极推动负面清单优化、依法管理、安全保障以及其他配套协调等外商投资管理工作。坚持金融服务业开放、金融市场开放与人民币汇率形成机制改革相互配合，协调推进。将跨境资本流动管理纳入宏观审慎政策框架，对跨境资金流动风险进行重点监测和管理，牢牢守住不发生系统性金融风险的底线。

第四，强化与开放水平相适应的金融基础设施建设能力建设，提供必要的技术支持与制度支持。以区块链技术为突破口，以数字货币发行和上海国际金融中心建设为契机，加强以人民币支付结算体系为核心的金融基础设施建设，注重金融制度、金融标准等软性基础设施的建设。

2. 健全货币政策体制机制

货币政策是中央银行为实现既定的经济目标而采取的一系列举措。货币政策工具的调整主要集中在信贷、利率、存款准备金率、公开市场操作和基础货币等方面，是国家进行宏观调控的政策性措施，更是监管机构维护金融市场稳定和安全的重要工具。

一是协调好货币政策目标和金融安全之间的关系。综合考虑外部宏观环境（国内外宏观环境）、金融市场发展的不同阶段、汇率、社会综合杠杆率等，在货币政策决策过程中密切关注金融体系的风险波动，有针对性地选择有效的货币政策，保持M2增速与GDP增速相匹配，避免短期内过度增加或者降低资本流动性，避免对市场稳定有颠覆性影响的政策措施造成金融风险的急剧增长，进而影响金融安全。具体来说，第一，应推进金融供给侧改革，优化货币政策与金融监管政策协调机制。防范其他国家货币政策的溢出风险，防范主要货币国家的货币政策溢出风险，对跨境短期资本进行审慎监管，实行分类别、分层次、分重点管理，深化与全球货币供给大国的金融合作与发展，共同防范风险传染。第二，应推进汇率和利率报价机制的改革，实行汇率浮动机制和利率市场化报价机制，创设和丰富汇率和利率顺周期和逆周期调节工具，保持汇率和利率的稳定性。第三，应丰富货币政策工具，提升政策的有效性。如完善公开市场操作、中期借贷便利、常备借贷便利操作、再贷款再贴现、央行票据互换工具、利率市场报价机制、选择性信用管制（消费者信用控制、证券市场信用控制、优惠利率、预缴进口保证金）、直接信用管制（利率最高和最低限制、信用配额、流动比率和直接干预）、间接信用指导（道义劝告、窗口指导）等货币政策工具，发挥工具组合作用。

二是完善货币宏观审慎政策框架，优化系统性金融风险监管路径。金融体系中的风险既是内生的，又依赖于监管的选择。银行是货币政策的关键载体，几乎与所有组织机构产生关联，其作为金融体系中具有系统重要性的机构，是生成系统性金融风险、诱发金融危机的重要因素。具体来说，第一，应完善货币政策的宏观调控框架，编制宏观审慎政策指引，构建宏观审慎压力测试体系。优化系统重要性银行的监管路径，强化对大型商业银行的监管，是预防大型金融机构风险和防范系统性风险的最优选择。中小金融机构缺乏风险管理人才，风险机制落后，难以应对内外部环境对稳定性的冲击，宏观审慎要规划中小金融机构风险边界，在资产配置、负债结构、资本要求、发展模式等方面设置有差别的审慎指标。第二，应建立金融机构货币政策风险的隔离机制，完善货币政策传导机制，提升货币政策敏感度。对系统重要性银行以外的各类金融机构，以及区域性金融环境，在宏观审慎政策框架内，建立风险评估和预警机制，阻断系统性风险因子的产生机制，防止风险传染。第三，应扩大系统重要性金融机构的监管范围，适时把银行、证券、信托等机构纳入系统重要性金融机构的监管范围，完善宏观审慎框架。

3. 完善宏观审慎监管体系及机制

金融宏观审慎监管体系包括监管体制机制和制度政策法规两大部分。就监管体制机制而言：要强化统一监管，完善"一委一行两会"的监管协调机制；完善对系统重要性金融机构的监管；加强对金融控股公司的监管，降低影子银行和金融业务规模；加强金融市场的实时监测，阻断跨市场、跨区域、跨境风险传染。具体可以从以下两方面加强国家金融安全防范：一方面，应完善资本流动宏观审慎监管体系机制。完善外汇贷款、法定准备金、逆周期资本缓冲、动态贷款损失准备以及系统重要性金融机构附加要求、银行间风险限制等资本流动监管工具的协调性和有效性；完善本外币一体化的跨境资金流动宏观审慎管理机制。另一方面，应建立和完善金融安全审查体制机制，设立金融安全审查专责部门。

就监管制度政策法规而言：要不断完善宏观审慎政策体系框架，丰富政策工具箱；增加系统重要性金融机构监管法规制度，明确银行、保险、证券、信托等系统重要性金融机构监管办法；完善公司治理、行为监管等法规制度，加强功能性监管和行为性监管的协调性；增加金融安全审查法规制度，以法规制度和负面清单形式，明确金融安全审查范围；增加金融基础设施法规制度，明确金融基础设施统一监管原则和范围。

4. 完善金融基础设施建设

对金融基础设施包括的具体内容，目前尚未有权威完整的界定。支付结算系统委员会和国际证监会组织于2012年联合制定的《金融市场基础设施原则》（Principles for Financial Market Infrastructures，PFMI）中指出，"金融市场基础设施"指参与机构（包括系统运行机构）之间的多边系统，用于证券、衍生品或其他金融产品交易的清算、结算或记录支付，并将其划分为支付系统、中央证券存管、证券结算系统、中央对手方、交易数据库五类。杨涛（2016）认为我国的证券交易所等也具有FMI的属性。

2019年9月9日，习近平总书记主持召开中央全面深化改革委员会第十次会议，会议审议通过了《统筹监管金融基础设施工作方案》（以下简称《方案》），会议指出，金融基础设施是金融市场稳健高效运行的基础性保障，是实施宏观审慎管理和强化风险防控的重要抓手，要加强对重要金融基础设施的统筹监管，统一监管标准，健全准入管理，优化设施布局，健全治理结构，推动形成布局合理、治理有效、先进可靠、富有弹性的金融基础设施体系。中国人民银行发布的《中国金融稳定报告（2017）》中，金融基础设施包括支付、清算和结算体系，以及法律环境、会计标准、信用环境、反洗钱、金融消费权益保护等，这应是从广义上界定的金融基础设施。金融基础设施比金融市场基础设施的范围更广泛。为便于理解与区别，在本部分中，金融基础设施仅指支付系统、清算和结算系统，以及征信系统。

2018年，中国人民银行指出，中国人民银行数字货币应采用双层运营体系，数字货币将成为传统货币的有力补充。数字货币双层运营体系是指人民银行先把数字货币兑换给银行或者其他运营机构，再由这些机构兑换给公众；而单层运营体系是指人民银行直接对公众发行数字货币。按照数字货币双层运营体系运行的需要，金融机构、科技企业等机构的相应设施均有可能成为金融基础设施。可以预见的是，各金融机构的支付系统、结算系统、业务系统等，各科技企业的云计算平台、数据存储平台等，都可能成为金融基础设施的内容。

关于金融基础设施的安全边界：应完善金融基础设施监管立法，使监管有法可依；制订《统筹监管金融基础设施工作方案》，并制定配套政策、制度、机制等，明确金融基础设施的定义、范围、统筹监管机构、监管规则等，对金融基础设施进行全面监管，并根据实际情况调整监管策略；兼顾国际金融基础设施相关法律基础、制度框架、运行规则、监管规则等，可设置过渡期，渐进式对接（如表17-19所示）。

表17-19　金融基础设施安全边界

一级指标	二级指标	三级指标	四级指标
金融基础设施	支付系统	人民币跨境支付系统（CIPS）		
		境内外币支付系统		
		银行卡跨境支付系统		
		大额支付系统		
		小额支付系统		
		城市商业银行汇票处理系统和支付清算系统		
		农信银支付清算系统		
		网络支付系统	银行支付机构网络支付清算平台（互联网支付）	
			非银行支付机构网络支付清算平台（目前有近百家）	
		第三方支付系统		
	清算和结算系统	中央银行结算系统		
		银行间市场清算系统		
		中央银行贸易金融区块链平台		

(续表)

一级指标	二级指标	三级指标	四级指标
金融基础设施	清算和结算系统	中央债券综合业务系统	
		中国结算证券登记结算系统和期货交易所结算系统	
	中国证券登记结算系统	上海票据交易所登记结算系统	
		郑州商品交易所系统	
		大连商品交易所系统	
		上海期货交易所系统	
		上海国际能源交易中心系统	
		中国金融期货交易所系统	
		上海清算所登记结算系统	
		上海黄金交易所系统	
	中证机构间报价系统		
	中国外汇交易中心		
	同城票据清算系统		
	全国支票影像交换系统		
	非银行支付机构网络支付清算平台（网联清算）		
征信系统	中国人民银行征信中心		
	第三方征信系统	个人征信系统	百行征信系统
		企业征信系统（目前有134家）	

注：征信企业目前有134家，其系统同样有134家，表中不具体列示；表中列示的相关系统有可能并不全面，但核心的系统均已列示；如前所述，这些核心系统的安全是金融安全的组成部分。

2016年8月11日，中国人民银行发布公告：根据《非金融机构支付服务管理办法》《中国人民银行关于〈支付业务许可证〉续展工作的通知》，中国人民银行对27家非银行支付机构（以下简称支付机构）《支付业务许可证》续展申请做出决定。随着消费时代的来临，越来越多人使用非银行支付和第三方支付系统，它们已成为整个支付系统的重要部分。要保障它们的系统安全，尤其是使用量较大（如支付结算量排名前五位）的支付平台和系统的安全。表17-20列示了部分非银行支付机构。

表 17-20 部分非银行支付机构

序号	机构名称	序号	机构名称
1	支付宝（中国）网络技术有限公司	15	北京数字王府井科技有限公司
2	银联商务有限公司	16	北京银联商务有限公司
3	资和信电子支付有限公司	17	裕福支付有限公司
4	财付通支付科技有限公司	18	易生支付有限公司
5	通联支付网络服务股份有限公司	19	银盛支付服务股份有限公司
6	开联通支付服务有限公司	20	迅付信息科技有限公司
7	易宝支付有限公司	21	网银在线（北京）科技有限公司
8	快钱支付清算信息有限公司	22	海南新生信息技术有限公司
9	上海汇付数据服务有限公司	23	平安付电子支付有限公司
10	上海盛付通电子支付服务有限公司	24	拉卡拉支付股份有限公司
11	北京钱袋宝支付技术有限公司	25	上海付费通信息服务有限公司
12	东方电子支付有限公司	26	平安付科技服务有限公司
13	深圳市快付通金融网络科技服务有限公司	27	杉德支付网络服务发展有限公司
14	广州银联网络支付有限公司		

注：非银行支付机构实行《支付业务许可证》准入管理，定期进行检查评估，对符合要求的续期，不符合要求的摘牌，名单相应增减。

5. 健全国家金融安全审查机制

我国法律第一次明确提出对外资并购境内企业应当进行国家安全审查的要追溯到 2007 年颁布的《中华人民共和国反垄断法》。经过数年的探索，2011 年 2 月，国务院办公厅发布《关于建立外国投资者并购境内企业安全审查制度的通知》（以下简称《通知》），明确规定了外商投资国家安全审查的范围、内容、程序、工作机制等事项；同年 8 月，商务部发布《商务部实施外国投资者并购境内企业国家安全审查制度有关事项的暂行规定》（以下简称《规定》），细化了外商投资国家安全审查的具体程序。2014 年，《中华人民共和国外商投资法》开始制定，但直至 2019 年 3 月才获全国人大正式通过。随后，原由商务部负责的外商投资安全审查相关的商谈、受理申请、提交审查、反馈审查决定等工作职责由国家发改委承接，具体承担相应职责的是发改委外资司。2019 年 12 月 12 日，《中华人民共和国外商投资法实施条例》获国务院第 74 次常务会审议通过，自 2020 年 1 月 1 日起施行；其中，第四十条明确规定"国家建立外商投资安全审查制度，对影响或者可能影响国家安全的外商投资进行安全审查"。

在实施操作中,上述法律可以视为与国家金融安全相关的法律法规,可纳入审查的范围,但相对宽泛。目前没有一部专门的金融安全审查法,也没有对金融安全审查有专门说明的法律。因此,应制定金融安全审查法或在外商投资法里增加和明确金融领域的安全审查内容,制定金融安全审查制度,建立金融安全审查体制机制,明确金融安全审查机制的法律依据,如表17-21所示。

表17-21 国家金融安全审查机制

	一级指标	二级指标	三级指标
国家金融安全审查机制	国家安全委员会		
	国务院金融稳定发展委员会	金融安全审查专责小组(统筹建立部际联席审查机制)	人民银行
			银保监会
			证监会
			商务部
			发改委

6. 健全国家金融安全预警机制

在国家金融价值及金融价值基础指标体系的基础上,分类建立国家金融安全预警机制,如表17-22所示。若超过安全指标红线,则触发预警机制,随即发出预警,并根据预警危险级别设置一定的纠偏时间;若没有完成纠偏,则预警信号不解除,直到完全达到安全边界标准才解除。

表17-22 国家金融安全预警机制体系

一级指标	二级指标	三级指标
国家金融安全预警机制	金融价值安全预警机制	
	金融机构安全预警机制	银行安全预警机制
		保险安全预警机制
		证券安全预警机制
		信托安全预警机制
		基金安全预警机制
	金融市场安全预警机制	债券市场安全预警机制
		外汇市场安全预警机制
		资本(股票)市场安全预警机制

（续表）

一级指标	二级指标	三级指标
国家金融安全预警机制 / 金融价值安全预警机制	金融基础设施安全预警机制	支付系统安全预警机制
		清算结算系统安全预警机制
	金融法律体系安全预警机制	
	金融自律性组织安全预警机制	
	金融教育体系安全预警机制	
金融价值基础安全预警机制	粮食安全预警机制	
	石油安全预警机制	
	黄金安全预警机制	
	稀土安全预警机制	

7. 健全国家金融安全应急处置机制

为健全国家金融安全应急处置机制，应探索建立金融机构主体依法自主退出机制和多层次退出路径，完善不良资产处置、直接注资重组、同业收购合并、设立处置基金、设立过桥银行、引进新投资者以及市场退出等机制；建立金融机构风险预警及处置机制，明确风险处置的触发条件、制定退出风险处置预案、丰富风险处置工具箱；明确各行业保障基金参与金融救助的处置方案、方案实施指引等。丰富应急处置方法、手段、抓手、工具（监管科技）；建立存款保险制度、建立系统性风险处置机制〔如美国的《2008年经济稳定紧急法案》（Emergency Economic Stabilization Act of 2008）〕。

（1）建立系统重要性金融机构的风险特别处置机制

金融稳定委员会出台的《金融机构有效处置机制核心要素》（Key Attributes of Effective Resolution Regimes for Financial Institutions，以下简称《核心要素》），要求G20国家积极推进构建有效的金融机构风险处置机制，确保出现金融风险时能够快速、有序处置，防止个别金融机构倒闭引发系统性冲击。2014年，金融稳定委员会对《核心要素》进行新一轮修订完善，要求各国金融机构的风险处置机制应当全面覆盖各类金融机构。

（2）建立风险跨境处置机制

风险跨境处置机制主要包括系统重要性金融机构风险跨境处置机制，如表17-23所示。

表 17-23　风险跨境处置机制

一级指标		二级指标	三级指标
风险跨境处置机制	银行跨境处置合作机制	处置工具	
		处置资金	
		处置权力	接管
			强制转移资产及负债
			临时国有化
			更换管理层
			建立过桥机构
			暂停行使合约"提前终止权"
			实施"自救"
	保险跨境处置合作机制	处置工具	（同上）
		处置资金	
		处置权力	
	证券跨境处置合作机制	处置工具	（同上）
		处置资金	
		处置权力	
	基金跨境处置合作机制	处置工具	（同上）
		处置资金	
		处置权力	

对于风险跨境处置机制，应成立危机管理小组，预设恢复与处置计划。如"生前遗嘱"指在金融机构出现倒闭风险的情形下，明确其自身及有关部门拟运用何种处置工具和手段恢复经营或实现有序的市场退出。处置方式可借鉴《核心要素》列出的 7 项处置性权力，即临时控制和运营问题机构，主要通过对问题机构的接管实现；强制转移资产及负债，无须股东及债权人事前同意；临时国有化；更换管理层；建立过桥机构；暂停金融合约对手方行使"提前终止权"；实施"自救"。

党的十八届三中全会通过的《中共中央关于全面深化改革若干重大问题的决定》明确要求建立存款保险制度，完善金融机构市场化退出机制。2015 年 5 月 1 日，《存款保险条例》施行，标志着存款保险体系正式建立。存款保险已经发展成为各国的危机应对与风险处置平台，并且逐步形成一套成熟有效的市场化处置方式，主要包括"收购承接""过桥银行""经营中救助"和"存款偿付"等，见表 17-24。

表 17-24　各处置方式的优缺点

处置方式	释义	优点	不足
收购承接	按照成本最小化原则,通过招标、竞争性磋商等方式选择健康银行收购或者承担问题银行全部或者部分的资产、负债、业务	处置期间在存款保险管理下保持问题银行基本金融服务和业务经营的连续性,最大程度保留金融许可证和有效资产的价值,使存款人和债权人的权利得到充分保障	收购承接实质上是一种行政强制干预,类似于目前国内常用的接管;行政干预意味着缺乏风险分散机制和损失补偿机制,市场化约束较少
过桥银行	过桥银行一般由存款保险公司出资设立和管理,一般无须设立资本,运营资金由存款保险公司提供,负责接管倒闭银行的资产和负债,并继续向银行客户提供银行服务,其存续期一般为两年	在找到最终的处置方式前维持银行的关键业务、服务不中断;待市场信心恢复,存款保险可以择机将过桥银行向市场出售,发挥逆周期处置的重要作用;过桥银行通常可以运营两年,延期三年,之后可以通过收购承接、兼并、出售股权以及买断等方式出售	主要依靠存款保险公司,而存款保险公司多有官方背景,我国目前仅由人民银行设立了存款保险基金管理有限责任公司,其实质还是行政干预,缺乏市场力量的参与;"2+3"的存续期,处置时间较长
经营中救助	使用存款保险基金或公共资金对问题银行实施直接注资、提供贷款、存入存款、购买资产或承担负债等救助措施,以帮助其恢复经营能力和阻止风险无序蔓延	流动性的注入延迟了问题银行的倒闭,最大限度地保证了存款人、投资人、股东等利益相关者的利益	容易造成问题银行与监管部门的博弈行为,导致低效率并产生道德风险
存款偿付	由存款保险使用存款保险基金直接偿付被保险存款人,通常仅在确实无法采取以上处置措施或者采取以上处置措施不符合成本最小化原则时使用	可最大限度地保护存款人的利益,提高公众对银行体系的信心;可有效维护金融体系的稳定,维持正常的金融秩序,减少社会震荡,有助于社会的安定	容易产生逆向选择和道德风险,导致金融许可证价值丧失、营业网点关闭、金融服务中断等问题,因此一般使用频率较低(如在美国不超过5%)

资料来源:根据《中国金融稳定报告(2018)》及相关资料整理。

(3) 建立金融市场基础设施处置机制

充分实施《国际支付结算体系委员会与国际证监会组织原则》,完善相关法律框架,增强金融市场基础设施的韧性。以《统筹监管金融基础设施工作方案》《金融市场基础设施原则》为指引,加强对重要金融基础设施的统筹监管,统一监管标准,健全准入管理,优化设施布局,健全治理结构,推动形成布局合理、治理有效、先进可靠、富有弹性的金融基础设施体系。完善金融科技的法律、规制和监管框架,制定金融科技行业标准,以金融科技手段完善金融基础设施建设。

(4) 完善法律,构建国家金融应急管理体系及机制

国家金融应急管理体系是指国家层面处理人为和非人为因素引发的、危及金融稳定和安全的突发事件的行政职能及其载体系统,是国家金融应急管理的职能、机构、制度与机制之和。

健全完善国家金融应急管理法律体系:一是要制定国家金融应急管理体系构建战略,以战略指导全局。二是根据宪法制定相关法律,明确金融应急管理体系参与主体的法律地位。三是明确各参与主体出台的政策法规的法律地位及相互关系。四是根据最新实际情况及时修订、完善、废除相关监管法规。

健全完善国家金融应急管理机制:一是构建危机识别与预警机制。打通金融体系与非金融体系的危机应急管理监测、识别和预警机制;以金融机构为点,金融业态、金融市场、金融基础设施等为面,通过对金融价值和金融价值基础压力测试,以压力测试结果作为危机识别与预警的重要依据;建立金融体系与非金融体系间、金融机构间、金融市场间、区域间的危机隔离机制,及时更新风险因子,提升隔离机制的敏感度,及时预警与阻断危机的传染;建立金融基础设施危机预警机制。二是构建危机处置机制。三是建立金融体系恢复机制。

健全完善国家金融应急预案演练机制:一是完善应急预案体系,按照"横向到边、纵向到底、分类管理、分级负责、条块结合"的原则,编制《金融监管机构应急管理手册》《金融机构应急管理手册》《金融市场应急管理手册》《金融基础设施应急管理手册》等。二是公布金融监管机构、金融机构、金融市场及金融基础设施应急预案,增强应急预案的透明度。三是坚决执行应急预案演练机制,定期和不定期地举行演练,使演练机制常态化。四是对金融应急管理预案进行宣传,对所有金融从业人员、监管机构工作人员等进行培训,可在大学开设相关课程。

8. 建立健全国家金融安全教育体系及机制

如前所述，美国、英国、澳大利亚、日本、新加坡等国家均已实施了金融教育国家战略。2013 年我国制定了《中国金融教育国家战略》；2015 年国务院印发《关于加强金融消费者权益保护工作的指导意见》，明确要求要将金融知识普及教育纳入国民教育体系，切实提高国民金融素养。同时，我国"一行两会"均设立了消费者保护部门，定期组织开展"金融知识宣传普及月""金融知识进万家"等公益性宣传教育活动。2016 年中国人民银行《中国人民银行办公厅关于建立消费者金融素养问卷调查制度（试行）的通知》，正式建立了消费者金融素养问卷调查制度，这可以被认为是对金融教育的一个评估反馈制度。但是，将金融知识教育纳入国民教育体系的要求尚未落地实施；集中活动式的宣传教育缺乏科学规划，普及性和针对性不强；教育效果评估反馈机制尚未建立，我国金融教育工作总体进展缓慢。

未来我国金融教育工作应从以下方面推进：一是明确国家金融教育战略规划。建议根据经济、金融、改革开放等方面的最新形势及时对《中国金融教育国家战略》的具体内容进行修订，并公开发布，以指导金融教育工作。二是由有关部门参与，根据《中国金融教育国家战略》制定符合国情的金融教育框架，制定统一、分层推进、针对性强的金融教育体系。三是把金融教育纳入国家教育体系，科学设计针对不同层次、人群的金融知识课程和读本。如在小学阶段主要学习基本金融概念，认知生活中的基本金融现象，初步掌握金融知识；中学阶段主要学习简单的金融储蓄知识和国家金融制度体制机制的基本知识，初步掌握金融的作用、国家金融运作和风险防范的基础知识；在大学阶段应将金融知识课程纳入必修公共科目，主要学习国家金融、投资与消费等知识，培养学生形成相对完整的金融知识体系，形成科学的金融安全理念。四是制定金融业从业准入资格培训体系，制定科学的金融知识培训教材，增加金融安全相关知识内容。五是定期开展国民金融知识教育的调查和评估，跟踪评估金融知识教育效果，及时总结经验和发现不足，并采取相应改进措施，提升国民金融素养和国家金融安全意识。

参考文献

[1] 巴曙松,金玲玲,2014.巴塞尔资本协议Ⅲ的实施:基于金融结构的视角[M].北京:中国人民大学出版社.

[2] 布鲁纳,卡尔,2009.1907完美风暴:1907大恐慌和金融危机的根源[M].董云峰,译.北京:中信出版社.

[3] 布鲁纳,卡尔,2009.1907完美风暴:1907大恐慌和金融危机的根源[M].董云峰,译.北京:中信出版社.

[4] 邓晶,曹诗男,潘焕学,秦涛,2013.基于银行间市场网络的系统性风险传染研究[J].复杂系统与复杂性科学,10(4):76-85.

[5] 盖特纳,2015.压力测试:对金融危机的反思[M].益智,译.北京:中信出版社.

[6] 关伟,张小宁,黄鸿星,2013.金融消费者保护:存在问题与监管优化[J].财经问题研究(8):39-56.

[7] 何健雄,朱隽,2015.欧盟金融制度[M].北京:中国金融出版社:223.

[8] 黄宪,赵征,2009.开放条件下中国银行业的控制力与国家金融安全[M].北京:中国金融出版社.

[9]《径山报告》课题组,2019.中国金融改革路线图[M].北京:中信出版社.

［10］金德尔伯格，2014. 疯狂、惊恐和崩溃：金融危机史：第 6 版［M］. 朱隽，叶翔，李伟杰，译. 北京：中国金融出版社.

［11］金融安全协同创新中心，西南财经大学中国金融研究中心，2017. 中国金融安全报告［M］. 北京：中国金融出版社.

［12］勒庞，2014. 乌合之众：大众心理研究［M］. 冯克利，译. 北京：中央编译出版社.

［13］李绍芳，刘晓星，2018. 中国金融机构关联网络与系统性金融风险［J］. 金融经济学研究（33）：34-48.

［14］李守伟，何建敏，2012. 不同网络结构下银行间传染风险研究［J］. 管理工程学报，26（4）：71-76.

［15］李雄辉，2016. 国家金融安全法治建设概论［M］. 北京：中国经济出版社.

［16］李政，涂晓枫，卜林，2019. 金融机构系统性风险：重要性与脆弱性［J］. 财经研究（45）：100-112.

［17］廉永辉，2019. 同业网络中的风险传染——基于中国银行业的实证研究［J］. 财经研究（9）：63-74.

［18］梁勇，1999. 开放的难题：发展中国家的金融安全［M］. 北京：高等教育出版社.

［19］林毅夫，2014. 我为什么不支持资本账户完全开放［M］//陈元，钱颖一. 资本账户开放：战略、时机与路线图. 北京：中国社会科学出版社.

［20］刘明礼，2017. 美元霸权与欧洲金融安全［J］. 国际安全研究（6）：91-107.

［21］刘超，李江源，王超，等，2018. 房地产发展，经济增长动力要素，外部环境与经济增长效应研究——来自 2000—2016 年经济运行数据实证［J］. 管理评论，30（8）：16.

［22］麦金利，2014. 对机构挤兑的金融危机恐慌是否合理：上［J］. 宋鹏程，编译. 金融市场研究（28）：135-146.

［23］毛竹青，2015. 美国金融安全审查机制［J］. 银行家（11）：93-95.

［24］苗文龙，2013. 金融危机与金融市场间风险传染效应——以中、美、德三国为例［J］. 中国经济问题（3）：89-99.

［25］时文朝，2013. 金融市场自律管理的作用和边界问题［J］. 金融市场研究（1）：4-15.

［26］苏长和，1997. 从国家安全到世界安全——现实主义及其后［J］. 欧洲研究（1）：43-48.

［27］田国强，赵禹朴，宫汝凯，2016. 利率市场化、存款保险制度与银行挤兑——基于动态模型的视角［J］. 经济研究（3）：97.

［28］王洪章，2020. 中国金融安全与风险通论［M］. 北京：中国金融出版社.

［29］王景武，2020. 打好防范化解重大金融风险攻坚战［J］. 中国金融（2）：22-24.

［30］王元龙，1998. 我国对外开放中的金融安全问题研究［J］. 国际金融研究（5）：33-39.

［31］吴国培，杨少芬，赵晓斐，2016. 英国金融制度［M］. 北京：中国金融出版社.

［32］习近平，2014. 坚持总体国家安全观 走中国特色国家安全道路［N］. 人民日报-04-16（1）.

［33］肖健明，2009. 发达国家金融安全实时监测预警制度及对我国的启示［J］. 太平洋学报（6）：61-66.

［34］薛兆丰，2019. 经济学讲义［M］. 北京：中信出版社.

［35］杨涛，2016. 高度关注国家金融安全［J］. 中国金融（24）：42-44.

［36］叶辅靖，2006. 金融开放与金融安全［J］. 国际政治科学（4）：27-53.

［37］于永臻，2013. 中国银行业的结构缺陷与国家金融安全：全球金融动荡时代的改革战略［M］. 北京：中国经济出版社.

［38］俞勇，郑鸿，2020. 国家金融应急管理体系的构建［J］. 中国金融

(6): 30-34.

[39] 张发林, 2018. 全球金融治理体系的演进: 美国霸权与中国方案 [J]. 国际政治研究 (4): 9-36.

[40] 张健华, 2016. 美国金融制度 [M]. 北京: 中国金融出版社.

[41] 赵立昌, 2017. 日本20世纪90年代泡沫经济的产生、破灭及启示 [J]. 区域金融研究 (6): 67-72.

[42] 赵雪梅, 2002. 阿根廷的金融开放与经济危机 [J]. 对外经济贸易大学学报 (3): 24-28.

[43] 周小川, 2012. 新世纪以来中国货币政策主要特点 [J]. 财新 (6): 18-24.

[44] Abdymomunov A, 2013. Regime-switching measure of systemic financial stress [J]. Annals of Finance, 9 (3): 455-470.

[45] Acemoglu D, Ozdaglar A, Tahbaz-Salehi A, 2015. Systemic risk and stability in financial networks [J]. American Economic Review, 105: 564-608.

[46] Adrian T, Brunnermeier M K, 2010. CoVaR [R] //Federal Reserve Bank of New York Staff Report.

[47] Ahrend R, Goujard A, 2014. Drivers of systemic banking crises: The role of financial account structure and financial integration [J]. International Finance, 17 (2): 135-160.

[48] Aikman D, Lehnert A, Liang N, et al., 2016. Financial vulnerabilities, macroeconomic dynamics and monetary policy [R]. Finance and Economics Discussion Series Divisions of Research & Statistics and Monetary Affairs Federal Reserve Board, Washington D. C.

[49] Akerlof G A, Shiller R J, 2009. Animal spirits: How human psychology drives the economy, and why it matters for global capitalism [M]. Princeton: Princeton University Press.

[50] Alexandrova-Kabadjova B, Martinezjaramillo S, Garciaalmanza A

L, et al., 2013. Simulation in computational finance and economics: Tools and emerging applications [R]. Business Science Reference.

[51] Allen F, Gale D, 2000. Financial contagion [J]. Journal of Political Economy, 108: 1-33.

[52] Allen F, Gale D, 2007. Understanding financial crises [M]. London: Oxford University Press.

[53] Baruch F, Slovic P, Lichtenstein S, 1977. Knowing with certainty: The appropriateness of extreme confidence [J]. Journal of Experimental Psychology, 3 (4): 552-564.

[54] Battiston S, Puliga M, Kaushik R, et al., 2012. Debt rank: Too central to fail? Financial networks, the FED and systemic risk [R]. Scientic Reports.

[55] Billio M, Getmansky M, Lo A W, et al., 2012. Econometric measures of connectedness and systemic risk in the finance and insurance sectors [J]. Social Science Electronic Publishing, 104 (3): 535-559.

[56] Bluedorn J C, Bowdler C, 2011. Heterogeneous bank lending responses to monetary policy: New evidence from a real-time identification [J]. IMF Working Papers.

[57] Boss M, Elsinger H, Thurner M S, 2006. Network topology of the interbank market [J]. Quantitative Finance, 4: 677-684.

[58] Bouchaud J P, 2008. Economics needs a scientific revolution [J]. Nature: 1181.

[59] Bryant J, 1980. A model of reserves, bank runs, and deposit insurance. Journal of Banking & Finance, 4 (4): 335-344.

[60] Carlos L, Ron J B, 2014. Rethinking financial stability: Challenges arising from financial networks' modular scale-free architecture [J]. Journal of Financial Stability, 15: 241-256.

[61] Chuliá H, Fernández J, Uribe J M, 2018. Currency downside

risk, liquidity, and financial stability [J]. Journal of International Money and Finance, 89: 83 – 102.

[62] Corsetti G, Pesenti P, Roubini N, 1999. What caused the Asian currency and financial crisis?[J]. Japan and the World Economy, 11: 305 – 373.

[63] Craig B, Von Peter G, 2014. Interbank tiering and money center banks [J]. Journal of Financial Intermediation, 23 (3): 322 – 347.

[64] Denbee E, Julliard C, Li Y, et al., 2021. Network risk and key players: A structural analysis of interbank liquidity [J]. Journal of Financial Economics, 141 (5): 831 – 859.

[65] De-Bandt O, Hartmann P, 2000. Systemic risk: A survey [J]. ECB Working Paper, 3: 1 – 77.

[66] Diamond D W, Dybvig P H, 1983. Bank runs, deposit insurance, and liquidity [J]. Journal of Political Economy, 91 (3): 401 – 419.

[67] Elliott M, Golub B, Jackson M O, 2012. Financial networks and contagion [J]. Social Science Electronic Publishing, 104 (10): 3115 – 3153.

[68] Elsinger H, Lehar A, Summer M, 2006. Risk assessment for banking systems [J]. Management Science, 52: 1301 – 14.

[69] Frank J D, 1935. Some psychological determinants of the level of aspiration [J]. American Journal of Psychology, 47: 285 – 293.

[70] Gai P, Haldane A, Kapadia S, 2011. Concentration and contagion [J]. Journal of Monetary Economics, 58: 453 – 70.

[71] Gai P, Kapadia S, 2010. Contagion in financial networks [J]. Bank of England Working Papers: 2401 – 2423.

[72] Georg C P, 2013. The effect of the interbank network structure on contagion and common shocks [J]. Journal of Banking & Finance, 37 (7): 2216 – 2228.

[73] Gibbons R, 1992. Game theory for applied economists [M]. Princeton: Princeton University Press.

[74] Glasserman P, Young P, 2015. Contagion in financial networks [J]. Office of Financial Research Working Paper.

[75] Helena K, Hedieh S, 2018. Exchange rate volatility, foreign exchange market intervention and asymmetric preferences [J]. Emerging Markets Review, 37: 148-163

[76] Huang X, Vodenska I, Havlin S, et al., 2013. Cascading failures in bi-partite graphs: Model for systemic risk propagation [R]. Scientific Reports, 3: 1219.

[77] Huang Y, Liu T, Lien D, 2017. Portfolio homogenization and systemic risk of financial network [J]. MPRA Paper, University Library of Munich.

[78] Jerome D F, 1935. Some psychological determinants of the level of aspiration [J]. American Journal of Psychology, 47 (2).

[79] Kartik A, Prasanna G, Sujit K, et al., 2013. A network model of financial system resilience [J]. Journal of Economic Behavior & Organization, 85: 219-235.

[80] Kaufman G G, 2007. Deposit insurance: The wrong policy for minimizing the costs of bank failures [J]. Journal of Economic Asymmetries, 4 (2): 55-63.

[81] Kose M A, Prasad S E, Terrones M E, 2009. Does financial globalization promote risk sharing? [J]. Journal of Development Economics, 89 (2): 258-270.

[82] Kregel J A, 1997. Margins of safety and weight of the argument in generating financial fragility [J]. Journal of Economic Issues, 31 (2): 543-548.

[83] Krugman P, 1999. Balance sheets: The transfer problem, and financial Crises [J]. International Tax and Public Finance, 6: 459-472.

[84] Lehar A, 2005. Measuring systemic risk: A risk management approach [J]. Journal of Banking & Finance, 29 (10): 2577-2603.

[85] Liu A, Paddrik M, Yang S Y, et al., 2020. Interbank contagion: An agent-based model approach to endogenously formed networks [J]. Journal of Banking & Finance, 112: 1 – 45.

[86] Lux T, Westerhoff F, 2009. Economics crisis [J]. Nature Physics, 5: 2 – 3.

[87] Martínez-Jaramillo S, Pérez O P, Embriz F A, et al., 2010. Systemic risk, financial contagion and financial fragility [J]. Journal of Economic Dynamics & Control, 34 (11): 2358 – 2374.

[88] Meade J E, 1951. The theory of international economic policy [M]. London: Oxford University Press: 3 – 15.

[89] Mendona H F D, Silva R, 2017. Effect of banking and macroeconomic variables on systemic risk: An application of Δcovar for an emerging economy [J]. North American Journal of Economics and Finance, 43: 141 – 157.

[90] Minsky H P, 1978. The financial instability hypothesis: A restatement [R]. Social Science Electronic Publishing.

[91] Miranda A, Rey H, 2015. World asset markets and the global financial cycle [J]. IMF Working Paper.

[92] Nier E, Yang J, Yorulmazer T, et al, 2007. Network models and financial stability [J]. Journal of Economic Dynamics & Control, 31: 2033 – 2060.

[93] Patro D, Qi M, Sun X, 2013. A simple indicator of systemic risk [J]. Journal of Financial Stability, 9 (1): 105 – 116.

[94] Schwarcz S, 2008. Systemic risk [J]. Georgetown Law Journal, 97: 193 – 249.

[95] Schweitzer F, 2009. Economic networks: The new challenges [J]. Science, 325: 422 – 425.

[96] Scrimgeour F, 2010. International comparison of returns from conventional, industrial and 52-week high momentum strategies [J]. Journal of International Financial Markets, Institutions and Money, 10 (1): 423 – 435.

[97] Selden G C, 1973. Psychology of the stock market [M]. Washington D. C. : Brookings Institution.

[98] Shefrin H, Thaler R H, 1988. An economic theory of self-control [J]. Social Science Electronic Publishing.

[99] Sheri M M, 2012. Systemic risk from global financial derivatives: A network analysis of contagion and its mitigation with super-spreader tax [DB/OL]. IMF working paper.

[100] Sousa J, Zaghini A, 2007. Monetary policy shocks in the Euro area and global liquidity spillovers [J]. International Journal of Finance & Economics, 13 (3).

[101] Stefania V, Stefano B, Mauro G, 2016. Financial fragility and distress propagation in a network of regions [J]. Journal of Economic Dynamics and Control, 62: 56 - 75.

[102] Stefano P, 2012. Financial fragility and contagion in interbank networks [DB/OL]. working paper.

[103] Stiglitz J E, Weiss A, 1981. Credit rationing in markets with imperfect information [J]. American Economic Review, 71 (3): 393 - 410.

[104] Summer M, 2003. Banking regulation and systematic risk [J]. Open Economies Review, 14 (1): 43 - 70.

[105] Thaler R H, 1980. Public policy toward life saving: Maximize lives saved vs. consumer sovereignty [J]. Social Science Electronic Publishing.

[106] World Bank, 1997. China: Long-term food security report 16419-CHA [R]. World Bank, Washingtn D. C.

[107] Zhang A, Pan M, Liu B, et al. , 2020. Systemic risk: The coordination of macroprudential and monetary policies in China [J]. Economic Modelling, 93: 415 - 429.